KB274992

오페라의 위대한 여정: 탄생·절정·현재

오페라의 위대한 여정: 탄생 · 절정 · 현재

초판 1쇄 2024년 8월 21일
지은이 강지영, 이용숙

발행처 모노폴리
발행인 강정미
편 집 신동욱

출판등록 2005년 8월 9일 제2005-48호
주소 경기도 파주시 회동길 480 아트팩토리NJF-B동 437호
전화 031-944-6692
팩스 031-944-6693
홈페이지 www.mpmusic.co.kr

ISBN 978-89-91952-85-0 [94670]
　　　978-89-91952-47-8 [세트]

세아
이운형
문화재단
총서

013

오페라의 위대한 여정: 탄생·절정·현재

강지영, 이용숙 지음

모노폴리

[저자 소개]

강지영

서울대학교 음악대학 작곡과를 이론전공으로 졸업하고 동대학원 음악학 석사학위를 받은 후, 독일 베를린예술대학 (UdK)에서 박사 학위(Ph. D)를 취득했다. 유학 기간 동안 독일학술교류처상(DAAD-Preis)과 베를린 주정부 장학금(Elsa-Neumann-Stipendieum des Landes Berlin)을 받았고, 베를린예술대학에서 음악학과 강사로 재직한 바 있다. 현재 한양대학교 음악연구소 전임연구원으로 재직 중이며, 서울대, 서울시립대, 한양대, 고려대에서 오페라와 음악사, 음악미학을 강의하고 있다. 주로 20세기 이후 서구와 한국의 현대음악과 오페라에 대해 분석적으로 접근하여 그 미학적 성격을 규명하는 작업을 하고 있으며, 틈틈이 오페라에 대한 외부강의 및 포럼 발표와 함께 서울시향, 국립오페라단, 객석 등에 글을 기고하고 있다. 『한국창작음악-비평과 해석 사이』 1권부터 5권까지(2018-2022) 시리즈의 책임편집을 역임했으며, 저서로 공저 『오페라 속의 미학 II』와 『오페라 속의 미학 III』, 『사회문화적 텍스트로서의 한국 창작 오페라 연구』(2024년 8월 출간 예정) 등이 있다.

이용숙

이화여자대학교에서 독문학으로 학사와 석사를 마치고 인문대 독문과 강사로 일했으며, 독일 프랑크푸르트대학에서 독문학과 음악학을 공부했다. 서울대학교에서 공연예술학으로 박사학위(Ph. D)를 받은 뒤 서울대학교에서 강의하고 있다. 제6회 한독문학번역상을 수상했으며 대원문화재단 전문위원, 국립오페라단 운영자문위원, 국립합창단 이사를 역임했고, KBS, EBS, CBS, CPBC 라디오 등에서 고정 패널로 오페라와 클래식음악을 해설했다. 현재 연합뉴스 문화부 전문객원기자, 클래식 공연 해설자, 국립오페라단 드라마투르그로 활동하며, 무지크바움, 예술의전당, 국립오페라단, 국립심포니오케스트라 등에서 클래식, 음악비평 및 인문학을 강의하고 있다. 저서 『바그너의 죽음과 부활』, 『오페라, 행복한 중독』, 『지상에 핀 천상의 음악』, 『춤의 유혹』(『춤에 빠져들다』 개정판), 『사랑과 죽음의 아리아』, 공저 『클래식 튠』, 『오페라 속의 미학 I』, 『오페라 속의 미학 II』, 역서로 『책상은 책상이다』, 『알리스』, 『천년의 음악여행』, 『박쥐』 등 40여 권이 있다.

프롤로그

음악평론가 이용숙은 열세 살 때 영화로 처음 본 바그너 오페라 <방황하는 네덜란드인>에 충격을 받아 오페라에 입문했다. 전공인 독문학을 깊이 공부하기 위해 떠났던 독일 유학은 음악과 연극을 합쳐놓은 최고의 즐거움인 오페라 중독으로 그를 이끌었다. 프랑크푸르트 집 근처에 있던 오페라 극장을 그냥 지나치지 못하고 오페라와 열애에 빠진 그는 오로지 오페라를 볼 일념으로 아르바이트를 해서 돈을 마련해 유럽의 여러 도시 오페라하우스를 찾아다녔다. 오늘날의 '한글자막 오페라 블루레이'처럼 편한 감상법은 상상도 할 수 없던 시절, 오페라 전곡 음반을 구입해 이탈리아어·독일어·프랑스어·영어로 된 4개 국어 리브레토를 온종일 들여다보며 작품 이해에 힘을 쏟았던 그는 귀국 후 음악잡지에 기고하기 시작하면서 칼럼니스트와 평론가의 길을 걸었다. 현재는 20년차 오페라 전문 객원기자로, 공연예술학자이자 공연예술 분야 강사로, 또 공연장과 연습실에서 많은 시간을 보내는 오페라 드라마투르그로 활동 중이다. 오페라에 관련된 거라면 지금도 어디든 가리지 않고 달려가 공연을 보고 강의를 하고 밤을 새며 리뷰 기사를 쓴다. 오페라를 향한 젊은 날의 열정이 지금의 체력을 만들었다고 굳게 믿는 그는 세상에서 오페라 공연이 계속되는 한 삶의 기쁨도 사라지지 않을 것이라고 생각한다.

또 한 사람의 저자 강지영은 오페라를 중점적으로 연구하는 음악학자로서 주로 오페라에 대한 논문과 책, 프로그램노트를 쓰며 여러 대학에서 강의를 하고 있다. 초등학교 5학년 무렵 갓 개관한 부산문화회관 대극장에서 처음으로 접한 오페라는 그야말로 신세계였다. 열두세 살 남짓한 소녀가 이해하기에는 쉽지 않은 내용임에도 불구하고, 푸치니 <나비부인>의 매혹적인 선율의 노래와 음악, 화려한 무대와 배우들의 절절한 연기가 눈을 끌었다. 그때부터 음악을 전공하면서 자연스레 오페라 무대를 남들보다는 자주 접하게 되었다. 그러나 막상 오페라를 진심으로 즐기기 시작한 것은 2008년 남들보다 늦은 서른 살의 나이로 독일 유학길에 오르고서였다. 가족도, 친구도 없이 혼자 떠난 유배지 같았던 베를린에서 오페라를 저렴한 가격에 매우 자주 볼 수 있다는 사실은 아주 큰 기쁨이었다. 베를린 슈타츠오퍼, 도이췌 오퍼, 코미쉐 오퍼 세 극장 홈페이지에 들어가서 보고 싶은 공연을 찾고 할인 티켓 전용 창구에서 한 시간 이상을 기다리면서도 행복했다. 그때 한 3-4년 동안 집중적으로 봤던 오페라 이백여 편은 이 책의 원동력이 되었다.

일찍부터 오페라에 빠진 두 사람은 나이도 전공도 다르지만, 오페라를 사랑하는 마음 하나로 친구가 되었다. 때로는 같은 오페라 프로덕션에서 드라마투르그와 프로그램북 기획자로 함께 일하기도 했고, 드라마투르그와 비평가로 만나 작품에 대해 치열하게 토론하기도 했다. 그리고 때로는 오페라를 떠나 그저 인생과 사회에 대해 끝없이 수다를 떨기도 했는데, 그 수다 속에서도 삶에서 흔히 마주치는 온갖 다양한 감정들, 이를 테면 기쁨과 슬픔, 애욕과 질투, 신의와 배신 등이 오페라에서는 어떻게 그려졌던가를 돌이켜보곤 했다. 함께 밥을 먹고 커피를 마시면서도 둘의 결론은 자주, 어쩌면 항상 오페라로 향했던 것이다. 그래서 함께 책을 쓰기로 마음을 모았다.

오페라 작품 중심의 해설서는 이미 시중에 많이 나와 있다. 한국에서 오페라 공연을 찾는 관객의 수를 고려하면 그런 해설서를 또 덧붙일 필요는 없겠다 싶었다. 대신, 대학 강의와 일반인을 위한 강의를 병행하고 있는 두 저자는 오페라 장르의 역사와 주요 작품 모두를 아우르는 저서의 필요성을 강의 현장에서 절실히 느껴왔다. 국내 저서 중 서양음악사 전반을 다루는 교재용 저서는 많아도 오페라 장르의 역사를 체계적으로 정리한 교재용 저서는 드물었고, 작품 해설의 경우에도 작곡가와 대본작가, 극의 줄거리를 설명하는 정도인 책이 대부분이어서 아쉬웠다. 그래서 두 저자는 오페라 장르의 탄생기부터 오페라의 전성시대인 19세기를 거쳐 현재에 이르기까지 400년이 넘는 장대한 역사를 한 권에 담을 필요를 느꼈고, 각 시대에 관련한 음악사적 지식과 함께 주요 작품들을 다뤘다. 2장 '오페라의 전성시대'는 그간 이 시기 주요 작품들을 많이 강의했던 이용숙이, 3장 '오페라의 현재와 미래'는 20세기 이후 현대 오페라를 전공한 강지영이, 그리고 1장 '오페라의 탄생과 번성'은 나누어 집필했다.

저자 두 사람만큼이나 오페라를 즐겨 보고 듣고 사랑하고 더 알기를 원하는 분이 계시다면, 이 책 속에서 그동안 몰랐던 사실 몇 조각은 새롭게 얻어 가실 수 있을 것이라 믿는다. 사랑하기 때문에 그 대상에 대해 더 알고 싶고, 깊이 알면 알수록 사랑하는 마음이 커지는 원리로 독자들과 저자들은 소통할 수 있지 않을까? 혹시라도 오페라를 17세기에 출현해 19세기에 절정을 맞았다가 20세기 이후로는 그 명성과 인기가 급격히 쇠락한 장르라고 여기는 독자가 계시다면, 특히 이 책을 추천해드린다. 생(生)이 있으니 당연히 멸(滅)이 있는 것이라 하지만, '오페라의 죽음'을 명징하게 선언하기에는 아직 이르다는 것을 알게 되실 것 같다. 21세기 현재에도 오페라는 다양한 용어와 다양한 면모로 계속 변화하면서 여전히 이 시대 현대인들의 삶과 사랑, 사유와 감각을 담고 있기 때문이다.

오페라는 인간과 사회를 이해하는 데 최적의 예술이다. 대사와 노래로, 서사와 음악으로, 눈과 귀로, 머리와 가슴으로 우리에게 다가온다. 즐기기 어렵다는 편견을 깨고 조금만 마음을 연다면 오페라는 독자 여러분의 친구가 되어 삶의 비밀을 밝혀줄 뿐만 아니라 즐거운 노후를 보장해 줄지도 모른다. 그렇게 되기를 바라는 저자들의 마음을 함께 실어 보낸다.

2024년 7월

강지영, 이용숙

차례

프롤로그 / 5

Ⅰ. 오페라의 탄생과 번성(1600-1800)　/ 11

1. 이탈리아의 바로크 오페라　/ 13

몬테베르디 <오르페오>(1607): 최초의 오페라, 신화를 노래하다
몬테베르디 <포페아의 대관>(1642): 최초의 사극 오페라, 역사를 무대에 올리다
페르골레시 <마님이 된 하녀>(1733): 최초의 희극 오페라가 된 막간극

2. 프랑스의 바로크 오페라　/ 33

륄리 <아르미드>(1686): 프랑스 음악비극의 최고 걸작
라모 <이폴리트와 아리시>(1733): 프랑스 서정비극의 전통과 혁신

3. 영국의 바로크 오페라　/ 48

퍼셀 <디도와 에네아스>(1689): 영국 바로크 오페라의 기념비적 작품
헨델 <리날도>(1711): 예술성과 대중성을 다 잡은 영국 오페라 최고의 흥행작
존 게이 <거지 오페라>(1728): 당대 사회와 음악계를 풍자하는 오페라

4. 18세기 모차르트 오페라　/ 65

모차르트 <피가로의 결혼>(1786): 신분사회의 몰락을 예고하다
모차르트 <돈 조반니>(1787): 예술가의 독선과 오만을 투사하다
모차르트 <마술피리>(1791): 사람과 세상을 바꾸는 음악의 힘

II. 오페라의 전성시대(1800 - 1900) / 89

1. 관현악적 오페라와 벨칸토 시대 / 91

베토벤 <피델리오>(1805): 관현악적 오페라의 선구적 작품
로시니 <세비야의 이발사>(1816): 벨칸토 희극의 대표작
도니체티 <람메르무어의 루치아>(1835): 벨칸토 비극의 대표작

2. 프랑스혁명과 산업화의 뒤안 / 111

베르디 <라 트라비아타>(1853): 19세기 파리의 코르티잔 문화
구노 <파우스트>(1859): 악마 메피스토펠레스와 초기 자본주의의 명암
비제 <카르멘>(1875): 보헤미안 라이프 스타일

3. 문학과 신화의 심리극 / 132

바그너 <트리스탄과 이졸데>(1865): 에로스와 타나토스
차이콥스키 <예브게니 오네긴>(1879): 좌절된 혁명의 무력감
오펜바흐 <호프만 이야기>(1881): 로봇과의 사랑

4. 여성 캐릭터의 변화와 베리스모 오페라 / 152

마스네 <마농>(1884): 시대를 선취한 낭만주의적 사랑
마스카니 <카발레리아 루스티카나>(1890): 오페라 무대 위 피의 복수
푸치니 <토스카>(1900): 외침과 절규의 음악화

Ⅲ. 오페라의 현재와 미래(1900- 현재)　　/ 171

1. 낭만의 끝자락에서 혼돈의 시대로 / 173

드뷔시 <펠레아스와 멜리장드>(1902): 신비하고 모호한 음악으로 그려낸 사랑과 질투
R. 슈트라우스 <살로메>(1905): 세기말적 징후와 모던한 예술세계의 교차
푸치니 <일 트리티코>: 낭만주의와 사실주의의 결합

2. 20세기 초반: 오페라의 모더니즘, 모던 오페라의 탄생 / 196

베르크 <보체크>(1922/1925): 무조음악으로 표현된 현대인의 초상, 모던 오페라의 시작
바일 <마하고니 시의 번영과 몰락>(1930): 21세기 사회를 예견하는 서사극적 오페라
쇼스타코비치 <므젠스크의 멕베스 부인>(1934): 러시아 사회의 극적-음악적 반영

3. 20세기 후반: 오페라의 다양한 변주들 / 219

브리튼 <한여름 밤의 꿈>(1960): 조성과 다채로운 음색으로 표현되는 환상적 세계
침머만 <군인들>(1965): 새로운 형식으로 시도되는 현대 오페라
아담스 <닉슨 인 차이나>(1987): 역사적 사건을 무대로 가져온 포스트미니멀리즘 오페라

4. 21세기 초반: 오페라의 변화와 확장 / 239

사리아호 <멀리서 온 사랑>(2000): 사랑에 대한 21세기 현대오페라의 고찰
진은숙 <이상한 나라의 앨리스>(2007): 복잡한 21세기 현대 사회에서 자아 정체성 찾기
최우정 <1945>(2019): 한국 오페라의 새로운 지평을 연 걸작

I. 오페라의 탄생과 번성

(1600-1800)

1. 이탈리아의 바로크 오페라

중세 말기인 14세기 중반부터 발생한 백년 전쟁과 그 이후 종교 갈등을 비롯한 크고 작은 전쟁은 유럽의 정치 구조를 변화시켰다. 그 결과 17세기 유럽 여러 국가들은 중세 봉건주의 체제의 국가로부터 벗어나 절대주의적 전제정치 체제를 바탕으로 하는 중앙집권 국가로 이행했다. 영국, 프랑스, 스페인, 포르투갈은 북미와 남미, 아프리카, 아시아에 식민지를 건설하여 농산물과 상품, 노동력을 착취했으며, 막 태동한 자본주의 체제는 유럽 경제 성장의 원동력이 되었다. 뿐만 아니라, 17세기는 선험적 형이상학 대신 현상을 직접 관찰하고 수에 의해 증명하고 실험에 의존하는 새로운 과학 혁명이 일어나고 있던 시기였다. 케플러(Johannes Kepler, 1571-1630)와 갈릴레이(Galileo Galilei, 1564-1642)는 천체와 우주를 관찰할 수 있는 망원경을 사용하여 지동설을 입증했으며, 베이컨(Francis Bacon, 1561-1617)과 데카르트(René Decartes, 1596-1650)는 각각 귀납법과 연역법의 새로운 방법론으로 근대사상을 열었다.

이 시기에 일어난 여러 정치사회적 변동 및 사고체계의 변화는 문화예술의 생산과 향유에도 영향을 미쳤다. 음악가들은 여전히 궁정, 교회, 시의 후원을 받았다. 통치자들과 교회의 권위자들은 여전히 중요한 음악의 후원자였으며, 종교보다 국가의 권위가 더 증대되면서 종교음악보다 세속음악이 더 많이 생산되었고 국가는 다양한 방식으로 음악을 후원했다. 세속음악에 대한 수요가 높아지면서 1637년 세계 최초의 상업 오페라극장인 베네치아의 산 카시아노 극장(Teatro San Cassiano)을 비롯하여 공공 오페라 극장이 도시마다 건립되기 시작했다. 비교적 음악을 전문적으로 교육받았던 귀족 계층 뿐 아니라 어느 정도 경제적 부를 축적한 상류층과 중산층에 악보와 악기가 공급되었으며, 음악을 향유하고자 하는 욕구는 급격히 증대되었다. 무엇보다 17세기 초 오페라의 탄생은 서양음악사의 획기적인 순간이자 사건이었다.

르네상스에서 바로크로의 이행

서양음악사에서 17세기는 1450년경부터 지속된 르네상스 시대가 끝나고 새로운 음악 양식을 의미하는 바로크(baroque)가 시작된 시기이다. 이 용어는 '일그러진 진주'라는 뜻의 포르투갈어 바로코(baroco)에서 유래한 프랑스어로, 회화와 건축에서 처음 시작되었다. 음악에서는 통상적으로 1600년경부터 대략 1750년까지의 시기를 일컫는데, 성부 간 조화와 음악 전체의 통일성을 중시하던 르네상스 음악에 비해 음향적으로 대담하고 불협화적이며 조성이나 박자가 제멋대로 과장된 음악을 가리키는 용어로 쓰였다. 그러다가 19세기에 이르러 비로소 17세기 예술의 특성으로 긍정적인 의미를 갖게 되었다.

150년 동안에 이르는 바로크 시기의 음악은 너무나도 다양한 양식이 등장하여 그것의 일반적인 특징을 한 마디로 설명할 수는 없다. 그러나 가장 중요한 특징으로는 '극적 효과에 대한 관심'을 꼽을 수 있는데, 문학, 미술, 음악 등 모든 예술 분야에 공통으로 적용되었다. 문학에서는 셰익스피어(William Shakespeare, 1582-1616) 라신(Jean Racine, 1639-1699), 몰리에르(Jean-Baptiste Molière, 1622-1673), 세르반테스(Miauel de Cervantes, 1547-1616) 등이 장면을 생생하게 묘사하고 극적으로 전개해 마치 무대 위에서 공연되는 연극 자체만큼 강한 성격을 띠는 작품을 썼다. 미술에서는 베르니니(Gian Lorenzo Bernini, 1598-1680)의 조각 <다비드>(David, 1634)의 예처럼, 이전 시대의 미적 취향인 인간 신체의 조화로운 균형과 비례 대신 역동적인 신체의 자세와 극적인 상황에 처한 인물의 성격을 드러내는 얼굴의 묘사로 극적인 효과를 연출하는데 중점을 두었다.

음악에서는 새로운 장르인 오페라(opera)가 등장하여 서사와 인물의 감정을 극적으로 표현했다. 가사의 내용과 정서를 효과적으로 전달하기 위해 작곡가들은 불협화음과 임시표를 동원하는 등의 수사학적인 장치를 사용했다. 또한 당시 유행했던 콘체르타토(concertato) 양식은 성악 성부와 기악의 혼용, 음색이 전혀 다른 악기군의 조합, 폴리포니와 호모포니처럼 서로 다른 양식의 병치 등 대조와 대비를 이루는 이질적인 것들이 협력이나 조화를 이루는 방식으로, 오페라의 토대가 되었다. 17세기에 나타난 많은 새로운 요소들은 이전 시대의 음악적 요소들과 통합되어 오페라 장르의 꽃을 피웠다.

17세기 초, 오페라의 탄생

오페라는 라틴어로 '작품'(work)을 뜻하는 opus의 복수형으로, 처음에는 음악 작품(opera in musica), 음악극(drama per musica) 등과 혼용해서 사용되었다. 용어에서 유추할 수 있듯이, 오페라는 음악을 계속 수반하여 연주하는 연극을 의미한다. 1600년 경 오페라가 탄생하기 전에도 음악과 연극은 서로 깊은 연관관계에 있었다. 고대 에우리피데스와 소포클레스의 비극은 운율이 있는 텍스트로 인해 노래로 불렸을 거라 추정되며, 중세의 의전극이나 신비극, 전원극 등에도 음악은 중요하게 사용되었다. 르네상스 시대 연극에는 종종 노래가 들어 있거나 극과 함께 음악이 연주되었다. 오페라에 중요한 영향을 끼친 선구자적 장르로, 시골을 배경으로 청년과 처녀 혹은 신화 속 인물이 목가적 사랑을 나누는 내용의 전원극(pastoral drama)을 들 수 있다. 전원극은 16세기에 이탈리아 궁정과 아카데미에서 인기를 끌었고, 초기 오페라 작곡가들은 전원극의 주제, 양식, 음악과 춤의 사용을 모두 받아들였다.

오페라의 기반이 된 또 다른 장르로 마드리갈(madrigal)을 들 수 있는데, 이는 르네상스 최고의 민족음악양식으로 가사의 내용을 극적으로 표현하거나 감정을 눈앞에 보이듯 생생히 묘사하는 것이 특징이고, 여러 성부들로 되어 있어 연극을 축소시킨 것 같기도 했으며 연곡으로 구성되어 간단한 이야기를 만들어 내는 경우도 있었다. 오페라에 직접적인 영향을 준 것은 인테르메디오(intermedio)라 불리는 막간극이었다. 당시 연극의 막과 막 사이에 공연되던 것으로 전원적인 내용과 신화적인 주제를 담고 있었으며, 비교적 짧고 간단하지만 대화와 합창, 독창, 기악음악, 춤, 의상, 무대 장치 등을 겸비한 정교한 공연물이었다. 1589년 피렌체에서 열린 메디치 가문의 결혼식에 공연된 희극 <순례하는 여인>(La Pellegrina)은 무대와 의상을 갖춘 화려한 막간극의 한 예이다.

1570년대 초 이탈리아의 피렌체, 음악, 문화, 과학, 예술에 대해 탐구하고 토론했던 인문주의 학자와 시인, 음악가, 후원자들은 고대 그리스 비극을 되살려 무대에 올리고자 했다. 학자였던 지롤라모 메이(Girolamo Mei, 1519-1594), 후원자 바르디 공작(Giovanni de'Bardi, 1534-1612), 천문학자 갈릴레오 갈릴레이의 아버지 빈센초 갈릴레이(Vincenzo Galilei, ?-1591), 작곡가 줄리오 카치니(Giulio Caccini, 1551-1618), 자코포 페리(Jacopo Peri, 1561-1633), 시인이자 대본가 오타비오 리누치니(Ottavio Rinuccini, 1562-1621) 등으로 구성된 카메라타(camerata)는 대사 전체가 노래로 불렸을 거라는 생각을 전제로 하고 고대 그리스 비극의 무대화를 시도했다.

꽤나 긴 길이의 극 전체를 음악으로 만드는 것은 쉬운 일이 아니었다. 드라마의 내용 전개를 위해, 여러 성부로 이루어져 가사 전달이 용이하지 않은 마드리갈 대신 단성으로 된 독창이라는 새로운 형태의 모노디(monody)가 등장했다. 1602년 카치니는 여러 개의 모노디를 모아 『새로운 음악』(Le nuove musiche)이라는 제목의 악보집을 출판했는데, 그 중 유절식 가사로 되어 있는 노래들을 아리아(aria)라고 칭했다. 오페라는 그 이전의 많은 선구자적 장르의 영향을 받아 많은 것들을 수용했으며, 독창과 중창 및 합창, 기악음악, 춤 등이 합쳐진 그야말로 장대한 무대 공연물로 탄생했다.

최초의 오페라와 몬테베르디의 공헌

1598년, 시인 리누치니가 쓴 『다프네』라는 제목의 리브레토(libretto, 오페라 대본)는 귀족 자코포 코르시의 후원 하에 작곡가 페리에 의해 오페라로 만들어졌다. 그해 10월 코르시의 궁정에서 공연된 이 작품은 연대기적으로는 최초의 오페라라 할 수 있으나, 현재는 악보가 소실되어 작품의 일부만 남아 있다. 1600년, 리누치니의 <에우리디체> 대본으로 페리가 오페라를 작곡했다. 이어 카치니는 페리의 원작의 상당 부분을 삭제하고 자신의 것으로 대체했으며, 페리와 카치니의 두 가지 판본은 각각 따로 출판되었다. 이 때문에 완전한 형태로 남아있는 이 두 사람의 <에우리디체>를 최초의 오페라로 보기도 하며, 1600년을 오페라의 탄생 연도로 표기하기도 한다.

그러나 무엇보다 초창기 오페라에서 가장 중요한 작품으로 꼽을 수 있는 것은 클라우디오 몬테베르디(Claudio Monteverdi, 1567-1643)의 <오르페오>(Orfeo, 1607)일 것이다. 몬테베르디는 카치니로부터 서정적이며 선율적인 아리아를, 그리고 페리로부터 낭송하는 듯한 레치타티보 양식을 배웠다. 그의 <오르페오>는 페리나 카치니의 <에우리디체>와 내용이 거의 동일하고 주제와 스타일이 유사하지만, 극적-음악적으로 훨씬 더 효과적이었다. 1607년, 만토바의 귀족 프란체스코 곤차가의 위촉으로 공연된 <오르페오> 이후 몬테베르디는 곧바로 두 번째 오페라 <아리아나>(L'Arianna, 1608)를 썼지만, 일부 애가(lamento)만 현재까지 전해진다. 생애 말년, 몬테베르디는 베네치아로 옮겨가 두 개의 오페라를 남겼다. 바로 고대 그리스 시인 호메로스(Homeros, BC.8세기경 출생)의 『오디세이』(Odyssey) 마지막 부분에 근거한 <율리시스의 귀환>(Il ritorni d'Ulisse in patria, 1640)과 로마 황제 네로의 두 번째 결혼에 관한 역사극 <포페아의 대관> (L'incoronazione di Poppea, 1642)이다. 극적인 내용 전개와 풍부한 음악적 표현, 화려한 무대로 인해 몬테베르디는 오페라의 첫 번째 위대한 작곡가라 여겨진다.

새롭게 탄생한 오페라는 서서히 이탈리아 전역의 다른 도시로 퍼져 나갔다. 피렌체에서는 당대 유명한 소프라노이자 오페라 작곡가였던 프란체스카 카치니(Francesca Caccini, 1587-1640)가 활동했고, 로마에서는 레치타티보와 아리아가 보다 명확히 구분되었다. 베네치아에서는 산 카시아노 극장(Teatro san Cassiano)이 1637년 개관했으며, 서로 라이벌이었던 카발리(Francesco Cavalli, 1602-1676)와 체스티(Antonio Cesti, 1623-1669)가 오페라를 만들었다. 로마와 나폴리에서 활동하던 스카를라티(Alessandro Scarllati, 1660-1725)는 ABA의 단순한 형식의 다 카포 아리아(da capo)를 만들었다.

비극적이고 진지한 장르인 오페라 세리아(opera seria) 일색이던 이탈리아 오페라에 변화가 나타나는데, 18세기에 이르러 희극이 비로소 등장한 것이다. 페르골레시(Giovanni Battista Pergolesi, 1710-1736)의 <마님이 된 하녀>((La serva padrona, 1733)는 최초의 오페라 부파(opera

1630년경, 스트로치(Bernardo Strozzi)가 그린
몬테베르디 초상화

<오르페오> 초판 악보 표지

buffa)로 손꼽힌다. 18세기 중반에는 이탈리아 극작가 골도니(Carlo Goldoni, 1707-1793)가 희극 오페라 대본에 고상하면서도 세련된 요소를 도입했으며, 독일 작곡가 하세(Johann Adolf Hasse, 1699-1783)는 당시 여전히 중요했던 오페라 세리아 장르를 이탈리아어와 이탈리아 양식으로 구현했다.

1.1. 몬테베르디 <오르페오>(L'Orfeo, 1607): 최초의 오페라, 신화를 노래하다

작품 개요

작곡: 클라우디오 몬테베르디(Claudio Monteverdi, 1567-1643)

원작: 그리스로마 신화

대본: 알렉산드로 스트리지오(Alessandro Striggio, 1573-1630)

초연: 1607년 2월 24일 만토바 공작 궁 (Palazzo Ducale in Mantova)

구성: 프롤로그와 5막(약 2시간)

배경: 고대 그리스

주요 등장인물

오르페오(Orfeo, 테너): 음유시인. 에우리디체의 남편

에우리디체(Euridice, 소프라노): 오르페오의 부인

카론테(Caronte, 베이스): 지옥을 지키는 수문장

플루토네(Plutone, 베이스): 지옥의 신. 프로세르피나의 남편

프로세피나(Proserpina, 소프라노): 플루톤의 부인

아폴론(Apollon, 테너): 천상의 신. 오르페오의 아버지.

무지카(La Musica, 소프라노)

희망(La Speranza, 메조소프라노)

그 외 목동들과 님프들

주요 아리아 및 장면

1) 프롤로그

2) 2막, 오르페오의 유절 아리아 '기억하는가?'(Vi ricorda?)

3) 2막, 오르페오의 라멘트(애가) '그대는 죽었네'(Tu se' morta)

4) 3막, 오르페오의 아리아 '위대한 정령이여'(Possente spirito)

줄거리

프롤로그

무지카가 나타나 불멸의 명성을 얻은 음유시인 오르페우스에 대해 이야기한다.

1막

목동들과 님프들은 오르페오와 에우리디체의 사랑을 찬양하고, 어둠과 고통, 추위 뒤에 항상 더 나은 시간이 오기 때문에 누구도 절망에 빠지지 말라고 한다. 오르페오는 사랑의 노래를 부르고, 에우리디체는 이에 화답한다.

2막

오르페오는 과거의 사랑의 고통 때문에 지금 더 행복해졌다며 계속 노래를 부른다. 전령이 나타나 에우리디체가 뱀에 물려 죽었다고 알린다. 오르페오는 지하세계로 가 에우리디체를 데려오거나, 그녀와 함께 죽음의 세계에 머무르기로 결정한다.

3막

희망은 오르페오와 함께 지하세계의 입구까지 동행하지만, 여기서부터는 오르페오 혼자 나아가야 한다. 지옥의 수문장 카론테는 오르페오의 입장을 허용하지 않는다. 오르페오는 수려하고 부드러우면서도 열정적인 노래로 카론테를 감동시킨다. 마침내 카론테가 잠이든 틈을 타, 오르페오는 강을 건넌다.

4막

프로세르피나는 오르페오에게 사랑하는 연인 에우리디체를 돌려주라고 자신의 남편이자 지하세계의 신 플루토네에게 간청한다. 플루토네는 프로세르피나에 대한 사랑을 상기시키며 이를 허락하는데, 다시 지상으로 가는 길에 오르페오가 절대 에우리디체를 돌아보지 않는다는 조건을 덧붙인다. 그러나 예상치 못한 소음에 놀란 오르페오는 에우리디체를 보게 되고 그녀를 영원히 잃게 된다.

5막

고향인 트라키아의 숲에 홀로 남겨진 오르페오는 에우리디체의 죽음에 슬퍼하며 애가를 부른다. 오직 님프의 메아리만이 단음절로 애처롭게 그에게 대답한다. 이때 하늘에서 구름을 타고 아폴론이 내려와, 오르페오가 정신을 차릴 수 있도록 충고한다. 오르페오가 에우리디체를 다시 볼 수 없을지 묻자, 아폴론은 태양과 별 사이에서 그녀의 모습을 보게 될 것이라 답한다. 오르페오는 아폴론과 함께 천국으로 향하고, 목동들과 님프들은 천상의 영광과 완전한 행복을 얻은 오르페오를 찬양하는 노래와 함께 춤을 추며 끝난다.

감상 포인트

1) 고대 그리스 비극의 교훈

<오르페오>의 대본가 알렉산드로 스트리지오는 같은 이름의 유명한 작곡가의 아들로 어렸을 때부터 음악에 재능이 뛰어났으며, 만토바의 곤자가 궁정에서는 변호사이지 외교관으로 일했다. 그는 만토바의 지식인들의 모임 '아카데미아 델 인바기티'(Academia degl'Invaghiti)의 회원이었는데, 이 단체는 이 도시의 연극 전반을 담당했다. 스트리지오는 <오르페오>의 대본을 쓰면서 페리의 <에우리디체> 대본을 쓴 리누치니(Ottavio Rinuccini, 1562-1621)의 것을 참고하는 등 다른 출처를 활용했다. 스트리지오의 대본은 리누치니보다 덜 미묘하다는 평을 받지만, 해피엔딩에 대한 강박에서 벗어나 신화의 비극적 결말을 그대로 가져왔다는 점에서 의의가 있다.

<오르페오>는 목가극의 전통을 따르고 있는데, 다른 한편으로는 고대 그리스 비극의 요소를 끌어들인다. 주인공 오르페오는 음악의 힘으로 자연과 합일에 이르는 인물로 마냥 행복해 보이

지만, 실은 처음부터 인간은 행복과 불행의 교대를 피할 수 없다는 것을 알고 있다. 따라서 에우리디체를 구하려는 오르페오의 시도가 실패로 끝날 것임을 관객들은 충분히 예상가능하다. 이는 과잉을 피하고 절제와 평정을 유지하라는 지극히 아폴론적인 교훈과 연결된다.

2) 바로크 초기 오페라 최고의 작곡가, 몬테베르디의 음악

거의 대부분의 서양음악사 저서에서 초기 오페라의 위대한 작곡가로 최초의 오페라 <에우리디체>를 작곡한 페리나 카치니가 아니라, 몬테베르디를 꼽는다. 작곡가로서 그의 재능이 매우 뛰어난 데다 특히 오페라 장르에서 빛을 발하여, 드라마를 음악이 이끌어가게 만들면서 극을 압도하는 음악의 힘을 보여주었기 때문이다. 몬테베르디는 만토바 궁정에서 무대를 위한 음악을 편곡하거나 연주했으며, 오페라 이전에도 카니발을 위해 극적인 음악을 작곡했다.

몬테베르디의 첫 오페라 <오르페오>는 레치타티보와 아리아, 마드리갈을 비롯하여 합창과 무용, 기악으로 연주되는 리토르넬로까지 당시 유행하던 모든 음악 요소들이 통합된 것으로, 당대 다른 작곡가들의 형식과 큰 차이는 없지만 보다 성숙한 양식으로 되어 있다. 음악극(drama per musica)이라는 명칭에서도 알 수 있듯이, 내러티브의 극적인 힘이 명확하고 직선적인 선율과 어우러져 있다. 몬테베르디는 다양한 유형으로 된 반주가 붙은 독창노래인 모노디를 극적 상황에 맞게 적절히 사용했으며, 오케스트라의 수를 늘리고 음색에 따라 구분 지었다. 즉 현악기와 하프시코드, 하프, 리코더는 트라키아 들판의 목가적인 분위기를 나타내는 악기들로, 삶의 세계를 상징한다. 반면 플루트를 제외한 관악기, 코르넷과 트럼본, 오르간은 지하 세계인 죽음을 의미한다.

2막에 나오는 오르페오의 비가(lamento) '그대는 죽었네'. 에우리디체가 죽었다는 소식을 듣고 애절하게 탄식하는 이 노래는 가사를 눈앞에 생생이 그리듯 표현하는 몬테베르디 특유의 '가사 그리기' 기법이 사용되어 절망, 거부, 결의, 희망 등 오르페오의 감정이 음악으로 해설된다. 3막의 오르페오 아리아 '위대한 정령이여'는 사용되는 악기들이 모두 지정되었고, 단순한 선율로 된 버전과 전문적인 성악가를 위한 화려하게 장식된 버전이 있다. 이렇게 연주자에게 자유나 즉흥성을 승인하기보다 정확하게 지정한 것은 작곡가의 역할을 보다 명백히 한 몬테베르디의 선구안이었다.

3) 오페라 주인공이 된 그리스 신화의 음유시인, 오르페오

현존하는 최초의 완성된 오페라인 페리와 카치니의 <에우리디체>에 이어 몬테베르디의 <오르페오>에 이르기까지 초기 오페라 작곡가들은 고대 그리스로마 신화 중에서도 오르페오를 주인공으로 하는 이야기를 작품의 소재로 삼았다. 많고 많은 이야기 중에 왜 오르페오를 선택했을까? 무엇보다 오르페오가 직접 노랫말을 쓰고 곡을 짓고 리라를 연주하며 노래하는 뛰어난 시인이자 음악가라는 점이 가장 매력적이었을 것이다. 신화에서는 오르페오가 아버지 아폴론으로부터 선물 받은 황금으로 된 리라를 연주하면, 이를 듣는 사람들 뿐 아니라 그의 곁에 모여든 짐승들과 심지어는 산천초목을 감동시켰다고 전해진다. 게다가 에우리디체를 구하고자 하는 간절함이 담긴 그의 애절한 노래는 지옥의 수문장 카론테와 지하세계의 신 플루토네마저 감동시켜 그들의 마음을 돌리도록 설득하는데 성공한다. 그야말로 사람을 감동하게 하고 교화하는 음악의 힘을 드러내는 이야기인 것이다.

2015년 서울시오페라단 <오르페오> 국내 초연

<오르페오>의 또 다른 주요 모티브는 삶과 죽음의 경계마저 허무는 지고지순한 사랑의 힘이다. 인간의 삶은 유한하므로 더욱 소중하다 했던가. 사랑하는 아내 에우리디체가 뱀에 물려 죽자, 이에 쉽사리 굴복하지 않고 지하세계로 건너가 그녀를 다시 지상으로 데려가도 좋다는 승낙을 받아낸 오르페오의 용기는 사랑의 의미가 퇴색해버린 21세기 현대사회에 특별한 감응을 준다. 그러나 불멸 영생의 삶은 허락되지 않는 듯 에우리디체는 다시 사라져버리고, 아내를 영영 잃은 오르페오는 실의에 잠겨 슬퍼한다. 오르페오는 사랑하는 이를 구하기 위해 자신을 던진 영웅이면서, 동시에 그녀를 보고픈 마음에 끝내 돌아본 나약한 마음을 가진 인간이었던 것이다. 여러 특성을 가진 오르페오라는 인물은 현대 예술에서 묘사되거나 암시되는 서양 문화의 고전 신화의 중요한 인물 중 하나로 수용되어, 회화·조각·음악의 수많은 작품으로 재탄생되었다.

<오르페오>의 이야기는 사랑이야말로 창조적인 예술을 가능하게 하는 힘이자 죽음에 대한 예술의 승리를 이끌어내는 원동력임과 동시에 죽음 앞에서는 모든 예술적 시도가 덧없음을 보여준다. 이는 사랑의 힘이 퇴색된 21세기 현대사회에서 <오르페오>의 이야기와 음악이 아직 유효함을 증명한다.

추천 영상물(오르페오-에우리디체 순)

(Blu-ray) 마르크 모이용, 루시아나 만시니 등, 조르디 사발 지휘, 라 카펠라 레이알 데 카탈루니아 및 르 콩세르 드 나시옹 연주, 폴린 베일 연출, 2021년 파리 오페라코미크 실황(한글자막)

1.2. 몬테베르디 <포페아의 대관>(L'incoronazione di Poppea, 1642): 최초의 사극 오페라, 역사를 무대에 올리다

작품 개요

작곡: 클라우디오 몬테베르디(Claudio Monteverdi, 1567-1643)

대본: 조반니 부세넬로(Giovanni Francesco Busenello, 1598-1659)

원작: 타키투스의 『연대기』, 수에토니우스의 역사서 『12명의 케사르』 제 6권, 디오 카시우스의 『로
　　마사』 제 61-62권, 작자미상의 희곡 『옥타비아』 등

초연: 1642-1643년간 베네치아 카니발 시즌. 1651년 나폴리에서 재초연된 후 묻혀 있다가, 1888년
　　악보 재발견

의의: 역사적 사건과 인물들을 등장시킨 세계 최초의 오페라

배경: AD 60년, 네로 황제 치하의 로마제국

주요 등장인물

포페아(Poppea Augusta Sabina. 소프라노): 로마 귀족 처녀, 네로의 정부

오토(Ottone. 메조소프라노, 원래 카스트라토 배역): 로마귀족. 포페아의 연인

네로(Nerone. 소프라노): 로마 황제

옥타비아(Ottavia. 소프라노): 네로의 아내. 로마제국의 황후

세네카(Seneca. 베이스): 네로의 스승. 철학자

드루실라(Drusilla. 소프라노): 로마 귀족 처녀

아르날타(Arnalta. 콘트랄토 또는 테너): 포페아의 유모

유모(Nutrice. 콘트랄토): 옥타비아의 유모

시동(Valletto. 소프라노): 네로 궁정의 시동

아모레(Amore. 소프라노): 사랑의 신

비르투(Virtu. 소프라노): '덕성(Virtue)'의 의인화

포르투나(Fortuna. 소프라노): '행운(Fortune)'의 의인화

메르쿠리오(Mercurio. 테너): 신들의 전령

루카노(Lucano. 테너): 로마의 시인. 네로의 친구

주요 아리아 및 중창

1) 포페아와 네로의 이중창: 'Signor, deh non Partir(폐하, 가지 마세요)'

2) 오토의 아리아: 'Ad altri tocca in sorte(남들은 달콤한 술을 마시지만)'

3) 세네카와 친구들: 'Amici, e giunta l'ora(벗들이여, 오랜 동안)

4) 유모 아르날타의 아리아: 'Oggi sara Poppea(오늘 포페아는 황후가 된다네)'

5) 대관식: 'Ascendi, o mia diletta(올라가라, 내 기쁨이여)'

6) 포페아와 네로의 이중창: 'Pur ti miro(그대를 바라보며)'

줄거리

프롤로그

행운의 여신과 미덕의 여신이 서로 잘났다고 언쟁을 벌인다. 사랑의 신은 이제부터 펼쳐질 네로와 포페아의 이야기에서 보듯 자신이 바로 세상을 다스리는 주인이라고 큰소리를 친다.

1막

포페아의 연인 오토(오토네)는 열정을 호소하려고 포페아를 찾아왔지만, 포페아의 집 앞에서 잠들어 있는 네로(네로네) 황제의 호위병들을 발견하고 자신의 불행을 탄식한다. 네로가 포페아와 함께 있다는 것을 알았기 때문이다. 잠이 깬 호위병들은 포페아와 네로의 관계를 비난하며 불만을 터뜨린다.

　　포페아는 아침 일찍 궁전으로 돌아가려는 네로를 붙잡으며 긴 작별인사를 나눈다. 네로가 떠난 뒤 포페아는 유모 아르날타에게 황후가 되려는 자신의 야심을 이야기한다. 한편 황후 옥타비아(오타비아)는 남편 네로의 부정을 알고 탄식한다. 황제의 스승인 철학자 세네카가 찾아와 황후를 위로한다. 네로는 세네카에게 포페아와 결혼하겠다고 선언하고, 도덕적으로 있을 수 없는 일이라고 세네카가 말하자 네로는 화를 내며 그를 쫓아내 버린다. 네로는 포페아를 황후로 만들어주겠다고 약속한다. 포페아는 세네카가 네로를 지배한다고 말하고, 스스로의 통치력에 자신이 없던 네로는 열등감을 자극받아 세네카에게 자살을 명한다.

　　오토는 포페아의 변심을 비난하지만 포페아는 오히려 오토에게 화를 내며 자신은 네로의 여자라고 외친다. 포페아에게 완전히 거부당하고 절망에 빠진 오토는 예전의 연인이었던 드루실라에게 돌아가 사랑을 맹세한다. 한결같이 오토를 사랑해온 드루실라는 사랑을 되찾은 것에 크게 기뻐한다.

2막

신들의 전령 메르쿠리오가 세네카에게 나타나 죽음을 예고하고, 세네카는 이 소식을 기쁘게 받아들인다. 세네카는 자살하라는 네로의 명을 받고, 죽지 말라고 애원하는 가족과 친구들을 위로한 뒤 목숨을 끊을 욕조를 준비하게 한다. 한편 궁전의 시동과 시녀는 사랑의 유희를 펼치고, 세네카의 죽음을 보고 받은 네로는 친구 루카노와 함께 포페아를 열렬히 예찬하는 노래를 부른다.

옥타비아는 오토에게 과거의 은혜를 일깨우며 포페아를 죽이라고 명한다. 오토는 괴로움과 혼란에 빠진다. 한편 드루실라는 오토와 사랑을 이룰 희망에 신이 나 있는데, 오토가 찾아와 '여장을 하고 포페아를 죽일 계획이니 드레스를 빌려 달라'고 부탁한다.

포페아는 세네카의 죽음에 기뻐하며 사랑의 신에게 자신의 행운을 빈다. 정원에서 포페아는 유모 아르날타의 노래를 들으며 잠이 드는데, 이때 드루실라의 옷을 입은 오토가 칼을 들고 나타나지만 사랑의 신이 살해를 저지한다. 잠에서 깬 포페아는 도망치는 오토를 보고 암살자가 드루실라라고 짐작한다.

3막

드루실라는 포페아가 죽었다는 소식을 들을 줄 알고 기뻐하고 있다가, 포페아 살해기도의 누명을 쓰게 된다. 드루실라는 사랑하는 오토를 구하기 위해 거짓으로 죄를 인정한다. 그러나 네로가 드루실라에게 사형을 선고하자 오토가 나서서 자신이 그 범인이라고 밝히고, 드루실라는 아무런 죄가 없으며 옥타비아가 범행을 사주했다고 고백한다. 네로는 두 사람의 목숨을 살려주고 두 사람을 국외로 추방한다. 그리고 옥타비아와 그 자리에서 이혼한 뒤 역시 옥타비아도 국외로 추방한다. 네로는 포페아에게 곧 황후의 관을 씌우겠다고 약속한다.

추방당한 옥타비아는 가족과 로마를 떠나는 것을 슬퍼하고, 포페아의 유모 아르날타는 자신의 지위가 높아진 것에 기뻐한다. 네로는 포페아의 대관식을 거행하고, 사랑의 신은 포페아에게 최고의 아름다움을 보증하는 왕관을 씌워준다.

1) 작곡가 클라우디오 몬테베르디(Claudio Monteverdi, 1567~1643)

이탈리아 크레모나에서 태어나 대성당 합창지휘자에게서 음악이론과 작곡, 바이올린 연주, 합창의 가창법을 배웠다. 15세에 3성부 모테트를 작곡했고, 20세에 5성부 마드리갈 모음집을 출판했다. 1590년, 23세의 나이로 빈첸초 곤차가 공작의 궁정작곡가로 임명되어 20년간 봉직했으나, 공작의 후계자에게 해임되었다. 그러나 마침 베네치아 산 마르코 대성당 악장이었던 가브리엘리가 세상을 떠나 그 자리를 얻었다. 오페라 탄생 초창기에 <오르페오>(1607)와 <아리아나>(1608) 같은 작품으로 장르의 수준을 높였고, 1637년 베네치아에서 공공극장이자 상업오페라극장인 '산 카시아노'가 개관한 뒤 다시 <율리우스의 귀향>(1640), <포페아의 대관>(1642) 같은 성숙한 걸작을 발표했다.

2) 타키투스의 『연대기』에 기록된 네로 황제와 황후 포페아

로마 클라우디우스 황제의 황후가 된 아그리피나는 전남편 사이에서 얻어 데리고 들어온 아들 네로(A.D. 37-68)가 17세가 되자 남편 클라우디우스를 독살하고 아들을 황제로 즉위시킨다(제 5대 황제. 재위 54-68년). 독살되기 전에 클라우디우스 황제는 자신의 딸 옥타비아를 네로와 결혼시켰다. 네로는 치세 초기 약 5년간 철학자 스승인 세네카의 뒷받침으로 해방노예에게 일자리를 주고 세금을 낮추었으며 매관매직의 폐단을 시정하는 등, 선정을 베풀었다. 그러나 차츰 잔인한 성격을 드러내며 의붓동생과 어머니를 살해(59년)하게 했고, 그리스도교인에게 로마 화재의 책임을 물어 집단 처형하기도 했다(64년). 62년에는 절친한 친구인 귀족 오토의 아내 포페아에게 빠져, 그녀와 결혼하기 위해 아내 옥타비아마저 암살한다. 이듬해에 포페아와 결혼해 황후의 관을 씌우지만, 65년에는 임신한 포페아마저 죽인다. 또 원로원의원들의 음모가 발각되었을 때 세네카와 루카누스를 포함한 고위 측근을 처형하였다. 다른 한편으로 네로는 그리스 문화에 심취한 예술의 애호가로도 알려져 있다. 68년 반란이 일어나자 로마를 탈출하여 자살했다.

"(포페아는) 겉으로는 소박하고 겸손한 여성으로 비춰졌지만, 실제로는 대단히 자유분방하게 처신했다. 외출을 거의 하지 않았고, 꼭 나가야 할 때는 베일로 얼굴을 가려 욕망 어린 시선들을 피했다. 주위사람들이 떠들어대는 소문에 개의치 않았고, 연애를 하되 사랑에 빠지지 않았으며 철저히

자신의 이익을 위해 성적매력을 이용했다." -타키투스

3) 실제 역사를 소재로 한 최초의 사극오페라

이 오페라는 역사를 소재로 한 최초의 사극오페라일 뿐 아니라 등장인물의 개성을 살린 최초의
오페라로 음악사에 기록되었다. 주인공의 행위에 음악을 통해 도덕적 평가를 내리지 않은 작품이
기도 하다. 몬테베르디는 실제 역사의 주인공들 외에 군인, 유모, 시동, 시녀 등의 평민계급을 오페
라에 등장시켜 당시 상업오페라극장을 찾는 평민 관객을 배려했다. 또 크리스마스와 수난시기 사
이인 카니발 때 공연된 작품인 만큼, 베네치아 카니발의 화려하고 관능적인 분위기에 적합한 작품
으로 만들어졌다.

추천 음반 및 영상물(포페아-네로-오토-옥타비아 순)

1) (DVD) 다니엘 드 니스, 앨리스 쿠트, 이스틴 데이비스, 타마라 멈포드 등, 에마뉘엘 아임 지휘,
   계몽시대 오케스트라, 로버트 카슨 연출, 2008년 글라인드본 극장 공연 실황(한글자막)
2) (DVD) 한나 블라치코바, 강민 저스틴 킴(김강민), 카를로 비스톨리, 마리안나 피촐라토 등, 존
   엘리엇 가디너 경 지휘, 잉글리시 바로크 솔로이스츠, 몬테베르디 합창단, 2017년 베네치아 라
   페니체 극장 실황(한글자막)

1.3. 페르골레시 <마님이 된 하녀>(La serva padrona, 1733):
최초의 희극 오페라가 된 막간극

작품 개요

작곡: 지오반니 바티스타 페르골레시(Giovanni Battista Pergolesi, 1710-1736)

대본: 젠나로 안토니오 페데리코(Gennaro Antonio Federico, ?-1744)

초연: 1733년 9월 5일 나폴리 산 바르톨로메오 극장(Teatro San Bartolomeo)

구성: 두 부분으로 나뉘어진 단막(약 40분 가량)

배경: 18세기 초 이탈리아의 한 귀족 가정

주요 등장인물

우베르토(Uberto, 베이스): 부유한 독신 귀족 노인

세르피나(Serpino, 소프라노): 우베르토의 쾌활한 하녀

베스포네(Vespone, 대사 없는 역): 우베르토의 벙어리 하인

주요 아리아 및 장면

1) 1장, 우베르토의 아리아, '늘 불화라네'(Sempre in contrasti)

2) 1장, 세르피나의 아리아, '화 잘내는 당신'(Stizzoso, mio stizzoso)

3) 1장, 세르피나와 우베르토의 이중창, '다 알아요 두 눈빛을'(Lo conosco quelli occhietti)

4) 2장, 세르피나의 아리아, '세르피나를 생각해줘요'(A serpina penserete)

5) 2장, 우베르토의 아리아, '나는 이미 속임수를 쓰고 있어.'(Son imbrogliato io già)

줄거리

1장

우베르토는 밖에 나갈 준비를 하면서 하녀 세르피나가 아침식사인 핫초콜릿을 가져다주기를 기다린다. 세르피나는 우베르토의 살림을 도맡아 하고 있기에, 하녀임에도 기세등등하다. 우베르토는 세르피나의 횡포에 대해 불평하는데, 정작 세르피나는 미안한 기색도 없는 것을 보고 화가 머리끝까지 난다. 우베르토는 홧김에 하인 베스포네에게 못생겼어도 말 잘 듣는 여자 한 명을 구해 오라고 시킨다. 새로운 안주인이 들어오면 세르피나가 스스로 물러나지 않겠냐는 속셈이다. 그러자 세르피나는 마침 잘 되었다는 듯 우베르토가 일상생활에서 자기에게 얼머나 의존하고 있는지 일일이 열거하며 그에게 꼭 맞는 신부감은 자기라고 주장한다.

2장

우베르토가 귀담아 듣지 않자, 세르피나는 괴상하고 난폭한 폭군 육군 관리와 결혼한다고 말하며,

우베르토의 동정을 얻기 위해 노력한다. 이같은 가상한 노력이 효과가 있는지 우베르토는 고민에 빠진다. 세르피나의 뇌물을 받고 베스포네가 변장한 세르피나의 난폭한 신랑감은 세르피나에 대한 엄청난 지참금을 요구하고, 만일 우베르토가 그녀와 결혼하겠다면 포기하겠다고 말한다. 우베르토는 세르피나를 사랑한다는 것을 깨닫고 그녀에게 복종을 맹세하며 결혼에 이른다.

감상 포인트

1) 막간극에서 독립한 최초의 오페라 부파(opera buffa) 작품

페르골레시는 엘리자베스 크리스틴 황후의 42번째 생일을 맞아 오페라 작품 위촉을 의뢰받았다. 그렇게 해서 만들어진 페르골레시의 오페라 세리아 <자랑스러운 죄수>(Il prigioniero superbo, 1733)는 그다지 큰 호응을 얻지는 못했지만, 당시 관습에 따라 3막 사이에 삽입된 막간극이 큰 인기를 끌었다. 17세기 초 이탈리아에서 유료 오페라극장이 개관된 이후, 막이 끝날 때마다 관객을 즐겁게 하기 위해 무대 커튼 앞쪽에서 막간극을 상연하는 관습이 있었는데, 초기에는 주로 무용으로 꾸며졌으나 18세기에 이르러서는 희극적인 막간극이 그 자리를 대신한 것이다. 이 막간극은 1731년에 출판된 자코포 안젤로 넬리(Jacopo Angelo Nelli, 1673-1767)의 동명의 희곡을 기반으로 하여 페데리코가 대본을 썼다.

페르골레시의 <마님이 된 하녀>는 막간극의 전형적인 형식으로, 진지한 내용의 본 작품과 달리 적은 수(보통 둘 혹은 세 명, 그 중 한명은 대사 없는 역할)의 등장인물이 나오는 희극적인 내용으로 된 짧은 길이의 단막극이다. 텍스트는 사투리를 사용하지는 않지만 대중적인 언어로 되어 있으며, 단순한 어휘나 음의 울림을 사용하여 경쾌하게 대사를 표현하고 내용을 빠르게 전개시킨다. 불평 많은 어리석은 늙은이 우베르토, 짓궂지만 쾌활하고 지혜로운 젊은 하녀 세르피나, 우둔한 벙어리 하인 베스포네는 이탈리아의 전통적인 희극인 코메디아 델라르테(Commedia dell'arte)에 등장하는 전형적인 인물유형이다.

2) 오페라 부파의 전형을 만들어낸 페르골레시의 음악

페르골레시는 바로크에서 고전주의 시대로 전환을 이끈 이탈리아 작곡가로 여겨진다. 18세기 전반의 가장 위대한 이탈리아 음악가 중 하나이자 나폴리 학파의 대표적 작곡가로 평가받는다. 종교적인 작품에도 일가견이 있어 꽤 많은 수의 작품을 남겼으나, 무엇보다 오페라 장르에 가장 큰 공헌을 했다. 페르골레시의 진지한 오페라 작품들은 이탈리아 오페라 세리아의 전형적인 특징을 보여주며, 당시 나폴리 학파의 관습에 따라 오페라 세리아의 막 사이에 삽입한 그의 막간극은 독립하여 오페라 부파 장르로 완전히 자리 잡았다.

두 부분으로 된 <마님이 된 하녀>는 오페라 세리아처럼 각 부분이 레치타티보로 시작하여 독창 아리아로 이어지고 이를 몇 번 반복하다 마지막에는 이중창으로 끝을 맺는다. 아리아는 거의 대부분 활기찬 성격으로, 통상적으로 세 부분으로 구성된 다 카포 형식을 따른다. 페르콜레시는 당시 유행한 오페라 세리아의 아리아를 가져와 패러디하는 것을 자제하고, 특정 단어를 반복하거나 짧은 음절을 빠르게 처리하는 등의 방법을 통해 희극인 오페라 부파의 특성을 살렸다. 이 작품의 관현악 편성은 매우 단순하다. 당시 일반적인 바로크 음악의 3중주 편성과 동일하게 바이올린 1과 2, 바소 콘티누오 악기로 구성된다.

무엇보다 중요한 것은, 두 주인공의 인물의 특성을 음악으로 나타내는 페르골레시의 특별한 방식이다. 이를 테면 우베르토의 첫 번째 아리아 '늘 불화라네'의 경우, 반복되는 의미 없는 단어에 짧은 선율과 리듬이 강조된 모티브를 더해 세르피나와의 끊임없는 언어적 싸움을 드러낸다. 세르피나에 대해 불평하는 세 부분으로 된 아리아(Aspettare e non venire)에서는 높은 고음으로 시작하여 옥타브 하강으로 이어지는데, 반복되는 구절마다 매번 더 높은 음역에서 시작되며 첫 부분의 음이 짧아지고 축소된 상태로 다양하게 반복된다. 이는 우베르토의 혼란스러움이 가중됨을 반영한다. 1부의 마지막 이중창에서 우베르토의 음악적 모티브는 점점 세르피나의 것과 닮아간다. 우베르토와 달리 세르피나의 음악은 노래하기 용이하게 규칙적으로 명확하게 구조화되어 있으며, 이는 그녀의 자신감을 나타낸다.

3) 부퐁논쟁(Querelle des Buffons)을 촉발시키다

1733년 초연 이후 <마님이 된 하녀>는 매우 이례적으로 오랫동안 오페라 레퍼토리로 남았다. 이탈리아 각 도시 뿐만 아니라 프랑스 파리, 독일, 영국 등 유럽 전역의 60개 이상의 극장에서 공연되었으며, 매번 성공적으로 큰 인기를 끌었다. 작곡가의 사후에도 나폴리에서는 1738년 여왕 마리아 아말리아의 요청으로 이 작품이 재연되었으며, 1746년 10월 드디어 프랑스 파리에서 초연되었다. 파리에서의 첫 공연은 그다지 주목받지 못했으나, 1752년 8월 이탈리아 오페라단이 왕립음악원에서 선보인 공연은 프랑스 관객의 환영을 받았다. 당시 프랑스에서는 이 코믹한 이탈리아 오페라 스타일이 알려지지 않았기 때문에 일부 청중들은 매우 낯설어 했지만, 동시에 프랑스 특유의 음악비극 스타일이 지겹고 과장이 심하다고 느낀 일부 청중들에게는 매우 흥미로운 유형이었던 것이다.

<마님이 된 하녀>를 비롯하여 이탈리아 희극 오페라의 선풍적인 인기와 성공으로 인해, 프랑스에서는 '희극 배우의 논쟁'이라는 뜻의 부퐁 논쟁이 일어난다. 수많은 프랑스 지성인들이 새로운 스타일의 이탈리아 오페라를 지지하는 파와 여전히 프랑스 오페라를 옹호하는 파로 나뉘어 오랫동안 논쟁을 벌였다. 장 자크 루소(Jean-Jacques Rousseau, 1712-1778)은 대표적인 이탈리아 오페라 지지파의 인물로 선율을 강조하는 스타일의 소오페라 <마을의 점쟁이>(Le Devin du village, 1752)를 작곡했다. 이는 프랑스식의 가벼운 오페라 장르인 오페라 코미크(opéra comique)의 탄생으로 이어졌는데, 1753년에는 첫 오페라 코미크 작품인 앙투안 도베르뉴(Antoine Daubergne, 1713-1797)의 <물물교환꾼>(Les troqueurs)이 공연되었다. 이는 바로크 시대 프랑스 특유의 오페라 스타일인 음악 비극의 종말을 고하는 사건이었다.

추천 영상물(세르피나-우베르토 순)

(DVD) 알레산드라 마리아넬리, 카를로 레포레 등, 코라도 로바리스 지휘, 아카데미아 바로카 데이 비르투오시 이탈리아니 연주, 헤닝 브록하우스 연출, 2011년 예시 페르골레시 극장 실황(한글 자막)

2. 프랑스의 바로크 오페라

17세기 유럽은 국가의 힘이 강력해진 국가주의의 시대였다. 특히 프랑스는 강력한 중앙집권적 국가가 되면서 국왕이 문화예술분야에도 막대한 영향을 끼쳤다. 프랑스에서 예술은 정치적 선전과 사회적 통제의 수단으로 사용되면서 독특한 역할을 수행했다. 왕의 전폭적인 후원 아래 프랑스 예술은 우아하고 절제되어 있으면서도 화려하고 웅장한 프랑스 특유의 양식으로 만들어졌다. 17세기 중반 경 오페라는 이탈리아에서 프랑스와 영국으로, 그리고 중부 유럽의 수많은 왕실로 수출되었고, 국가마다 상이한 정치경제적 상황과 언어 및 문화적 차이로 인해 다양한 양식과 다채로운 표현법을 가지게 되었다. 그러나 프랑스에서는 유독 이 장르를 쉽게 받아들이지 못했는데, 왜냐하면 이미 고전 비극이나 궁정 발레(Ballet de cour) 등과 같은 강력한 무대극의 전통이 있었기 때문이었다. 결과적으로 프랑스 오페라는 이탈리아의 것과 완전히 다른 스타일로 바로크의 오페라 문화를 선도했다.

프랑스 역사상 가장 막강한 전제군주로 꼽히는 루이 14세(Louis XIV, 1638-1715)는 1643년부터 1715년까지 오랜 기간 동안 재위하였다. 여섯 살의 어린 나위에 국왕의 자리에 오른 그는 정치경제적으로 프랑스의 영광을 증명하여 절대왕정국가의 초석을 다졌으며, 화려하고 세련된 궁정 예절과 생활방식 등 궁정문화를 다듬었다. 권력을 유지하기 위해 자신을 위엄의 상징 혹은 모범적이고 이상적인 최고 통치자의 이미지로 포장하는 것은 루이 14세의 문화예술 정책의 일환이었다. 그는 스스로를 그리스의 태양신인 아폴로와 동일시했으며, 이때 동원되었던 것이 궁정 발레였다.

궁정 발레와 륄리의 음악비극

궁정 발레는 실로 프랑스만의 독특한 장르였다. 16세기 말 프랑스에서 탄생하여 17세기 초까지 매우 번창한 무대예술의 하나로, 춤을 중심으로 하되 음악과 드라마가 합쳐진 장르였다. 전문적인 무용수와 궁정인이 무대 의상을 입고 무대 장치를 사용하는 궁정 발레는 몇 개의 막으로 이루어져 있으며, 각 막에는 독창, 합창, 기악 춤곡이 들어가 있는 것이 전형적이었다. 이탈리아 피렌체 출신의 작곡가 륄리(Jean-Baptiste Lully, 1632-1687)는 루이 14세를 위한 발레의 음악을 위해 고용되어, 프랑스 궁정의 최고 음악가의 위치에 올랐다. <밤의 발레>(Ballet de la Nuit, 1653)로 왕의 신임을 얻은 후, 1664년에는 극작가 몰리에르와 협력하여 발레와 오페라의 요소를 합쳐놓은 듯한 코메디 발레(comédie ballet)로 전향했으며, 1670년대에는 루이 14세의 후원 아래 프랑스 오페라의 모델을 만들었다.

당시 마자랭 추기경은 이탈리아 작곡가들인 로시(Luisi Rossi, 1597-1653)와 카발리(Fracesco Cavalli, 1602-1676)에게 작품을 위촉하는 등 이탈리아 오페라를 성행시키려 했다. 그러나 프랑스 예술을 지지하던 이들의 반대에 부딪히게 되었고, 이는 륄리에게 최고의 기회였다. 1672년 루이 14세의 후원으로 왕립 음악아카데미를 설립한 륄리는 극작가 퀴노(Philippe Quinault, 1635-1688)와 함께 새로운 형태의 프랑스 오페라를 일컫는 음악비극(tragédie en musique)을 만들었다. 이는 음악, 드라마, 발레를 합쳐 놓은 것으로, 노래가 주도적인 역할을 하는 이탈리아 오페라와는 완전히 다른 종류의 공연물이었다.

음악비극을 선도한 퀴노의 연극은 대부분 고대 신화나 기사 이야기에서 가져온 진지한 줄거리를 가진 5막으로 구성되었다. 중간에 프랑스 발레 전통인 춤과 합창으로 된 긴 간주곡인 디베르티스망(divertissement)이 포함되어 있었으며, 프롤로그는 작품의 줄거리와 상관없이 주로 왕을 찬양하고 칭송하는 내용으로 되어 있었다. 륄리의 음악비극의 서곡(ouverture)은 이탈리아 스타일과 달리, 부점 리듬 위주의 장엄하고 느린 첫 부분과 보다 빠른 템포의 모방기법이 쓰이는 두 번째 부분으로 구성된다. 이탈리아 오페라보다 훨씬 더 다양한 악기를 사용하여, 충만한 사운드와 풍부한 음색으로 드라마를 표현했다. 륄리는 레치타티보와 아리아를 프랑스어의 운율과 특성에 맞도록 조정하였다. 그의 레시타티프(récitatif)는 2박과 3박 사이를 교대하여 프랑스어 단어를 가장 자연스럽게 낭송할 수 있도록 하였으며, 프랑스어의 억양을 모방했다. 아리아에 해당하는 에르(air)는 레시타티프보다 서정적인 순간에 등장하는데, 일정한 박과 프레이즈를 가진 노래이나, 아리아보다 훨씬 덜 장식적이고 단순한 스타일로 되어 있는 것이 특징이다. 륄리는 1673년 <카드뮈스와

에르미온>(Cadmus et Hermione)를 시작으로 매해 한 작품씩, 총 14편의 음악비극을 남겼다.

륄리의 영향과 동시대 작곡가들

프랑스 오페라에서 륄리의 영향은 막강하다. 살펴본 바와 같이, 그는 극과 음악적 측면 모두에서 이탈리아 스타일에 감염되지 않은 프랑스 특유의 무대를 위한 종합공연물을 독창적으로 창조했다. 그러나 부작용도 있었는데, 륄리는 음악비극 장르를 거의 독점하다시피 했기 때문에, 륄리와 거의 동시대를 살았던 작곡가들은 이 장르의 작곡을 거의 포기할 수밖에 없었다. 륄리 이전에 프랑스식 오페라를 시도했던 캉베르(Robert Cambert, 162801677)는 영국으로 망명을 떠났으며, 샤르팡티에(Marc-Antoine Charpentier, 1643-1704)와 캉프라(André Campra, 1660-1744) 등은 때를 기다려야만 했다. 물론 사후에도 륄리의 작품들은 프랑스 '로열 음악 아카데미'의 레퍼토리로 남았고, 그의 영향은 18세기까지 지속된다. 몇몇 작곡가들이 륄리를 이어 음악비극의 전통을 이어나갔다.

륄리와 결별한 몰리에르는 샤르팡티에에게 발레 희극의 음악을 작곡해달라고 요청하고, 샤르팡티에는 이를 수락하여 막간극 <상상의 병자>(Le malade imaginaire, 1672)의 음악을 작곡한다. 여러 가지 사건으로 륄리와 갈등을 빚어 더 이상 오페라를 작곡할 수 없게 된 샤르팡티에는 종교 비극으로 눈을 돌려 <다비드와 조나타스>(David et Jonathas, 1688)를 선보였고, 1687년 륄리가 사망한 후 비로소 음악비극 <메데>(Médée, 1693)를 상연할 수 있었다. 캉프라 역시 륄리의 후예 중 하나로, 프랑스 오페라 부흥의 한 축을 담당했던 작곡가이다. 오페라와 발레 뿐 아니라 많은 수의 종교 음악을 남겼다. 종종 오페라 발레(opéra-ballet)로 분류되는 작품 <우아한 유럽>(L'europe Galante, 1697)으로 캉프라는 오페라 작곡가로서의 경력을 시작했다. 그는 륄리의 방식과 형식을 전통적으로 따르는 작곡가(lullyste)였으며, 열다섯 편이 넘는 오페라 발레와 음악비극을 남겼다. 그러나 바로크 음악 양식이 서서히 쇠퇴하고 보다 자연스럽고 가벼운 갈랑 양식이 출현함에 따라, 륄리와 륄리의 추종자들의 음악비극은 서서히 잊혀져갔다.

라모의 서정 비극(Tragédie Lyrique)

오르간 연주자와 화성 이론가로 이미 명성을 쌓았던 작곡가 라모(Jean Phillipe Rameau, 1683-

1764)는 그의 나이 50세가 되어서야 오페라 작곡에 몰두하기 시작했다. 젊은 시절부터 오페라를 작곡하기 원했으나 왕립음악아카데미가 지닌 독점권은 파리를 제외한 지역에서 오페라 생산을 거의 불가능하게 만들었기에, 라모는 파리로 이주한 후인 1722년 무렵 마침내 오페라 작곡을 시도할 수 있었다. 1733년 라모의 첫 번째 오페라 <이폴리트와 아리시>(Hippolyte et Aricie)가 공개된 후, 이 작품은 찬탄과 비판을 동시에 불러일으켰다. 즉 프랑스 오페라 전통의 대변자로서 륄리를 지지하던 무리는 라모를 이러한 전통의 전복자라 공격했다. 라모의 음악이 어렵고 억지스러우며, 기괴하고 부자연스럽다고 본 것이다. 이에 대해 라모는 "륄리를 모델로 삼아 그 일부를 취했다"며 스스로를 변호했다. 이후에도 라모는 1750년 경 발발한 부퐁 논쟁의 중심에 서게 되었다. 이 논쟁은 륄리와 라모로 이어지는 프랑스 오페라의 전통을 지지하는 파와 페르골레시의 <마님이 된 하녀>의 프랑스 상연 이후 이탈리아의 오페라 부파를 신봉하는 파로 나뉘어 전개되던 것으로, 라모는 프랑스 오페라의 대변자였다.

폴 미냐르(Paul Mignard)가 그린 륄리 초상화

카멜로 아베(Camelot Aved)가 그린 라모 초상화

생애 말년에 오페라 작곡가로서의 명성을 굳건히 한 라모의 대표작으로는 첫 작품인 <이폴리트와 아리시> 외에도 <카스토르와 폴뤽스>(Cartor et Pollux, 1737), <조로아스트르>(Zoroastre, 1756) 등이 있으며, 오페라 발레 <우아한 인도인들>(Les Indes Galantes, 1735), 코메디 발레 <플라테>(Platée, 1745) 등이 있다. 그의 오페라는 특별히 서정 비극이라 불렸으며, 당시 유행하던 다양한 요소와 기법, 양식을 사용하여 독창적인 개성을 지닌 18세기 전반의 작곡가 중 하나로 손꼽힌다. 라모의 서정 비극은 맑고 투명함, 세련됨, 절제와 우아함 등 프랑스적인 특성을 전형적으로 보여준다고 여겨진다.

2.1. 륄리 <아르미드>(Armide, 1686): 프랑스 음악비극의 최고 걸작

작품 개요

작곡: 장 바티스트 륄리(Jean-Baptiste Lully, 1632-1687)

원작: 토르콰토 타소(Torquato Tasso, 1544-1595)의 장편서사시 『해방된 예루살렘』(La Gerusalemme liberate, 1574)

대본: 필립 키노(Philippe Quinault, 1635-1688)

초연: 1686년 2월 15일, 파리 팔레 루아얄 극장(Paris Opera at the Théâtre du Palais-Royal)

구성: 프롤로그와 5막(약 2시간 30분)

배경: 11세기 말 1차 십자군 전쟁 당시 다마스쿠스

주요 등장인물

프롤로그: 영광(La Glorie, 소프라노)과 지혜(La Sagesse, 소프라노)의 여신 & 합창단

아르미드(Armide, 소프라노): 마법사이자 다마스쿠스의 공주, 이드라오의 조카

페니스(Phénice, 소프라노)와 시도니(Sidonie, 소프라노): 아르미드의 시녀들

이드라오(Hidraot, 베이스): 마법사이자 다마스쿠스의 왕

아롱트(Aronte, 베이스): 이드라오 휘하의 사령관

르노(Renaud, 오뜨-콩트르): 기독교 기사로 고프리드의 군대 기사

아르테미도르(Artémidor, 테너): 아르미드의 포로

위발드(Ubalde, 베이스): 기독교 기사

덴마크 기사(Le Chevalier Danois, 테너)

뤼신드(Lucinde, 소프라노): 덴마크기사의 시녀 & 멜리스(Melisse, 소프라노): 위발드의 시녀

증오(La Haine, 테너), 행복한 연인(Un amant fortuné, 오뜨-콩트르), 목동(Une Bergère Héroique,

소프라노)

주요 아리아 및 장면

1) 서곡(Ouverture)

2) 2막, 르노와 아르테미도르의 이중창 '무적의 영웅, 모든 것은 당신의 용기에 달려 있습니다'

   (Invincible heros, c'est par votre courage)

3) 2막, 아르미드의 레시타티프 '마침내, 내 힘으로'(Enfin, il est en ma puissance)

4) 5막, 파사칼리아(Passacaille)

5) 5막, 아르미드의 에어 '신의 없는 르노가 저를 피해 도망가고 있어요!'(Le perfide Renaud me fuit!)

줄거리

프롤로그

영과 지혜는 태양왕 루이 14세의 미덕을 찬양한다. 그런 다음 그를 위해 공연될 비극을 소개한다.

1막

다마스쿠스 왕국 사람들이 고프리드의 십자군 기사단에 대한 아르미드의 승리를 축하한다. 정작 아르미드는 르노를 이기지 못하여 침울해한다. 다마스쿠스의 왕 이드라오는 아르미드에게 남편을 선택하라고 권유하는데, 아르미드는 '르노를 정복한 자'만이 합당하다고 대답한다. 축제가 한창일 때, 아롱트가 등장하여 르노가 기독교 포로들을 모두 구출했다는 소식을 전한다. 아르미드와 이드라오는 복수를 다짐한다.

2막

고프리드에게 추방당한 르노는 아르미드의 마법에 대한 경고를 받지만, 그녀를 두려워하지도 않고 사랑의 매력을 경멸한다고 말한다. 아르미드와 이드라오는 함정을 설치하여 르노를 유인하고, 잔디밭에서 잠이든 르노는 꿈에서 님프, 목동 등이 사랑의 쾌락을 찬양하는 것을 본다. 아르미드는 칼을 들고 르노를 죽이려고 하지만 결정적인 순간에 그만두고, 악마에게 자신과 르노를 함께 납치하라고 명한다.

3막

아르미드는 절망한다. 르노는 그녀를 냉대하다가 마법의 힘 때문에 사랑하게 되지만, 아르미드는 르노의 사랑과 자신의 사랑이 얼마나 다른지 깨닫고 가슴 속에서 르노에 대한 열정적 사랑을 쫓아 버리기 위해 증오에게 도움을 요청한다. 증오는 이 사랑이 아르미드를 망가뜨리게 될 거라 예언한다.

4막

르노를 구하기 위해 파견된 위발드와 덴마크 기사가 사막을 헤매고 있다. 갑자기 수증기가 사막 전체에 퍼지고 사나운 짐승이 등장하는데, 두 기사는 마법사가 전해준 무기로 아르미드의 마술을 깨부순다. 뤼신드와 멜리스가 등장하여 두 기사를 굴복하려 하지만, 두 기사는 굴하지 않고 임무를 완수할 것을 다짐한다.

5막

아르미드의 마법에 걸린 르노는 아르미드와 완전히 사랑에 빠져 그녀의 궁전에 머문다. 그러나 아르미드는 불길한 예감에 시달린다. 위발드와 덴마크 기사가 르노를 발견하고 마법에서 그를 구한다. 르노는 두 기사로부터 방패와 검을 받고 떠날 준비를 한다. 세 사람이 궁전을 떠나기 전에 아르미드가 돌아온다. 그녀는 르노에게 떠나지 말라고 간청하기도 하고 협박하기도 하지만, 임무를 재개하기로 한 르노의 결심은 굳건하여 궁전을 떠난다. 홀로 남겨진 아르미드는 증오의 예언을 기억하고, 악마에게 궁전을 부수라고 명령한 후 전차를 타고 탈출한다.

1) 프랑스 음악 비극(tragédie en musique)의 탄생과 전형

17세기 초중반 프랑스에서는 시와 드라마, 연극과 발레의 전통이 매우 강했으므로, 노래와 음악이 주도하는 이탈리아 오페라가 자리 잡기 어려운 상황이었다. 추기경 마자랭은 이탈리아 오페라를 프랑스에 수입하고자 하는 의도에서 이탈리아 작곡가인 로시와 카발리에게 오페라를 위촉했다. 그러나 이탈리아어로 된 오페라들은 여러 반대에 부딪히게 되면서 성공하지 못했으며, 이는 륄리가 프랑스 오페라 작곡가로서 급부상하는 계기가 되었다. 륄리는 로시와 카발리 등 이탈리아 작곡가들의 오페라에서 많은 영향을 받았고, 이후 극작가 몰리에르와 협업하여 몇 편의 성공적인 코메디-발레를 만들면서 점점 자신의 스타일을 만들어 나갔다.

이탈리아 출신으로 루이14세의 강력한 지지와 후원을 받았던 륄리는 프랑스 오페라의 실현 가능성을 굳게 믿었으며, 1672년 왕립 음악아카데미를 설립하여 극작가 필립 퀴노와 함께 새로운 형태의 프랑스 오페라인 음악비극을 만들었다. 륄리와 퀴노는 근 이십 년 동안 함께 일했는데, 그들이 처음 호흡을 맞춘 작품은 발레 <베르사유의 장미>(La Grotte de Versailles, 1668)였고 그 이후에도 발레 <큐피트와 바쿠스의 승리>(Le Triomphe de l'Amour et de Bacchus, 1681) 등을 함께 작업했다. 음악 비극 장르에서는 1673년에 <카드뮈스와 에르미온>(Cadmus et Hermione)을 발표한 이래 매년 새로운 작품을 선보였고, 18세기 음악 비극 중 가장 많이 재상연되는 작품 <아튀스>(Atys, 1676)를 비롯하여 총 열 한 개의 작품을 남겼다. 그 중 <아르미드>는 키노와 륄리의 마지막 협업 작품으로, 두 예술가가 창조하고 완성한 장르의 최고 걸작으로 손꼽힌다.

2) 퀴노의 대본과 륄리의 음악

퀴노의 극본은 프롤로그와 5막으로 구성되는 전형적인 초창기 오페라의 형식을 따르고 있다. 고대 신화나 기사 이야기에서 가져온 심각한 줄거리를 바탕으로 발레와 합창, 디베르티스망을 결합시켜 프랑스 서정 비극의 모델을 확립했다. 타소의 원작은 두 주인공 아르미드와 르노 외에도 수많은 인물들이 복잡한 방식으로 얽혀있기에 일관성 있는 줄거리의 오페라 대본으로 만들기에 까다로웠다. 퀴노는 원작의 해피엔딩을 생략하는 대신, 3막의 내용을 확장하여 아르미드가 증오를 거부하는 내용을 독창적으로 담았다. 그리고 기독교 기사들을 구출하는 임무를 맡은 용감하고 영웅적인 인물 르노보다 마법사 아르미드에 초점을 맞춰, 그녀를 어떻게든 원하는 것을 손에 얻는 악인이면서 동시에 사랑에 빠져 감정적이면서 그로 인한 상처로 증오를 발산하는 복잡한 인물로 그린다.

릴리의 음악은 궁정에 걸맞게 웅장하고 화려하다. 그의 서곡(ouverture)은 왕의 입장을 알리며 왕과 청중을 환영하는 기능을 가진다. 통상 느리고 빠른 두 부분으로 구성되며, 첫 부분은 수직 화음적이고 장엄하며 부점리듬 음형이 특징적이고, 두 번째 부분은 푸가와 같은 모방이 사용되며, 때로는 마지막에 첫 부분의 템포와 유형으로 돌아오는데, 이는 프랑스 서곡의 전형으로 확립된다. <아르미드> 역시 마지막 유형에 속한다. 각 막의 중간이나 끝에 등장하는 디베르티스망은 극의 내용과 별로 연관성 없이, 프랑스 발레의 전통을 따라 관객에게 보는 즐거움을 선사한다.

이외에도 릴리는 프랑스어로 된 레시타티프와 에르를 정교하게 다듬는데 큰 공을 세웠다. 그는 이탈리아어의 리듬이나 악센트에 적합하게 세팅된 이탈리아 오페라의 레치타티보 양식 대신, 프랑스어의 윤곽과 운율을 살려 레시타티프(recitative)를 썼으며, 노래하기 적합하지 않은 프랑스어로 된 에어(air)는 아리아보다 훨씬 덜 장식적이고 덜 과장된 표현으로 되어 있다.

3) 아르미드의 독백

이 오페라에서 가장 유명한 순간은 2막 5장에 나오는 아르미드의 독백이다. 아르미드는 십자군 기사들을 포로로 잡고 있던 자신을 무력화한 기사 르노를 향한 증오와 복수심, 그리고 그를 향한 끝없는 욕망 등 복잡한 감정을 동시에 느낀다. 음악적으로는 부점 리듬이 가득한 관현악으로 시작하여 단순한 레시타티프로 이행하는데, 4박자, 3박자, 2박자의 혼합은 기사 르노를 죽이려고 하는 결심을 실행에 옮기지 못하고 망설이는 아르미드의 감정을 표현한다. 이윽고 아르미드가 마음을 바꿔 르노가 자신과 사랑에 빠지게 하는 주문을 외울 때, 음악은 저음역이 훨씬 강조되고 역동적인 화음이 뒷받침된 선율적인 양식으로 변모한다. 이 아르미드의 독백 에르는 미뉴엣의 리듬과 박자, 구조와 유사한데, 이는 사랑을 이상화하는 내용을 음악으로 정교하게 그린다.

아르미드의 레시타티프 '마침내, 내 힘으로'

추천 영상물(아르미드-르노 순)

(DVD) 스테파니 두스트락, 폴 애그뉴, 로랑 나우리 등, 윌리엄 크리스티 지휘, 레자르 플로리상 연주, 로버트 카슨 연출, 2008년 파리 샹젤리제 극장 실황

2.2. 라모 <이폴리트와 아리시>(Hippolyte et Aricie, 1733): 프랑스 서정비극의 전통과 혁신

작품 개요

작곡: 장 필립 라모(Jean-Philippe Rameau, 1683-1764)

원작: 장 바티스트 라신(Jean Baptiste Racine, 1639-1699)의 [페드르](Phèdre, 1677)

대본: 아베 시몽 조셉 펠레그랭(Abbé Simon-Joseph Pellegrin, 1663-1745)

초연: 1733년 10월 1일, 파리 왕립음악원(Acadèmie royale de musique)

구성: 프롤로그와 5막(약 3시간)

배경: 그리스 신화

주요 등장인물

이폴리트(Hippolyte, 테너): 테세의 장남아자 아리시의 약혼자

아리시(Aricie, 소프라노): 이폴리트의 약혼자

페드르(Pèdre, 메조 소프라노): 테세의 부인이지 이폴리트의 계모

테제(Thésée, 베이스): 아테네의 왕

플뤼통(Pluton, 바리톤): 저승의 신 / 디안(Diane, 소프라노): 사냥의 여신

외논(Œnone, 소프라노): 페드르의 시녀 / 아르카스(Arcas, 테너): 테제의 친구

메르퀴르(Mercure, 테너): 신들의 전령 / 티시폰(Tisiphone, 테너): 복수의 화신

라무르(L'Amour, 오트-꽁트르): 큐피트 / 디안의 여사제

운명의 세 여신들 / 큐피트의 추종자

양치기 처녀 / 여성 선원 / 여자 사냥꾼 / 저승의 정령들

주요 아리아 및 장면

1) 2막, 운명의 세 여신

2) 3막 1장, 페드르가 이폴리트에게 고백하는 장면 & 페드르의 에어

3) 3막 3장, 이폴리트와 페드르의 장면

4) 4막 피날레, 이폴리트의 죽음에 대한 페드르의 후회

줄거리

프롤로그

숲에서 디안과 라무르는 숲 속 주민들을 누가 다스릴 것인지 다툰다. 쥐피테르가 나타나 디안을 달래고, 그녀는 이폴리트와 아리시를 보호하겠다고 맹세한다.

1막

디안에게 바쳐진 신전에서 테제의 정적 팔라스의 딸 아리시는 이폴리트와 사랑의 서약을 한다. 아리시가 이폴리트를 사랑한다고 의심한 페드르는 경비병에게 신전을 파괴하라고 명령한다. 대제사

장은 신에게 호소하고 여신 디안은 페드르를 꾸짖는다. 시녀 외논과 남겨진 페드르는 분노에 휩싸이고, 아르카스는 테제가 지하 세계로 내려왔으며 죽었을 거라 소식을 전한다.

2막

테제는 아버지 넵튠의 도움으로 친구 피리토스를 구하러 지하 세계로 간다. 입구에서 그는 분노의 티시폰과 싸우고, 플뤼통은 테제의 제안을 거절한다. 플뤼통은 테제를 풀어주라고 한다. 운명은 테제가 하계를 떠날 수는 있지만 자신의 집에서는 지옥을 발견할 거라고 예언한다.

3막

페드르는 이폴리트를 만나 테제의 죽음에 애도를 표하고 왕비로서의 충성을 맹세한다. 이폴리트는 이복동생인 페드르의 아들에게 왕위를 양보하며, 무엇보다 아리시와 함께 있는 것을 우선시한다. 페드르는 이폴리트에 대한 자신의 열정을 고백하고, 이폴리트는 충격을 받아 그녀를 저주한다. 페드르는 칼을 들고 자살을 시도하지만, 이폴리트가 칼을 뺏는다. 이때 테제가 불시에 등장하는데, 그는 아들이 아내를 범하려 한 것이 아닐까 의심한다. 테제는 넵튠에게 마지막 소원으로 이폴리트의 피를 달라고 요청한다.

4막

이폴리트와 아리시는 디안에게 맹세하면서 그들의 결합을 축복해 달라고 간청한다. 폭풍우가 몰아치는 바다에서 괴물이 등장한다. 이폴리트는 괴물과 싸우려 하지만 화염과 함께 사라진다. 페드르는 몹시 후회하며 이 비극에 대한 원인이 자신에게 있음을 인정한다.

5막

테제는 페드르가 음독하기 직전에 그녀로부터 진실을 듣는다. 진실을 알게 된 테제가 바다에 몸을 던지려 하지만, 넵튠은 디안이 이폴리트를 보호하고 있다고 알려준다. 아리시는 잠에서 깨어나지만, 이폴리트를 애도하며 슬픔에 잠겨 있다. 디안이 이폴리트를 이 땅의 왕으로 임명하고 숲의 주민들은 모두 이들을 축복한다.

1) 라모, 오페라 작곡가로서의 꿈을 이루다.

라모는 매우 독특한 경로로 작곡가로서의 명성을 쌓았다. 오르가니스트였던 아버지로부터 정식 음악교육을 받고 20여 년 동안 오르가니스트로 활동을 하다가, 마흔 살 즈음 음악 이론가로서 인정을 받았고, 오십대에 비로소 작곡가로 성공을 거두었다. 라모는 젊었을 때부터 오페라 작곡을 갈망했으나 당시 상황으로서는 불가능했고, 하프시코드 작품과 칸타타를 출판한 후 부유한 음악 애호가 라 푸플리니에르의 후원을 받으면서 그의 음악세계는 보다 안정적이 되었고 오페라 작곡도 가능하게 되었다. 이는 비발디, 바흐, 헨델 등 이미 이른 나이에 작곡가로서 성공을 거두었던 동시대 작곡가들과는 분명 다른 행보였다.

　　라모의 오페라는 프롤로그와 5막으로 된 구성, 많은 수의 등장인물, 무대 위 신의 등장, 각 막에 합창과 무용이 필히 등장하는 등 여러 면에서 선배 퀴노와 륄리가 만든 음악 비극의 전형을 따르고 있다. 물론 라모는 왕실에 의해 유지되던 륄리의 오페라에서 벗어나, 모든 영역에서 흥미로운 음악적 혁신을 이뤄냈다. 라모의 작품들은 서정 비극(Tragédie-lyrique)으로 불렸으며, 당대 이탈리아 오페라와도 확실히 분명하게 구분되었다.

　　라모는 이 장르에서 총 네 작품을 남겼는데, 그에게 대규모 극음악 작곡가로서의 명성을 안겨다 준 작품은 제일 처음 작곡한 <이폴리트와 아리시>였다. 당시 70대로 이미 여러 편의 오페라 대본을 쓴 경험이 있는 노련한 대본가 펠레그랭이 대본을 맡은 이 작품은 라모의 대표적인 서정 비극으로 손꼽힌다. 라모의 전기 작가인 안드레 캉프라는 "이 오페라에는 열 편의 오페라를 만들기에 충분한 음악이 담겨 있으며, 이 사람은 우리 모두를 압도할 것"이라고 극찬했다.

2) 륄리의 음악 전통의 계승

1733년 초연 당시 <이폴리트와 아리시>는 극적 전개가 지나치게 강렬하고 음악이 복잡하며 작품의 성격이 너무 학구적이라는 비판을 받았다. 당시 관객은 륄리의 음악을 지지하는 '륄리파'와 라모의 음악을 선호하는 '라모파'로 나뉘었는데, 보수적인 '륄리파'는 라모를 륄리가 세운 훌륭한 프랑스 오페라 전통의 전복자라 비난하였으며, 라모의 음악이 불협화음과 전조가 많아 억지스럽고 기괴하다고 혹평했다. 반면 '라모파'는 그의 새로운 음악적 혁신을 전폭적으로 지지했다.

라모의 <이폴리트와 아리시>는 프롤로그와 5막으로 된 구성과 발레와 합창의 도입, 각 막의 중간 혹은 끝에 디베르티스망이 오는 구조와 형식적인 면에서 륄리의 전형을 유지한다. 이탈리아 오페라와 구분되는 프랑스만의 특징으로 꼽히는 디베르티스망은 춤과 합창, 초자연적인 볼거리 등의 여흥 장면들이 나오는 감각적인 장면으로, 극의 줄거리와 크게 상관없이 도입된다.

이외에도 륄리에서 라모로 이어지는 프랑스 오페라의 특징으로, 무엇보다 레시타티프와 에어의 구분이 모호하다는 점을 꼽을 수 있다. 프랑스 오페라 서정 비극은 이탈리아와 달리, 가사의 전달이 주가 되는 레시타티프 위주로 작곡된다. 에어는 이탈리아식의 명확한 독창 노래가 아니라, 모호한 성격으로 레시타티프 사이에 파편적인 형태로 나타날 뿐이다. 이처럼 라모는 륄리의 음악적 전통을 충실히 따랐으며, 이를 바탕으로 독창적인 시도를 펼쳤다.

3) 라모의 혁신적 시도

<이폴리트와 아리시>가 가진 전통적인 요소들에도 불구하고, 이 작품은 여러 측면에서 작곡가 라모의 음악적 혁신을 이루고 있다. 음악을 전개하는 화성 구조는 더욱 조밀하고 복잡해졌으며, 전조는 빈번하고 오케스트라 음색은 더욱 풍부해졌다. 특히 개별 주인공의 독백은 훨씬 더 화려해졌다. 이는 라모가 음악 비극 혹은 서정 비극에서 중시되던 '가사'보다 가사의 '음악적 표현'을 더 중시한 것으로 해석할 수 있다. 이에 대해 라모는 "륄리는 배우가 필요하지만 나는 가수가 필요하다"는 말로 함축적으로 표현했다.

4막의 피날레, 페드르가 바다 괴물에게 잡혀간 이폴리트의 죽음을 애통해하는 장면이 펼쳐지는 장면이다. 페드르의 애도는 매우 감정적인 낭송으로 진행되는데, 이때 합창단이 개입하여 이를 더 강화한다. 독창 아리아의 선율에 큰 비중을 두는 오페라 세리아와는 다르게, 라모의 서정 비극은 주인공의 솔로 독백과 합창단의 조화, 풍부한 오케스트라의 음색으로 인한 표현력이 밀도 높은 상호작용을 보여준다.

또한 라모는 극적 진행에 따라 조표를 변화시켰다. 극의 전개가 어둡고 슬프게 진행될 때에는 ♭(내림표)를, 보다 밝은 분위기일 때에는 ♯(올림표)가 사용되었다. 예를 들어, 3막 3장에서 페드르가 의붓아들 이폴리트에게 자신의 마음을 고백하는 장면에서는 시시각각 변화되는 내용 전개에 따라 조표를 다르게 배치시켰다(♯ - ♭ - ♮). 이처럼 빈번한 전조와 복잡한 화성 변화는 당시 청중에게 낯선 것이었다. 그러나 <이폴리트와 아리시>는 프랑스 음악에 일어난 혁명과도 같은 작품으로 평가되었으며, 라모는 이후 프랑스 작곡가들의 존경을 한 몸에 받는 프랑스 바로크 작곡가로 자리매김하게 되었다.

추천 영상물(아리시-이폴리트-페드르 순)

(DVD) 안나 프로하스카, 반 메켈렌, 막달레나 코제나 등, 사이먼 래틀 경 지휘, 프라이부르크 바로크 오케스트라 및 슈타츠오퍼 합창단, 올라푸르 엘리아손 연출, 2018년 베를린 슈타츠오퍼 실황 (한글자막)

3. 영국의 바로크 오페라

영국은 서양음악사에서 오랫동안 변방의 위치에 있었다. 중세의 음악사가 주로 유럽대륙에서 진행된 역사적 변천을 다루고 있을뿐더러, 영국음악에 대해서는 단편적인 자료만 남아있기 때문이다. 15세기에 이르러 몇몇 영국 작곡가들에 의해 대륙에 영국음악이 소개되면서, 리듬보다 화성을 중시했던 영국의 음악적 사고가 대륙에 커다란 영향을 끼치게 되었다. 즉 협화음정을 고집하던 대륙의 작곡가들에 비해, 영국인들은 오래 전부터 3도와 6도 같은 불완전협화음정을 자유롭게 사용해 왔으며, 이를 기반으로 한 영국의 파버든 기법은 프랑스에 전해져 6도 병진행을 만드는 '가짜 베이스'를 의미하는 포부르동(fauxbourdon)이 되었다. 이후 17세기에 이르러 퍼셀(Henry Purcell, 1659-1695)이 등장하여 영어로 된 오페라를 최고 수준에서 보여줌으로써 바로크 시대 영국의 대표적인 작곡가로 등극했다.

절대왕정 국가 프랑스와 달리 영국은 제한적 군주제였으므로, 국왕이 모든 권력을 가지고 국정을 좌지우지하는 게 아니라 의회와 함께 통치했다. 왕권과 의회의 갈등, 군주제와 공화정이 교대되는 복잡한 정치적 상황, 게다가 영국 국교와 청교도, 가톨릭 간의 종교 갈등은 영국의 문화와 예술이 크게 꽃 피울 수 없게 만들었다. 자연스럽게 영국에서는 웅장한 궁정문화나 귀족 취향의 화려한 예술 대신 대중들을 위한 오락적 성격의 예술이 일찍부터 발달되었다. 이러한 상황에서 17세기 초 이탈리아에서 탄생한 오페라는 영국까지 전파되었으며, 이 세기 중반에는 영국에서 가장 중요한 상업적 공연물이 되었다.

영국의 궁정 여흥 마스크(masque)

프랑스와 마찬가지로 영국 역시 대사로 된 연극의 전통이 매우 강했으며, 원래 영국에 있었던 극음악 장르에 대한 선호도도 매우 높았다. 17세기 초 제임스 1세 재위 시절(1603-1625), 노래와 춤이 결합되고 기악음악과 합창, 무대 배경이 중시되면서 우화적인 내용으로 된 막간극 스타일의 궁정 가면극인 마스크가 인기를 끌었다. 극작가 벤 존슨(Ben Jonson, 1572-1637)이 만든 마스크 중 하나인 <남자를 만든 연인>(Lovers made men, 1617)에서는 이탈리아 오페라의 영향을 엿볼 수 있으며, 윌리엄 로즈(William Lawes, 1602-1645) 외 여러 사람이 협업한 <평화의 승리>(The Triumph of Peace, 1634)는 화려한 볼거리를 가진 마스크였다. 비교적 짧은 길이의 마스크는 궁정이나 극장, 사립학교에서 제작되었다.

17세기 이탈리아의 도시 공국은 여러 예술 분야와 특히 오페라에 아낌없이 후원했고, 프랑스에서는 루이14세가 전폭적으로 지원했다. 반면 이 시기 영국은 왕실 지지파와 반란군 사이에 갈등이 주기적으로 반복되어 문화예술의 발달을 저해했으며, 오페라가 수입되긴 했지만 제대로 된 형태의 오페라는 17세기 말 경에나 가능했다. 1660년 왕정복고 이후 마스크나 그와 유사한 음악적 에피소드를 갖춘 공연은 여전히 인기 있었고, 처음부터 끝까지 노래되는 오페라는 영국 청중들에게 여전히 부담스러운 장르였다. 이때 가장 흥행했던 작품은 존 블로(John Blow, 1649-1708)의 <비너스와 아도니스>(Venus and Adonis, 1683)였다. 왕실 채플의 오르가니스트이자 작곡가였던 존 블로는 당시 국왕이었던 찰스2세를 즐겁게 하기 위해 이 작품을 구상했으며, 전직 배우였던 왕의 정부가 비너스로, 그들의 딸이 큐피드로 등장했다. <비너스와 아도니스>는 마스크로 상연되었지만 그 성격상 오페라라 할 수 있으며, 이탈리아와 프랑스, 영국 스타일을 모두 합쳐 놓은 듯했다. 즉 춤과 합창은 전통적인 영국 마스크의 전형에 가까운 것이었지만, 서곡과 프롤로그는 프랑스 오페라 양식을 모델로 삼고 있으며, 에어와 레치타티보는 서정적인 선율로 감정을 표현하는 이탈리아 방식을 따랐다.

영국 오페라 작곡가, 퍼셀과 헨델

퍼셀은 바로크 시대 영국의 주요 작곡가이자 왕실에서 가장 좋아했던 작곡가로, 짧은 생애 동안 거의 모든 음악장르에 엄청난 양의 작품을 남겼다. 그의 처음이자 유일한 오페라 <디도와 에네아스>(Dido and Aeneas, 1689)는 초기 영어 오페라의 가장 유명한 사례로 손꼽힌다. 마스크를 비롯한 17세기 대부분 영국에서 공연된 무대 공연물의 경우 일부 특별한 장면에서만 음악이 사용되는 형태였는데, 퍼셀 역시 <디도와 에네아스>를 제외하고는 음악이 일부만 사용되는 세미 오페라(semi opera) 형태로 작곡했다. <아서 왕>(King Arthur, 1691), <요정의 여왕>(The Fairy Queen, 1692), <템페스트>(The Tempest, 1695) 등의 작품들이 그 예이다. <디도와 에네아스>는 작곡가의 다른 작품들과 비교했을 때 유난히 더 단순한 스타일로 되어 있지만, 가사를 호소력 짙게 음악으로 표현함으로써 지금까지 사랑받고 있다.

헨델(George Frideric Handel, 1685-1759)을 비롯한 후대의 작곡가들은 퍼셀에게 많은 영향을 받았다. 퍼셀의 성악음악 <성 세실리아 축일을 위한 송가>(Ode on St. Cecilia's Day, 1692)는 헨델의 영어로 된 오라토리오 작품의 직접적인 선조 격이다. 헨델은 독일 할레에서 태어나 함부르크로 이주했으며, 이탈리아 전역을 여행하며 음악 특히 오페라 작곡을 배우다가 1712년 영국 런던에 정착했다. 이후, 영국의 군주들은 그에게 가장 중요한 후원자가 되었다. 앤 여왕은 헨델에게 작품 위촉과 함께 매년 200파운드의 연금을 수여했고, 앤 여왕이 서거한 후 왕위에 오른 조지 1세는 연금을 두 배로 인상했으며, 캐롤라인 여왕은 1724년경 600파운드로 인상했다. 이렇듯 헨델은 영국 왕실로부터 아낌없는 후원을 받았음에도 불구하고, 그의 가장 중요한 활동은 대중이 즐기는 오페라를 작곡하고 무대에 올리는 일이었다.

함부르크에 있을 무렵, 그는 자신의 최초의 오페라 <알미라>(Almira, 1705)를 작곡하여 큰 성공을 거두었고, <아그리피나>(Agrippina)로는 1709/10년 카니발 시즌에 베네치아에서 큰 호평을 받았다. <리날도>(Rinaldo, 1711)는 그가 최초로 영국 런던 청중을 위해 작곡한 이탈리아 오페라였다. 영어 드라마를 인용하긴 했지만, 이탈리아어로 되어 있는데다 이탈리아 선율 양식으로 작곡된 이 오페라는 선풍적인 인기를 끌었다. 17-18세기 정치경제적으로 강대국이었던 영국은 문화예술에 있어서는 과거부터 찬란했던 이탈리아의 유산을 흠모했고, 이러한 맥락에서 이탈리아 오페라에 대한 열광 역시 일어나게 된 것이다. 그러나 헨델은 이탈리아에서 습득한 오페라 양식을 그대로 따르는데 그치지 않았다. 그는 독일 대위법의 음악 전통과 기악 양식을 깊이 연구했고, 프랑스 무용 음악에도 익숙해지는 등 각 국가의 여러 다양한 음악 양식을 오페라 세리아 장르로 가져와 이 장르의 발전을 이끌었다.

18세기 전반 영국 오페라 극장과 운영

17세기 초 이탈리아 피렌체에서 탄생한 오페라는 이탈리아 전역에서 먼저 뿌리 내린 후, 프랑스와 영국, 일부 독일어권 공국과 스페인 등 국외로 퍼져나갔다. 대부분의 지역에서 오페라는 토착적 형태의 연극 혹은 극음악 전통과 결합하여 변화를 거듭하며 각 나라의 오페라 스타일로 자리 잡았다. 17세기 중후반 궁정 마스크에 고전을 면치 못하던 영국의 오페라 역시 마스크를 비롯한 영국의 전통 형태와 결합되고 경쟁하면서 거듭 발전하여, 18세기 초 마침내 런던 음악계에 자리 잡았다. 특히 영국의 오페라는 궁정이나 귀족 문화에만 연연하지 않고, 청중을 고려하여 수입을 창출하는 방식으로 그 문화를 형성해갔다. 런던의 극장은 일반적으로 복합적인 경제적 계산에 따라 운영되었고, 자본주의 극장 운영 시스템을 일찍이 도입했다. 따라서 런던은 한동안 당대 가장 비싼 작곡가와 극작가, 스타 가수 카스트라토(castrato, 거세 남성가수)를 고용할 수 있고 가장 화려한 무대를 선보일 수 있는, 유럽 최고의 음악 수도가 되었다.

1718-19년에 약 60여 명의 부유한 귀족과 부르주아들은 이탈리아 오페라를 만들기 위해 왕립음악아카데미(Royal Academy of Music)라 불리는 합동 주식회사를 설립했다. 여기서 만들어진 오페라들은 헤이마켓에 위치한 왕의 극장에서 상연되었으며, 유럽 대륙의 다른 궁정에서 일하고 있던 이탈리아 가수들을 무대에 세워 흥행을 노렸다. 헨델 역시 이 회사를 위해 1720년부터 <라다미스토>(Radamisto, 1720), <오토네>(Ottone, re di Germania, 1723), <줄리어스 시저>(Giulio Cesare in Egitto, 1724), <로델린다>(Rodelinda, regina de'Langobardi, 1725), <아드메토>(Admeto, re di Tessaglia, 1727) 등을 썼으며, 대부분의 작품이 청중으로부터 큰 호응을 얻었다. 그러나 때로는 재정적으로 매우 위험한 결과를 초래하기도 했으며, 헨델 역시 타격을 받기도 했다.

헨델의 오페라는 대부분 로마 영웅의 삶이나 마술 이야기, 십자군 주변에서 일어나는 신비로운 모험 이야기 등을 줄거리가 하는 경우가 대부분이었다. 당대의 시대나 사회와 무관한 이야기는 정치가 배제된 오페라를 보고 싶어 했던 보수파에게는 만족을, 반대로 진보 성향의 사람들에게는 실망을 안겨주었다. 당시 새롭게 형성된 중산 계층은 귀족을 대신하여 음악 문화의 중심으로 급부상했고, 이들의 취향이 반영된 새로운 음악문화가 생겨나기 시작했다. 헨델의 오페라, 그중에서도 <리날도>는 쉽게 이해되는 내용 전개와 전문가에서부터 아마추어에 이르는 모든 취향에 꼭 들어맞는 음악으로 대중성과 예술성을 동시에 잡으며 성공을 거두었다. 그러나 중산층이 차츰 문화

예술의 소비의 표면에 등장하면서 헨델식의 이탈리아 오페라는 구시대의 유물로 전락하기 시작했다.

3.1. 퍼셀 <디도와 에네아스>(Dido and Aeneas, 1689): 영국 바로크 오페라의 기념비적인 작품

작품 개요

작곡: 헨리 퍼셀(Henry Pecell, 1659-1695)

원작: 베르길리우스(Vergilius, 70BC-20BC)의 『아이네이스』(Aeneis) IV장

대본: 나훔 테이트(Nahum Tate, 1652-1715)의 희곡 『알바의 브루투스 또는 마법에 걸린 연인들』(1678)

초연: 1689년 봄, 영국 런던, 조시아스 신부학교(Josias Priest's School)

구성: 3막(약 1시간 가량)

배경: 트로이 멸망 후 카르타고

주요 등장인물

디도(DIdo, 소프라노 혹은 메조소프라노): 카르타고의 여왕

에네아스(Aeneas, 테너 혹은 하이 바리톤): 트로이의 왕자

벨린다(Belinda, 소프라노): 디도의 수행원

두 번째 여인(Second Woman, 소프라노): 디도의 또 다른 수행원

마법사(Soceress/Sorcerer, 메조소프라노 혹은 콘트랄토)

머큐리로 변장한 전령(Spirit, 소프라노 혹은 카운터테너)

첫 번째 마녀(First Witch, 메조소프라노)

두 번째 마녀(Second Witch, 메조소프라노)

항해사(First Sailor, 테너)

코러스(Chorus)

주요 아리아 및 장면

1) 2막, 디도의 아리아 '아 벨린다! 고통이 나를 짓누르네'(Ah! Belinda, I'm press'd with torment)

2) 3막, 디도와 에네아스, 벨린다 '당신의 조언은 모두 헛된 것입니다'(Your counsel all is urged in vain)

3) 3막, 디도의 라멘토 '내가 땅에 묻힐 때'(When I am laid in earth)

줄거리

1막. 디도의 궁정

카르타고의 여왕 디도는 수행원들과 함께 궁정에 있다. 벨린다는 디도를 위로하려 하나, 디도는 슬픔에 가득 차 있다. 벨린다는 디도의 슬픔의 근원이 트로이의 왕자 에네아스라 짐작하며, 두 사람의 결혼으로 카르타고의 문제를 해결할 수 있다 제안한다. 디도는 자신이 사랑으로 인해 약한 군주가 될까봐 두려워 하지만, 벨린다와 두 번째 수행원은 안심시킨다. 디도는 궁정에 들어온 에네아스를 냉랭하게 대하지만, 결국 그의 청혼을 받아들인다.

2막. 동굴 안과 숲 속

마법사는 카르타고와 디도를 파괴할 음모를 꾸미고 마녀들을 소환한다. 그의 계획은 머큐리로 변장한 전령이 에네아스에게 나타나 카르타고를 떠나도록 유혹하여, 이를 알게 된 디도가 상심에 빠져 죽게 되는 것이었다. 마녀들은 먼저 폭풍우를 일으켜 디도와 에네아스 일행의 사냥을 망치기로 하고, 천둥소리와 함께 주문을 준비한다.

디도와 에네아스는 숲 한 가운데 있다. 디도가 멀리서 천둥 소리를 듣고 벨린다에게 빨리 돌아갈 준비를 하라고 지시한다. 머큐리의 모습을 한 전령은 에네아스에게 새로운 트로이를 건설하는 임무를 더 이상 미루지 말라는 명령을 전달한다. 에네아스는 신들의 뜻에 순종하겠다고 약속하지만 디도를 떠나야 한다는 사실에 가슴 아파한다.

3막. 카르타고의 해안가와 궁정

트로이 병사들은 출항 준비를 하며 노래를 부른다. 마법사와 마녀들은 그들의 음모가 성공한 것에 기뻐한다. 다시 궁정. 에네아스가 작별 인사를 하러 디도를 찾아온다. 슬픔에 빠져 원망하는 디도를 보고 에네아스는 마지막 순간 변심하지만, 디도는 그를 돌려보낸 다음 목숨을 끊는다. 큐피드들은 그녀의 무덤에 장미를 뿌린다.

감상 포인트

1) 초연 연도에 따른 정치적 입장의 해석

퍼셀의 오페라 <디도와 에네아스>는 통상적으로 1689년 봄, 런던 첼시에 있는 소녀들의 기숙학교에서 초연되었다고 알려져 있다. 그러나 많은 음악사 저서에서 그보다 앞선 1687년 말이나 1688년 초에 궁정에서 먼저 공연되었을 가능성을 제기한다. 혹은 훨씬 이전인 1684년이라고 주장하는 학자도 있는데, 이는 단순히 기록의 부정확함에 대한 반증이라기보다 이 작품이 가진 복잡한 장르적, 기능적, 정치적 배경에 대한 해석의 문제라 보는 것이 옳을 것이다.

17세기 초 영국은 스튜어드 왕조가 통치하던 중 '청교도 혁명'(Puritan Revolution, 1642-1649)이 일어나고 올리버 크롬웰(Oliver Cromwell, 1599-1658)이 호국경으로서 정권을 잡은 시기를 거쳐, 1660년 왕정복고로 찰스 2세가 왕위에 올랐다. 찰스 2세는 영국에서 전통적으로 운영되던 두 개의 악단을 합친 '왕립악단'을 통제했는데, 프랑스 음악을 선호하던 그의 취향으로 인해 캉베르(Robert Cambert, 1628-1677)와 같은 프랑스에서 온 음악가들이 음악계를 장악하고 있었다. 이러한 와중에 퍼셀의 스승이자 선배인 존 블로의 <비너스와 아도니스>와 퍼셀의 <디도와 에네아스>는 궁정 오락물로 구상되긴 했으나, 동시에 프랑스에 대항하여 영국 음악의 양성을 위한 '공공극장'에서 공연된 상업용 공연물이기도 했다. 음악적으로 이 두 작품은 17세기 영국의 유일한 오페라로, 처음부터 끝까지 음악으로 이어지는 대중을 위한 무대음악 작품이다.

2) 디도의 고통과 비극, '운명'의 목소리

<디도와 에네아스>는 전반적으로 여주인공 디도의 고통과 비극에 초점을 맞추고 있다. 테이트의 리브레토에서 '운명'(fate)은 중요한 단어로 등장한다. 1막에서는 디도에게 향하는 벨린다의 위로에

Ⅰ. 오페라의 탄생과 번성(1600-1800)

서, 디도가 에네아스에게 던지는 첫 마디에서, 그리고 이에 대한 에네아스의 대답에서 등장하며, 2
막에서 머큐리로 변장한 마법사의 말과 3막에서 이별을 앞두고 디도와 에네아스가 대화하는 장면
에서도 중요한 어휘로 사용된다. 그러니까 이 '운명'이라는 단어는 운명에 맞서지만 결국 운명에서
벗어나지 못하고 따르게 된다는 작품의 주제를 함축적으로 암시한다.

1막과 3막에 나오는 디도의 두 아리아, '아 벨린다, 고통이 나를 짓누르네'와 '내가 땅에 묻힐
때'는 이 오페라 전체를 둘러싸고 있다. 두 아리아 모두 동일한 음형이 계속 반복되는 그라운드 베
이스(ground bass) 위에 작곡된 것으로, 특히 3막 디도의 마지막 아리아는 순차적으로 하행하는 4
도 진행(g-f♯-f-e-e♭-d)을 사용하여 이탈리아의 전통적인 애가(lamento)의 방식을 따르고 있다. 이
아리아는 오페라의 결말이자 절정이라 할 수 있는데, 강박 위에 계류되는 음들이 일시적으로 불
협화음을 만들면서 강한 긴장감을 자아내는 이 곡의 음악적 특성은 운명에 맞서고자 했으나 결국
따를 수밖에 없었던 디도의 죽음과 긴밀하게 연결된다.

3) 마스크? 오페라? 오페라!

"프랑스인들이 륄리와 라모에게, 독일인들이 헨델과 바흐에게, 이탈리아인들이 팔레스트리나와 페
르골레지에게 환호하듯, 영국인들은 퍼셀에게 환호한다"는 음악사학자 찰스 버니(Charles Burney,
1726-1814)의 말처럼, 퍼셀은 17세기 대륙에 비해 상대적으로 덜 알려졌던 영국을 대표하는 작곡
가이다. 그는 평생 동안 왕실의 후원을 받았고, 어렸을 때부터 음악적 재능을 인정받아 작곡가로
서 높은 지위와 명성을 누렸으며, 짧은 생에도 불구하고 거의 모든 음악 장르에서 엄청난 수의 작
품을 남겼다.

<디도와 에네아스>는 당시 영국에서 가장 인기 있었던 궁정 오락거리였던 마스크라 칭해졌
지만 사실상 프롤로그와 3막으로 구성된 오페라였으며, 이탈리아와 프랑스, 영국의 음악 스타일을
모두 합쳐 놓은 것이 특징이다. 퍼셀이 영향을 받았다고 알려진 또 다른 작품은 이탈리아 작곡가
프란체스코 카발리(Francesco Cavalli, 1602-1676)의 오페라 <디도네>(La Didone, 1640)로, 프롤
로그와 3막으로 된 구성과 베르길리우스의 『아이네이스』(Aeneis) IV장을 원작으로 한다는 점, 솔
로 아리아 사이에 <디도와 에네아스>와의 유사성을 발견할 수 있다.

퍼셀의 <디도와 에네아스>는 전체가 노래로 된 그의 유일한 오페라이다. 단 네 명의 주인공

과 1시간가량의 짧은 공연시간 등 규모가 작긴 하지만 말이다. 마스크 등 영국 음악의 전통과 관습을 따르고 있으면서도 프랑스와 이탈리아의 요소를 받아 들였는데, 먼저 퍼셀의 서곡은 륄리를 연상시키듯 느린 부분(lento)과 상대적으로 빠른 부분(allegretto moderato)으로 되어 있으며, 춤 리듬을 기반으로 한다는 점에서 프랑스적이다. 그라운드 베이스 위에 작곡된 아리아에서는 이탈리아의 전통을 볼 수 있으며, 영어 가사를 음악적으로 처리하는 방법이나 합창은 영국의 방식을 따르고 있다. 이러한 복합적 국가적 음악 전통 위에 퍼셀은 자신만의 음악적 상상력을 덧붙여 이 작품을 완성했고, <디도와 에네아스>는 이후 영국 오페라 역사에 길이길이 남을 작품이 되었다.

추천 영상물

1) (Blu-ray) 말레나 에른만, 크리스토퍼 몰트만 등, 윌리엄 크리스티 지휘, 레자르 플로리상 연주, 데보라 워너 연출, 2008년 파리 오페라코미크 실황(한글자막)

2) (Blu-ray) 이다 란슬로브, 베른트 올라 볼룬골렌, 루퍼트 앤틱냅 등, 올로프 보만 지휘, 스톡홀름 콘피덴센 오페라 & 뮤직 페스티벌 오케스트라 연주, 윌리엄 랠튼 연출, 2021년 콘피덴센 페스티벌 실황(한글자막)

3.2. 헨델 <리날도>(Rinaldo, 1711): 예술성과 대중성을 다 잡은 영국 오페라 최고의 흥행작

작품 개요

작곡: 조지 프리데릭 헨델(George Frideric Handel, 1685-1759)

원작: 토르콰토 타소(Torquato Tasso, 1544-1595)의 장편서사시 『해방된 예루살렘』(La Gerusalemme liberate, 1574)

대본: 아론 힐(Aron Hill, 1685-1750)의 영어 극본과 자코모 로시(Giacomo Rossi, ?-1731)의 이탈리아어 대본

초연: 1711년 2월 14일 영국 런던, 헤이마켓의 퀸즈 시어터

구성: 3막(약 3시간 가량)

배경: 11세기 예루살렘, 제1차 십자군원정

주요 등장인물

고프레도(Goffredo, 알토): 십자군 원정 기독교 총사령관

리날도(Rinaldo, 알토): 기독교 기사

알미레나(Almirena, 소프라노): 고프레도의 딸이자 리날도의 약혼녀

에우스타치오(Eustazio, 카운터테너 또는 알토): 고프레도의 동생이자 전령

아르간테(Argante, 베이스): 예루살렘의 사라센 왕

아르미다(Armida, 소프라노): 다마스쿠스의 여왕이자 아르간테의 연인

마고(Mago, 알토): 기독교 마술사

두 명의 사이렌(Two mermaids, 소프라노)

주요 아리아 및 장면

1) 서곡

2) 1막, 알미레나의 아리오소 '지저귀는 새들이여'(Augelletti che cantate)

3) 2막 4장, 알미레나의 아리아 '울게 하소서'(Lascia ch'io pianga mia cruda sorte)

4) 3막, 리날도의 아리아 '축제의 트럼펫 소리가'(Or la tramba in suon festante)

줄거리

1막

1장: 총사령관 고프레도가 이끄는 십자군 군대가 사라센의 왕 아르간테가 지키고 있는 예루살렘을 포위한다. 고프레도는 기사 리날도에게 예루살렘을 탈환하고 최후의 승리를 거두고 오면 그의 딸 알미레나와 결혼시켜 주겠다고 확언한다. 알미레나는 리날도에게 용감하게 싸우고 승리를 확신할 것을 촉구하며, 한 눈 팔지 말 것을 당부한다. 전령이 아르간테의 등장을 알린다. 아르간테는 3일간의 휴전을 요청하고, 고프레도는 이를 받아들인다. 홀로 남은 아르간테가 마법사이자 다마스

쿠스의 여왕인 자신의 연인 아르미다를 불러들인다. 아르미다는 리날도를 십자군 군대에서 떨어뜨리는 것만이 승리할 수 있는 길이라 말한다. 2장: 새들이 지저귀는 아름다운 정원에서 알미레나는 사랑에 대해 생각한다. 리날도와 알미레나가 사랑의 이중창 부르고 있을 때, 아르미다가 나타나 알미레나 납치한다. 고프레도의 동생 유스타치오는 기독교 마법사 마고의 도움을 받으라 제안하고, 리날도는 하늘과 바람에게 자신의 여정을 도와달라 간청한다.

2막

에우스타치오, 리날도, 고프레도가 마법사 마고의 동굴 근처에 도착한다. 바다의 요정 세이렌이 노래와 춤으로 유혹하고, 함정임을 깨달은 두 사람이 막아보지만 리날도는 결국 세이렌을 따라 항해를 떠난다. 한편 아르미다 여왕의 궁전에서 알미레나는 자신의 처지를 한탄한다. 아르간테 왕이 알미레나에게 반해 사랑을 고백하는데, 알미레나는 자신을 풀어줘서 그 사랑을 증명하라 요구한다. 아르미다는 리날도에 반해 사랑을 선언하지만, 리날도는 끝까지 거부한다. 아르미다가 알미레나로 변장하여 다시 한 번 그를 유혹하려 하나, 처음에 혼란스러워하던 리날도는 속지 않고 떠난다. 아르미다는 사랑과 복수 사이에서 갈등한다.

3막

고프레도와 에우스타치오는 결국 마고를 만나고, 그는 리날도와 알미레나가 궁전에 있다고 알려주면서 아르미다의 마법을 풀 수 있는 마술 지팡이를 선물한다. 그들은 즉시 군대와 함께 산으로 향하는데, 두 형제는 이 마술 지팡이로 끔찍한 괴물들을 물리친다. 아르미다의 궁전 정원, 아르미다는 알미레나를 죽이려 하지만 리날도가 칼로 제지한다. 고프레도, 에우스타치오, 알미레나, 리날도는 재회의 기쁨을 만끽한다. 아르간테는 아르미다와 화해하고 군대를 소집한 후, 마지막 전투를 준비한다. 전투가 시작되고 예루살렘 점령에 성공한 리날도가 공격하자 아르간테는 도망간다. 전투에서 패한 이슬람 커플 아르미다와 아르간테는 기독교로 개종하고, 고프레도는 그들을 풀어준다. 이들은 모두 미덕을 최고의 가치라 선언한다.

감상 포인트

1) 사랑과 사회적 의무를 조화시킨 남성상, 리날도

타소는 15년이 넘는 작업 기간 끝에 1580년경 장편서사시 『예루살렘의 해방』을 완성했다. 이 작품은 총사령관 고트프리트 폰 부용의 지휘로 1099년 7월 15일 예루살렘을 포위하고 성을 함락한 제1차 십자군 전쟁의 역사적 사실에 기반한다. 그리고 이는 이교도에 대한 기독교의 승리라는 타소의 주요 세계관을 반영한다. 그러나 이외에도 동화적 판타지가 넘치는 에피소드가 새롭게 창작되어 덧붙여졌는데, 마법의 힘으로 인해 벌어지는 여러 사건들이 그러하다.

이 장편서사시는 아론 힐에 의해 영어 극본 『리날도』로 재탄생되었는데, 힐은 앤 여왕에게 이 오페라를 헌정하기 위해 타소의 원작을 살짝 변형하여 새로운 여주인공 알미레나를 만들어 리날도의 사랑 이야기를 중심에 두었으며, 아르간테와 아르미다의 사랑과 기독교로 개종하는 내용도 새로이 추가했다. 로시는 힐의 영어 극본을 이탈리아어로 바꾸고, 오페라 장르에 적합하도록 대사와 노래에 걸맞게 리브레토로 만들었다.

오페라의 주인공 십자군 기사 리날도는 18세기 초 영국사회가 요구했던 궁정귀족의 모범, 그러니까 '사랑과 사회적 의무를 조화시킨 남성상'을 상징하는 인물이다. 즉 알미레나에 대한 사랑의 맹세는 리날도가 행하는 행위의 동기가 되었고, 비록 혼자 힘으로 그녀를 구하지는 못했지만 자신의 나약함과 잘못을 극복하고 결국 전투에 승리를 거두면서 사랑을 쟁취한 점 등에서 그러하다. <리날도>는 영웅적인 면모를 띤 주인공을 통해 도덕성을 고취하고 계몽사상에 걸맞는 자비로운 계몽군주의 모델을 제시하는 등 오페라 세리아의 전형을 보여준다.

2) 헨델 음악의 오락적 측면과 예술성

<리날도>는 헨델이 런던 무대와 청중을 위해 특별히 작곡한 최초의 이탈리아어 오페라이다. 1695년 영국 작곡가 헨리 퍼셀이 죽고 나서 영국에는 그의 대를 이을 만한 작곡가가 없었다. 반면, 이탈리아 작곡가 및 성악가와 함께 이탈리아 오페라의 영향력은 급속도록 커져갔다. 헨델은 1706년에서 1710년까지 이탈리아의 피렌체, 로마, 나폴리, 베네치아에 머물면서 아르칸젤로 코렐리(Arcangelo Corelli, 1653-1713), 알레산드로 스카를라티(Alessandro Scarlatti, 1660-1725)와 도메니코 스카를라티(Domenico Scarlatti, 1685-1757) 등 이탈리아의 주요 작곡가들을 소개받았고, 이

들로부터 이탈리아 음악의 본질적인 특성으로 여겨지는 선율의 유창함과 유연한 리듬 등 오페라 장르의 문법을 습득했다. 이 기간 동안 그는 두 개의 오페라 작품을 비롯해 몇몇 작품으로 이탈리아와 독일에서 상당한 명성을 쌓았다.

1710년 말 런던에 정착한 그는 런던 퀸즈 시어터의 신임 극장장이던 아론 힐의 위촉으로 이 작품의 작곡에 착수했다. 대본가인 로시에 따르면, 헨델은 단 2주 만에 오페라 전체를 완성했다고 하는데, 그의 초기 작품인 <아그리피나>(Agrippina, 1707), <알미라>(Almira, 1705) 등에서 대략 열다섯 곡 정도를 가져왔으며, 이는 당시 오페라 작곡 관습에 비추어 문제가 되는 것은 아니었다.

<리날도>의 2막 2장. 알미레나는 자신에게 반한 아르간테의 사랑을 거절하면서, 이 오페라에서 가장 유명한 아리아 '울게 하소서'를 부른다. 라르고(Largo)의 느린 박자의 사라방드

프랑수와 부쉐(François Boucher)의 그림 [리날도와 아르미다](1734)

   Ⅰ. 오페라의 탄생과 번성(1600-1800)

(Sarabande) 리듬 패턴으로 되어 있는 이 곡은 우아하면서도 경건하다. 무엇보다 ABA' 세 부분으로 된 곡의 구조는 전형적인 이탈리아 다 카포 아리아 형식을 따르고 있다는 점이 중요하다. A와 B부분 간의 대조적인 조성(F장조 vs. d단조)과 분위기, 그리고 마지막 부분에서 A가 다시 반복되면서 가수(카스트라토)의 기교에 따라 화려하게 장식 변주되는 기법은 익숙하면서도 듣는 재미를 자아내 당시 청중들을 열광하게 했을 뿐 아니라, 현재까지도 대중성을 답보하게 하는 원동력이 되었다.

3) <리날도>의 수용과 대중적 흥행

헨델은 뛰어난 작곡가이기도 했지만 동시에 당시 대중들의 취향을 잘 읽어내는 흥행사이기도 했다. 그는 <리날도> 각 장면의 실제 무대 연출에도 매우 신경 썼는데, 무대에는 천둥과 번개가 생생히 재연되었고, 화려한 불꽃놀이가 펼쳐지는 등 스펙터클한 장치가 쓰였다. 1711년의 초연에서 헨델은 직접 지휘봉을 잡았고, 니콜로 그리말디(Nicolò Grimaldi, 1673-1732)나 프란체스카 바니니-보스키(Francesca Vanini-Boschi, ?-1744) 등 유명한 스타가수를 기용하여 대중성을 높였다.

<리날도>는 초연 후 1711년 시즌에만 15회 공연되었고, 1713년에는 개정된 버전으로 재공연되었으며, 1717년까지 런던에서 정기적으로 공연되었다. 이 작품은 헨델의 생전에 가장 자주 공연된 오페라로 많은 사랑을 받았으나, 자국의 언어인 영어가 아니라 이탈리아어로 된 대본에 타국인 이탈리아의 취향이 깊게 반영되었다는 점과 드라마보다 화려한 볼거리에 더 치중했다는 점이 거론되면서 비판받기도 했다. 1731년 이후 오페라 대중의 취향이 변화하면서 <리날도>는 200년 가까이 어느 무대에도 오르지 못했다가, 20세기 들어서 구체적으로는 1954년 6월, 할레 오페라 하우스에서 헨델 페스티벌의 일환으로 무대에 올랐다. 이후 <리날도>의 예술적 화려함과 호소력 있는 대중성 등으로 인해 인기를 누리며 현재까지 세계 곳곳에서 공연되고 있다.

추천 영상물(리날도-알미레나 순)

1) (DVD) 테레사 이에르볼리노, 로리아나 카스텔라노, 프란시스코 페르난데스 루에다, 카르멜라 레미조 등, 파비오 루이지 지휘, 오케스트라 라 신틸라 연주, 조르조 상가티 연출, 2018년 델라 발레 디트리아 페스티벌 실황(한글자막)

2) (DVD) 소냐 프리냐, 아네트 프리취, 바르두이 아브라하미얀, 브렌다 래에 등, 오타비오 단토네

　　지휘, 계몽시대 오케스트라 연주, 로버트 카슨 연출, 2011년 글라인드본 페스티벌 실황

3.3. 존 게이 <거지 오페라>(The Beggar's Opera, 1728): 당대 사회와 음악계를 풍자하는 오페라

작품 개요

작곡: 존 게이(John Gay, 1685-1732) 및 요한 크리스토프 페푸쉬(Johann Christoph Pepusch, 1667-1752)

대본: 존 게이, 영어

초연: 1728년 1월 29일, 런던 링컨스 인 필즈(Lincoln's Inn Fields) 왕립극장

배경: 18세기 초 런던

주요 등장인물

피첨(Mr. Peachum): 변호사이자 장물아비

매키스(Macheath): 강도단의 두목

피첨 부인(Mrs. Peachum): 피첨의 부인

폴리 피첨(Polly Peachum): 피첨의 딸이자 매키스와 결혼하는 여인

루시 로키트(Lucy Lockit): 매키스의 아이를 임신한 여인

로키트(Lockit)

거지(Beggar)

연주자(Player)

필치(Filch)

다이애너 트레이프스(Diana Trapes)

제니 다이버(Jenny Diver)

주요 아리아 및 장면

1) 1막, 피첨 부인의 노래 '우리 폴리는 서글픈 잡년'(Our Polly is a sad slut)

2) 2막, 매키스와 폴리의 노래 '훌륭한 주부가 자기 덫에 걸린 쥐를 보면'(Thus when a good
   housewife sees a rat in her trap)

3) 2막, 로키트와 루시의 노래 '그럼 그의 운명이 정해졌나요?'(Is then his fate decreed Sir?)

4) 2막, 매키스, 루시, 폴리의 노래 '내 사랑하는 남편은 어디 있나요?'(Where is my dear husband?)

줄거리

배경은 밑바닥 사회, 주인공들은 돈을 위해서라면 자신의 할머니나 사위도 팔아넘기는 인정사정 없는 범죄자들이다. 주인공 피첨은 변호사이자 장물아비이며, 그의 딸 폴리는 부모에게 알리지도 않고 노상강도이자 자기 아버지의 동업자인 매키스와 결혼해버리는 대담한 처녀다.

피첨은 딸 폴리의 결혼이 자기 사업에 나쁜 영향을 미칠까 두려워한다. 피첨과 그의 아내는 폴리를 설득해 매키스를 경찰에 넘기게 하려 한다. 매키스가 사형당해 딸이 미망인이 되었을 때 받게 될 매키스의 유산을 위해서다. 그러나 폴리는 부모의 계획을 매키스에게 알리고, 매키스는 피첨의 윤락가에 숨어 있다가 체포된다. 그러나 이번에는 경찰청장의 딸이며 매키스의 아이를 임신한 루시가 매키스의 탈옥을 돕는다. 하지만 매키스는 다시 한 번 체포되는데, 처형 전에 폴리, 루시뿐만 아니라 매키스의 아이를 낳은 네 명의 여자들이 유산을 받기 위해 감옥으로 찾아온다. 그러나 처형 직전에 거지 차림의 작가가 나타나 '결말을 바꿔야겠다'고 말한다. 매키스가 살아남아 자신의 애정행각을 정리하는 것으로 바꾸겠다는 것이다.

감상 포인트

1) 작곡가 존 게이(John Gay, 1685~1732)

바로크 시대 영국 시인이며 극작가. <거지 오페라> 한 편으로 서양음악사에 길이 남았다. 이 작품에는 이탈리아 오페라에 대한 조소, 자유당 내각에 대한 신랄한 풍자가 담겨 당시 영국에서 헨델의 오페라의 인기를 뛰어넘어 대단한 인기를 끌었다. 게이는 극작가였기 때문에 실제로 그가 음악을 작곡한 것은 아니고 프로이센의 작곡가인 페푸쉬와 함께 대중적으로 잘 알려진 노래들을 선곡했다. 게이의 대표작으로는 <트리비아>(1716) <결혼 후 3시간>(1717) <거지오페라>(1728) 등이 있다. 이듬해인 1729년에 <거지 오페라>의 속편으로 <폴리Polly>를 썼으나 정치풍자라는 이유로 상연이 금지되었고, 이 작품은 1777년에 가서야 초연이 이루어졌다.

2) 영국 총리 로버트 월폴(Robert Walpole, 1676-1745) 시대를 배경으로 한 오페라

월폴은 케임브리지 대학을 졸업하고 휘그당에 들어가 1701년 하원 의원으로 선출. 조지 1세 때 국가의 경제적 난관을 잘 극복해 1715년 첫 총리가 되었다. 20여 년간 총리로 재직하며 정당 간의 불화, 종교적 대립을 극복하려 노력했다. 스페인 왕위 계승 문제로 국왕과 충돌해 1741년 관직에서 물러났고, 1742년 옥스퍼드 백작 작위를 받았다. 내각책임제를 처음 도입한 정치가로 유명하다. 그러나 그의 시대는 부패한 정치 시스템의 시대로도 잘 알려져 있다. 사회 전반적으로 도덕이 무너진 시대라는 평을 받았다.

3) 당대의 음악계 풍자

당대 음악계는 헨델이 영국에 이식한 이탈리아 오페라가 주도하고 있었다. 부패로 가득한 당시 영국사회에서 존 게이의 이 오페라는 영국인들에게 통쾌함을 선사해 크게 인기를 모았다. 익숙한 멜로디에 붙인 새로운 가사에 희극을 결합한 이 작품은 런던 사교계를 강타했다. 관객들은 상류계층의 행동양식, 현실정치와 이탈리아 오페라의 과장에 대한 조롱을 보며 즐거워했다. 헨델의 유명 소프라노들 사이에 펼쳐지는 질투와 경쟁을 풍자한 폴리 피첨과 루시 로키트의 요란한 이중창이 특히 인기를 끌었다. 페푸쉬가 서곡과 노래 반주부를 작곡했지만 그가 쓴 악보는 남아 있지 않고, 후에 제레미 발로우가 사라진 곡들을 복원하고 서곡과 반복구들을 보탰다.

추천 영상물(매키스-피첨-폴리 피첨-루시 로키트 순)
(Blu-ray) 로저 달트리, 스트랫포드 존스, 캐롤 홀, 로즈마리 애쉬, 존 앨리엇 가디너 지휘, 잉글리쉬 바로크 솔로이스츠 연주, 조너선 밀러 연출, BBC TV 프로덕션:

4. 18세기 모차르트 오페라

18세기 유럽은 한마디로 근대가 완성되어 가는 시기라 할 수 있다. 정치경제적으로 급격한 변화를 겪었으며, 문화예술 분야에서도 많은 변화가 있었다. 유럽의 각 국가들은 크고 작은 영토전쟁을 벌였고, 17세기부터 시작된 해외식민지 건설로 인하여 인도양과 아프리카, 남미 대륙에 이르기까지 전 세계에서 패권 다툼을 벌였다. 강력한 중앙집권국가 프랑스는 루이 15세 때부터 내리막길을 걷다가 18세기 후반 루이 16세 시대에 프랑스혁명을 겪게 되었고, 영국은 1707년 잉글랜드와 스코틀랜드가 통합되어 군사적으로 강력한 해상 장악력을 가지게 되었다. 오스트리아는 헝가리를 합병하여 오스트리아-헝가리 제국이 되었으며, 프로이센은 1701년에 왕국으로 건립되어 새로운 세력으로 자리 잡았다. 유럽의 인구는 18세기 중반 이후 급속도로 팽창했는데, 특히 이 시기 영국에서부터 시작된 산업혁명으로 인하여 농경사회에서 대도시 중심의 산업사회로 바뀌게 되고 자본주의가 탄생하면서 급격히 부를 쌓은 신흥 부르주아 계급이 경제적 중심이 되었다.

교육과 학문에 있어서도 이전 시대와는 다른 분위기가 형성되었다. '인간의 이성으로 과학적 진보를 이룰 수 있다'고 믿었던 계몽주의(enlightenment) 사상은 볼테르(François-Marie Aroue, 1694-1778), 몽테스키외(Baron de La Brède et de Montesquieu, 1689-1755), 루소 등 프랑스 사상가들을 중심으로 형성되어 사회적 평등의 일환으로 보편적 교육과 학문의 대중화를 장려했다. 이는 예술에도 큰 영향을 미쳤으며, 음악 분야에 있어서도 대도시의 공공 콘서트홀이나 상업 오페라 극장을 찾는 중산층 청중을 위한 새로운 유형의 음악 수요가 늘어나는 등 근본적인 변화를 가져왔다. 궁정을 중심으로 한 귀족 취향의 화려하고 웅장하면서도 장식이 과도한 바로크 음악 양식 대신에, 이제는 이성을 가진 인간이라면 누구나 쉽게 이해하고 즐길 수 있는 음악이 각광을 받기 시작한 것이다.

대략 18세기 초중반인 1730년부터 19세기 초까지의 음악을 고전주의(classicism)라 칭한다. 이 시기의 음악은 이전 시대의 것보다 자연스러운 선율의 흐름과 명확하게 분리되는 악구의 주기성 등을 특징으로 하고, 분명한 형식과 구조를 선호하며, 위계 구조에 의한 화성 진행을 전제로 한다. 또한 범세계주의적인 시대 18세기의 문화적 취향이 음악에도 반영되어 국제적 음악 양식이 유행했는데, 이를 두고 독일의 작곡가이자 이론가인 크반츠(Johann Joachim Quantz, 1697-1773)는 "모든 민족의 최상의 음악적 특징을 혼합한 것"이야말로 가장 이상적인 음악 양식이라 주장했다. 그러나 18세기 중후반에 이르러서는 국제적 음악 양식과 함께 각 나라의 특성을 강조하는 민족주의가 음악에서 등장했으며, 오페라에서는 자국어로 되어 있으면서 자국의 문화 예술적 취향과 특징을 반영하는 오페라가 생겨났다.

오페라 부파(opera buffa)의 등장

1720-30년대 이탈리아에서는 진지한 성격의 오페라 세리아와 대조되는 희극 오페라인 오페라 부파가 등장했다. 원래 오페라 세리아나 연극의 막과 막 사이에 무대에 올리던 막간극(intermezzo)에서 유래된 것으로, 막간극은 희극적 장면을 쓸 수 없었던 오페라 세리아를 대신하여 우스꽝스러운 상황의 내용을 연출하던 것이었다. 오페라 부파의 등장인물은 통상적으로 영웅적 성격인 오페라 세리아의 주인공과 달리, 구두쇠 노인이나 무식한 박사, 눈치 없이 영리한 하인, 교활한 소작농, 서투른 외과의사, 거만한 군 장교 등 16세기 이탈리아 즉흥 희극인 코메디아 델라르테(commedia dell'arte)의 인물들과 닮아 있다. 초창기에는 드라마 조코소(dramma giocoso), 드라마 코미코(dramma comico), 코메디아 페르 무지카(commedia per musica) 등으로도 불렸다. 18세기 초 나폴리에서 시작되어 로마에서 큰 인기를 얻었으며 이후 이탈리아 북부로 전파되었고, 18세기 중후반에는 유럽 전역으로 확산되었다.

페르골레시의 <마님이 된 하녀>는 오페라 부파 초창기의 주요 작품으로 여겨진다. 주요 작곡가로는 페르골레시 외에도 알레산드로 스카를라티, 갈루피(Baldassare Galuppi, 1706-1785) 등을 들 수 있으며, 이후 피친니(Niccolò Piccinni, 1728-1800), 파이시엘로(Giovanni Paisiello, 1730-1816) 등이 이 장르에서 활약했다. 희극 오페라의 아리아는 전형적인 갈랑 양식이며, 짧으면서도 간결한 악구에 노래 부르기 좋은 아름다운 선율이 더해지는 양식으로 되어 있다. 부파의 전형적

Ⅰ. 오페라의 탄생과 번성(1600-1800)

인 음악적 구성은 건반악기로 반주되는 레치타티보 세코(recitativo secco)와 아리아가 교대되다가 마지막에 대조를 이루는 긴 앙상블이 형성되는 것이 특징이다. 이탈리아 극작가 골도니(Carlo Goldoni, 1707-1793)는 희극 오페라에 고상하면서도 세련된 요소를 도입하고 진지하고 감상적인 내용을 적용하는 등 오페라 부파의 극적 내용에 변화를 꾀했다. 따라서 코믹한 내용이나 주제 뿐 아니라 극적이거나 파토스가 더해진 작품까지 그 스펙트럼은 매우 넓고 다양하다.

이탈리아에서 시작된 희극 오페라의 열풍은 곧 다른 나라로 전해졌다. 18세기 중반 프랑스에서는 륄리에서 라모로 이어지는 프랑스 오페라에 대한 비판이 오랫동안 지속되고 있었다. 이는 부퐁 논쟁(I. 2장. 프랑스 오페라. 참조)을 야기했고, 프랑스식 희극 오페라인 오페라 코미크(opéra comique)를 탄생시키는 결과로 이어졌다. 이 장르에는 당시 유행하던 대중적인 곡조인 보드빌(vaudevilles) 선율이 주로 활용되었고, 레치타티보 대신 말로 하는 대사를 사용했다. 18세기 후반부로 갈수록 진지한 내용을 다루면서 프랑스 혁명 시기에는 최고의 인기를 구사했다.

영국의 희극 장르는 발라드 오페라(ballad opera)라 불렸으며, 역시 대사로 이루어져 있다. 존 게이와 페푸시가 함께 만든 <거지 오페라>가 대표작으로 꼽히는데, 이처럼 당시 런던 사회의 범죄를 비롯한 사회 문제를 풍자적으로 다루는 게 유행이었다. 독일과 오스트리아 등 독일어권에서는 징슈필(Singspiel)이라 불린 새로운 장르가 등장했다. 초창기에는 영국 발라드 오페라의 유행으로 이를 독일어로 개작하거나 번역하여 무대에 올렸고, 이후 독일 민속 노래 등을 활용하는 방향으로 나아갔다. 이들 희극 오페라는 1710년대 이후 18세기 내내 꾸준히 인기를 끌었으며, 19세기에 각 민족의 특성을 반영하는 오페라로 성장했다.

오페라 세리아(opera seria)

17세기 초 탄생한 이래로 이탈리아 전역에서 변화와 발전을 거듭해 온 장르 오페라는 17세기 말에 이르러 고상하고 진지한 스타일을 지칭하는 용어 오페라 세리아와 그 라이벌인 오페라 부파로 나뉘었다. 오페라 세리아는 이탈리아 극작가 메타스타시오(Pietro Metastasio, 1698-1782)가 확립한 극의 형식을 표준으로 받아들였고, 그의 대본을 바탕으로 많은 작품이 탄생했다. 이 장르의 특성상 주인공은 고대 신화에 나오는 왕이나 귀족 등 항상 영웅적인 면모를 갖춘 인물로, 자비로운 계몽 군주의 모델로 제시되기에 부족함이 없어야 했다.

오페라 세리아는 거의 예외 없이 3막으로 구성되었으며, 엄격하고 폐쇄적인 드라마의 규칙이 적용된다. 18세기 전반부에는 다 카포 아리아(da capo aria) 형식이 선호되었는데, 이는 가사의 내용과 화성 모두 대조되는 두 개의 부분 A와 B가 교대되는 ABA'의 구성으로 대조되는 감정의 묘미를 느낄 수 있는 노래 형식이다. 이후로는 보다 다양한 음악 재료를 사용하여 연속적인 분위기를 표현하기 시작했으며, 조금 더 복잡하거나 확대된 형태도 가능했다. 18세기 중반 무렵 가장 인기 있고 성공적인 오페라 작곡가 중 하나로 요한 아돌프 하세(Johann Adolf Hasse, 1699-1783)를 들 수 있는데, 메타스타시오의 대본으로 작곡한 <클레오피데>(Cleofide, 1738)가 대표작이다.

글루크의 오페라 개혁

18세기 중엽 오페라 세리아는 여전히 귀족 계급의 후원 제도에 의존하고 있었고, 남성 거세가수인 카스트라토의 전성기로 음악에 과다한 수사와 장식이 더해지는 것이 일반적인 관습이었다. 그러나 당시 유행했던 계몽주의 사고는 유럽 문화예술의 크나큰 변화를 가져왔을 뿐더러, 오페라에 있어서도 영향을 미쳤다. 이제는 새로운 시대의 새로운 이상에 맞도록 음악과 극이 서로 조화를 이루도록 하는 것이 요구되었다. 즉 과도한 장식과 콜로라투라를 축소하고 자연스러운 선율의 형태를 갖추도록 했으며, 스타 가수에 집중되었던 음악적 관심을 줄이고 이들의 역할을 축소했다. 이탈리아에서 오페라 개혁에 앞장섰던 인물은 좀멜리(Niccolò Jommelli, 1714-1774)와 트라에타(Tommaso Traetta 1727-1779)였다. 이들은 극의 흐름을 유지하기 위해 관현악에 보다 중요한 역할을 부여했으며, 이탈리아 오페라 세리아에 프랑스 서정 비극의 요소를 도입하여 이를 결합시켰다.

오페라 개혁에 있어서 누구보다 중요한 인물은 바로 글루크(Christoph Willibald Gluck, 1714-1787)였다. 보헤미아 지역에서 태어난 글루크는 이탈리아에서 작곡가 삼마르티니(Giovanni Battista Sammartini, 1700-1775)를 사사했고, 런던을 여행했으며, 빈에 정착하여 카펠마이스터가 되었다. 이 시기에 그는 오페라의 내용과 형식에 대해 근본적인 고민을 하기 시작했는데, 당시 유행했던 오페라 세리아의 노래는 부자연스럽고 피상적인 효과에 집중되어 있으며 오페라 부파 역시 원래의 신선함이 사라져 진부해져 버렸다고 생각한 것이다. 글루크가 진정으로 원했던 오페라는 음악이 극적인 상황을 뒷받침하거나 강조하여 음악과 가사가 동등한 가치를 지닌 오페라, "말

   Ⅰ. 오페라의 탄생과 번성(1600-1800)

이 먼저, 음악은 나중"이 되는 형태였다. 그러면서 음악은 '아름다우면서도 단순함'을 지녀야 한다고 주장했는데, 이는 1750년대 오페라 개혁 운동의 영향과 함께 그의 오페라 개혁 3부작으로 이어졌다. 시인 칼차비지(Ranieri de Calzabigi, 1714-1795)와의 합작으로 만들어진 <오르페오와 에우리디체>(Orfeo ed Euridice, 1762), <알체스테>(Alceste, 1767)가 대표적이다.

모차르트 오페라의 의의

모차르트(Wolfgang Amadeus Mozart, 1756-1791)는 서양음악사에서 '천재'라는 타이틀이 가장 잘 어울리는 작곡가이다. 35세의 젊은 나이에 세상을 떠났지만 거의 모든 장르를 아우르며 600여 곡에 이르는 수많은 작품을 남겼으며, 무엇보다 그의 음악은 고전주의 양식의 절정을 이루어 음악적 깊이가 심오하면서도 당대 청중의 반응을 즉각적으로 이끌어내는 매혹적인 음악이었다. 다른 모든 장르에서와 마찬가지로, 오페라 분야에서 모차르트의 공헌과 영향력은 더할 나위 없이 위대하다. 당시 오페라는 여전히 인기 있는 장르였기 때문에 모차르트의 관심을 끌었고, 12세의 나이로 첫 번째 오페라 부파 <가짜 바보>(La finta semplice, 1768)와 첫 번째 징슈필 <바스티앵과 바스티엔>(Bastien und Bastienne, 1768)을 작곡했다.

모차르트는 오페라 세리아, 오페라 부파, 징슈필 세 장르에 모두 능했고, 그의 오페라는 국제적인 양식의 완성된 종합이라 여겨진다. 이는 어린 시절 아버지 손에 이끌려 떠난 연주여행의 결과로 보이는데, 헝가리, 독일, 프랑스, 영국, 이탈리아 등지로 떠난 연주 여행은 모차르트로 하여금 여러 국가의 음악 스타일과 친숙해질 기회를 제공했으며, 새로운 언어와 음악 개념 및 기법을 자연스럽게 습득하고 흡수하게 했다. 1781년에 작곡한 오페라 세리아 <이도메네오>(Idomeneo)에는 프랑스 오페라 및 오페라 개혁가 트라에타와 글루크의 영향이 엿보인다. 모차르트의 두 번째 징슈필 <후궁 탈출>(Die Entführung aus dem Serail, 1782)로 그의 명성은 빈과 그 주변을 넘어 드높아졌고, 극작가이자 황실 극장 시인 다 폰테(Lorenzo da Ponte, 1749-1838)와의 협업으로 세 작품을 연달아 발표한다. <피가로의 결혼>(Le nozze di Figaro, 1786), <돈조반니>(Don Giovanni, 1787), <여자는 다 그래>(Cosi fan tutte, 1790) 모두 이탈리아어로 된 오페라 부파 작품으로, 이 장르의 관습을 따르면서도 극적·음악적인 여러 장치를 통해 보다 높은 경지로 끌어올렸다.

생의 마지막 해인 1791년에 모차르트는 오페라 세리아 <티토 황제의 자비>(La clemenza di Tito)와 징슈필 <마술피리>(Die Zauberflöte)를 작곡했다. <마술피리>는 민속적이고 대중적인 희곡으로 여겨지던 징슈필 장르를 프리메이슨의 교훈과 가치를 더해 진지한 성격으로 탈바꿈했으며, 이탈리아 오페라 세리아의 성악적 기교와 독일 징슈필의 민속적 유머를 혼합했다. 오페라 작곡가로서 모차르트는 탁월한 심리적 통찰력으로 다양하게 해석되는 등장인물에 각각 꼭 들어맞는 음악을 부여했다. 즉 인물의 신분이나 지위, 특별한 사건이나 상황에 따라 다양한 음악 요소와 스타일을 적용했다. 또한 독창 아리아뿐만 아니라, 이중창과 삼중창 등 중창과 합창을 중시했으며, 오페라의 줄거리와 상관없이 작곡되던 게 일반적이었던 서곡에 극적 내용을 암시하거나 묘사하는 음악적 장치를 가져옴으로써 그 중요성을 보다 높였다.

4.1. 모차르트 <피가로의 결혼>(Le nozze di Figaro, 1786): 신분사회의 몰락을 예고하다

작품 개요

작곡: 볼프강 아마데우스 모차르트(Wolfgang Amadeus Mozart, 1756-1791)

대본: 로렌초 다 폰테(Lorenzo Da Ponte, 1749-1838)

원작: 피에르 오귀스탱 카롱 드 보마르셰(Pierre-Augustin Caron de Beaumarchais, 1732-1799)의 희곡『피가로의 결혼』(1780년 완성. 1784년 초연)

초연: 1786년 5월 1일 빈, 12월 프라하

배경: 18세기 스페인

주요 등장인물

알마비바 백작(il conte di Almaviva. 바리톤): 마드리드의 대귀족

백작부인(la contessa. 소프라노): <세비야의 이발사>의 로지나(Rosina)

피가로(Figaro. 바리톤): 백작의 하인

수잔나(Susanna. 소프라노): 백작부인의 하녀

케루비노(Cherubino. 메조소프라노 또는 소프라노): 백작의 시동(侍童). 귀족 가문의 소년

마르첼리나(Marcellina. 메조소프라노): 백작 집안의 집사

바르톨로(Bartolo. 베이스): 의사. 예전 로지나의 후견인

돈 바실리오(Don Basilio. 테너): 음악선생

안토니오(Antonio. 베이스): 정원사

바르바리나(Barbarina. 소프라노): 안토니오의 딸

돈 쿠르치오(Don Curzio): 판사

주요 아리아 및 중창

1) 1막 케루비노의 아리아 '내가 누군지 나도 몰라요'(Non so piu cosa son)

2) 1막 피가로의 아리아 '나비는 이제 날지 못하리'(Non piu andrai)

3) 2막 케루비노의 아리아 '여러분은 사랑을 아시겠지요'(Voi che sapete)

4) 3막 백작부인의 아리아 '아름다운 순간들은 다 어디로 가고'(Dove sono i bei momenti)

5) 3막 백작부인과 수잔나의 '편지의 이중창' '산들바람에'(Sullaria)

줄거리

막전의 상황

알마비바 백작은 세비야의 로지나에게 한눈에 반해 결혼한다. 이때 로지나의 의심 많은 후견인 바르톨로 박사를 따돌리기 위해 그는 이발사 피가로의 도움을 받았다. 그로부터 몇 년이 흘렀고, 그 공로로 백작의 시종이 된 피가로도 이젠 결혼을 앞두고 있다. 백작부인 로지나의 매력적인 하녀 수잔나가 그의 연인이다. 예전에 바르톨로의 집사로 일하던 마르첼리나는 지금 백작 집안의 살림을 맡고 있고, 피가로의 간계로 로지나를 백작에게 빼앗긴 바르톨로 박사는 피가로에게 복수할 기회를 노리고 있다.

한편 백작은 자신의 영지에서 결혼하는 처녀와 첫날밤을 함께 보낼 수 있는 특권(초야권)을 오래 전에 포기했다. 그러나 결혼 생활이 시들해져 이제 영지 안의 여러 처녀들에게 관심을 돌리

고 있는 백작은 요즘 수잔나에게 빠져, 할 수만 있다면 초야권을 회복해 수잔나를 차지하고 싶은 심정이다.

1막

결혼식을 앞두고 피가로는 새 침대를 놓을 자리를 자로 재본다. 수잔나는 결혼식에 쓸 모자와 베일을 손보고 있다. 마냥 즐거워하는 피가로에게 수잔나는 초야권을 부활시키려는 백작의 속셈을 알려준다. 분노한 피가로는 백작의 계략을 망쳐놓고 말겠다는 내용의 아리아 'Se vuol ballare'(백작께서 춤을 추시겠다면)를 노래한다. 한편, 피가로를 좋아하는 마르첼리나는 그의 결혼을 방해하기 위해 자신에게 진 빚을 당장 갚으라고 요구한다. 피가로는 빚을 갚지 못하면 계약대로 마르첼리나와 결혼해야 하는 상황에 처한다.

　백작의 시동(侍童) 케루비노는 여자만 보면 맘이 설레는 10대 소년이다. 정원사의 딸 바르바리나와 함께 있다가 백작에게 들켜 쫓겨나게 된 그는 백작부인이 백작에게 자신에 대해 좋게 말해 주기를 바라는 마음으로 수잔나를 찾아온다. 케루비노는 수잔나 앞에서 자신이 쓴 시를 노래 'Non so piu cosa son'(내가 누군지 나도 몰라요)을 들려준다.

　케루비노는 백작의 목소리를 듣고 재빨리 숨었다가, 백작이 수잔나에게 구애하는 장면을 목격한다. 그때 음악선생 돈 바실리오의 목소리가 들리자 알마비바 백작도 몸을 숨긴다. 그런데 바실리오가 들어와 케루비노가 백작부인에게 추파를 던진다고 얘기하자 백작은 화가 나서 불쑥 모습을 드러낸다. 그때 피가로가 마을 사람들을 데리고 들어와, 초야권을 없앤 백작의 덕성을 다 함께 칭송한다. 백작이 세비야에 주둔하고 있는 자신의 군대에 케루비노를 장교로 보내버리기로 결정하자, 피가로는 케루비노를 조롱하며 'Non piu andrai'(나비는 이제 날지 못하리)를 노래한다.

2막

백작부인 로지나는 자기 방에서 혼자 자신의 불행한 결혼 생활을 한탄하는 노래 'Porgi, amor'(사랑이여, 도와주세요)를 부른다. 이때 수잔나가 들어와 백작의 추파 얘기를 하고, 피가로도 찾아와 백작을 골탕 먹일 계획을 얘기한다. 바실리오를 통해 익명의 편지를 백작에게 전해서 백작부인이 애인과 밀회한다는 거짓 정보를 흘리고, 수잔나가 같은 시간에 백작을 만나기로 약속한 뒤 여장을 한 케루비노를 수잔나 대신 약속장소에 보내자는 내용이다. 케루비노는 백작부인 앞에 와서 아리에타 'Voi che sapete'(여러분은 사랑을 아시겠지요)를 부르고, 수잔나는 케루비노를 여자로 꾸며준다.

그때 백작이 방문을 두드린다. 당황한 백작부인과 수잔나는 케루비노를 탈의실로 들여보내고 문을 잠근다. 의심이 커진 백작은 탈의실 문을 열어보려 하지만, 백작부인은 '수잔나가 웨딩드레스를 입어보고 있다'며 막아선다. 이제 백작은 부인을 데리고 나가 문을 부술 연장을 가져온다. 그 사이 수잔나는 케루비노를 창문으로 탈출시키고 자신이 탈의실에 들어간다. 아내의 부정을 의심했던 백작은 탈의실에서 나오는 수잔나를 보자 어쩔 수 없이 아내에게 사과한다. 피가로가 악사들을 데리고 와서 빨리 결혼식을 거행하게 해달라고 백작을 재촉한다. 그때 술 취한 정원사 안토니오가 들어와, 누군가 방에서 뛰어내리면서 꽃밭을 망쳐 놓았다고 말한다. 피가로는 그것이 자기였다고 둘러댄다. 케루비노가 도망치며 떨어뜨린 영장을 안토니오가 들이대자, 피가로는 영장에 인장이 찍히지 않아 자기가 가지고 있었다고 변명한다. 백작은 난감한 처지에 놓인다. 그때 바르톨로와 마르첼리나와 바실리오가 들이닥쳐 피가로의 채무에 관한 재판을 요구한다. 피가로가 마르첼리나와 결혼하기로 한 약속을 지켜야 한다는 것이다.

3막

백작부인과 수잔나는 옷을 바꿔 입고 밀회장소에 나가 백작을 골탕먹이기로 전략을 수정한다. 백작을 찾아간 수잔나가 밀회를 약속하자 이에 감격한 백작은 이중창 'Crudel! perche finora'(못된 것! 왜 나를 애먹이지?)를 노래하며 약속을 재차 확인한다. 그러나 수잔나가 피가로에게 '재판은 이긴 거나 다름없다'고 말하는 것을 엿들은 백작은 수잔나에게 속았음을 알고 분개한다. 이때 법관 쿠르치오, 마르첼리나, 바르톨로, 피가로가 등장한다. 대화중에 바르톨로와 마르첼리나는 피가로가 오래 전에 잃어버린 자신들의 아들임을 알게 되고, 이제 재판은 아무런 의미가 없게 된다.

백작부인은 남편의 바람기 때문에 하녀에게 의지해야 하는 자신의 처지를 슬퍼하며, 지나간 행복을 추억하면서 남편의 애정을 다시 찾게 되기를 희망하는 아리아 'Dove sono i bei momenti'(아름다운 순간들은 다 어디로 가고)를 부른다. 수잔나가 오자 백작부인은 남편에게 수잔나가 건네줄 편지의 내용을 불러주는데, 이 대목이 '편지의 이중창'으로 불리는 백작부인과 수잔나의 이중창 'Sull'aria'(산들바람에)이다.

케루비노는 여장을 하고 바르바리나와 함께 마을 처녀들의 무리에 섞여 들어와 백작부인에게 꽃을 바친다. 그러나 백작에게 들통이 나 쫓겨날 순간에 바르바리나가 백작의 부정을 폭로하며 케루비노와 결혼시켜달라고 압력을 넣는다. 혼례식이 시작되고 백작에게서 신부화관을 받을 때 수잔나는 밀회의 편지를 백작에게 전한다. 백작은 편지를 봉한 핀에 손가락을 찔리고, 그 모습을 본 피가로는 의심을 품게 된다.

4막

어두운 정원. 백작의 명으로 바르바리나가 편지를 봉했던 핀을 찾고 있다가 피가로에게 그 핀이 무엇인가를 알려준다. 수잔나가 자신을 배신했다고 믿고 분개한 피가로는 어머니 마르첼리나에게 하소연을 한다. 마르첼리나는 수잔나의 결백을 믿지만, 피가로는 바실리오와 바르톨로에게 응원을 청해 수잔나와 백작의 밀회현장을 덮치기로 한다. 수잔나는 그 사실을 알고 일부러 피가로 앞에 나타나 백작을 기다리는 척하며 유혹의 아리아 'Deh vieni, non tardar'(어서 와요, 내 연인이여)를 부른다.

수잔나와 백작부인은 옷을 바꿔 입고 정원으로 나온다. 케루비노가 백작부인을 수잔나로 알고 장난을 거는 사이 백작이 나타나, 역시 자기 아내를 수잔나로 알고 사랑을 고백하며 반지까지 선물로 끼워준다. 숨어서 지켜보던 피가로는 화가 나서 복수를 하려고 백작부인 차림을 한 수잔나를 유혹한다. 피가로는 목소리를 듣고 그녀가 수잔나임을 금방 알았지만, 수잔나를 약올리려고 연극을 계속한다. 남편 피가로가 백작부인을 유혹한다고 생각한 수잔나는 질투심에서 자기 역할을 잊어버리고 달려나가 피가로에게 따귀를 날린다. 그러나 피가로가 사실을 밝히자 둘은 곧 화해한다.

백작은 자기 아내가 피가로와 놀아난다고 믿고, 성안 사람들을 다 불러모은다('Gente, gente, all'armi, all'armi'여러분, 어서 무기를!). 그러나 아내인 줄 알았던 여자는 수잔나였고, 백작부인 역시 변장을 풀고 모습을 드러낸다. 당황한 백작은 부인 앞에 무릎을 꿇고 사죄한다. 이렇게 해서 모두의 화해 및 용서와 더불어, 피가로의 결혼식과 관련된 하루 동안의 해프닝은 막을 내린다.

감상 포인트

1) 보마르셰 3부작 연극(『세비야의 이발사』, 『피가로의 결혼』, 『죄지은 어머니』) 중 2부 『정신나간 하루 또는 피가로의 결혼』(La folle journée ou le mariage de Figaro)의 초연

보마르셰는 이 작품을 1776년에 처음 구상했으나, 미국 독립전쟁 막후 지원, 볼테르 전집 간행 등의 중요한 일로 미루고 있다가 1781년에 집필을 완료했다. 이 대본을 받은 코메디 프랑세즈 단원들은 환호했으나 <피가로의 결혼>은 검열에서 공연 불가 판정을 받았다. 검열관이 승인했는데도 국왕 루이 16세가 직접 나서서 반대한 것이다. 이 작품에 귀족계급을 조롱하려는 의도가 다분했기 때문이다. 그래서 보마르셰는 작품 배경을 프랑스에서 스페인 시골로 바꾸는 등 타협을 시도했지만 3번 연속 불가 판정을 받았다. 이런 과정에서 이 연극에 대한 시민들의 관심은 점점 커졌다. 이 작품의 파급효과가 미약할 것이라는 주변의 평을 믿은 국왕이 마침내 공연을 허락한 것이 1784년이었다. 그러나 4월 27일 파리 초연 때 피가로는 무대에서 "백작, 그만한 명예를 얻는 데 대체 당신이 한 일이 뭔가? 이 세상에 태어난 것 말고는 한 일이 없지 않은가!"라고 외쳤고, 객석에서는 이를 비난하는 귀족들과 환호하는 평민들 사이에 고성이 오갔다. 극장은 아수라장이 되었다.

2) 보마르셰의 원작과 모차르트 & 다 폰테 오페라 대본의 차이

5막을 4막으로 축소했고, 등장인물을 16명에서 11명으로 줄였다. 정치적으로 검열에 걸릴 만한 부분들을 다 폰테는 자진 삭제했다. 보마르셰의 연극에서 피가로는 법조계의 횡포와 부조리, 간행물에 대한 정부의 검열, 귀족계급의 폭력성과 오만을 비판하고 있으나 오페라에는 그런 부분이 존재하지 않는다. 그래서 사회적 풍자는 약화되었으나, 등장인물들의 성격이 더욱 뚜렷해졌고 희극적인 재미가 확대된 대본이 되었다.

3) 모차르트의 혁신적인 음악

새로운 시대를 향해 빠르게 변화해가는 사회의 분위기를 박진감 있게 전달하는 서곡부터 새롭다. 현악기의 경쾌한 트레몰로로 설레는 마음과 수런거림을 표현한 뒤 현악기, 관악기, 타악기가 참여하는 폭죽 같은 팡파르가 울려퍼진다. 목관악기들은 뒤에서 화음을 연주하는 대신 현악기와 경쟁하며 대화를 나눈다. 모차르트는 솔로 아리아와 중창의 비중을 비슷하게 배정하고 아리아와 레치타티보를 유기적인 연결했다. 마르첼리나-수잔나의 충돌, 거짓으로 백작을 유혹하는 척하는 수잔나, 수잔나와 백작부인의'편지의 이중창', 백작과 피가로의 대결 등의 중창이 특히 탁월하다.

4) 명작의 첫날밤

1786년 5월 1일에 빈에서 이루어진 오페라 <피가로의 결혼>에 대해 왕실과 일반 관객의 반응은 양쪽 다 미온적이었고, 열광은 없었다. 그 후의 공연에서도 반응은 마찬가지였다. 모차르트의 음악이 당시 살리에리, 치마로사, 파이지엘로 등 동시대 오페라 작곡가의 작품에 비해 화성이 복잡하고 변화무쌍하며 음표가 밀도 있게 배열되어 청중에게 어렵게 느껴진 것이 이유일 것이다.

그러나 같은 해 12월에는 <후궁 탈출>을 성공으로 이끌었던 무대감독 파스콸레 본디니의 도움으로 프라하에서 <피가로의 결혼>을 공연하게 되었고, 이 작품은 프라하에서 열광적인 호응을 얻었다. 당시 빈보다는 프라하가 음악적 전통에 있어 앞서있었기 때문이다. 프라하의 부유한 귀족들은 음악적 재능을 타고난 젊은이들을 발굴해 전문기관에서 교육하고 일자리를 얻을 때까지 경제적으로 지원했다. 귀족 가문에 고용되거나 군대에 지원하려면 음악적 소양이 필수적이기도 했다. 모차르트는 프라하의 명사가 되어 무도회에 초대되었는데, 무도회에서도 그는 <피가로의 결혼>의 음악에 맞춰 춤추는 사람들을 보며 기쁨에 넘친 편지를 친구에게 썼다. "파티의 화제는 오로지 <피가로의 결혼>뿐이었지."라고 모차르트는 행복감에 넘쳐 보고했다..

추천 영상물(피가로-백작부인-수잔나-백작 순)

1) (DVD) 라우리 바사르, 도로테아 뢰쉬만, 안나 프로하스카, 일데브란도 다르칸젤로 등, 베를린 슈타츠카펠레 및 베를린 국립오페라합창단, 구스타보 두다멜 지휘, 위르겐 플림 연출, 2016년 (한글자막)

2) (DVD) 비토 프리안테, 샐리 매튜스, 리디아 토이쉬, 아우둔 이베르센 등, 글라인드본 페스티벌 오케스트라 및 합창단, 로빈 티차티 지휘, 마이클 그랜디지 연출, 2012년(한글자막)

4.2. 모차르트 <돈 조반니>(Don Giovanni, 1787): 예술가의 독선과 오만을 투사하다

작품 개요

작곡: 볼프강 아마데우스 모차르트(Wolfgang Amadeus Mozart, 1756-1791)

대본: 로렌초 다 폰테(Lorenzo da Ponte)

원작: 티르소 데 몰리나의 『세비야의 난봉꾼과 석상 손님』(1630년경)

초연: 1787년 10월 29일, 체코 프라하 오페라극장

배경: 중세 스페인

주요 등장인물

돈 조반니(Don Giovanni. 바리톤): 젊은 바람둥이 귀족

레포렐로(Leporello. 바리톤 또는 베이스): 돈 조반니의 하인

돈나 안나(Donna Anna. 소프라노): 기사장의 딸, 귀족 처녀

돈 오타비오(Don Ottavio. 테너): 돈나 안나의 약혼자

돈나 엘비라(Donna Elvira. 소프라노): 돈 조반니의 옛 애인

체를리나(Zerlina. 소프라노): 시골 처녀

마제토(Masetto. 바리톤 또는 베이스): 젊은 농부. 체를리나의 신랑

기사장(베이스): 돈나 안나의 아버지

주요 아리아와 중창

1) 레포렐로의 아리아 '아가씨, 주인님이 사랑한 여인들의 명단입니다 - 일명 '카탈로그의 노래'(Madamina, il catalogo e questo)

2) 돈 조반니와 체를리나의 이중창 '거기서 그대 손을 잡고'(La ci darem la mano)

3) 돈 오타비오의 아리아 '그녀 맘의 평화가 나의 평화'(Dalla sua pace)

4) 돈 조반니의 아리아 '창가로 와요'(Deh vieni alla finestra)

5) 체를리나의 아리아 '그 아픔 고칠 약은'(Vedrai, carino)

6) 돈나 엘비라의 아리아 '저 악당은 나를 배신했지만'(Mi tradi quell'alma ingrata)

7) 돈나 안나의 아리아 '내게 잔인하다고 하지 마세요.'(Non mi dir, bell'idol mio)

8) 돈 조반니와 기사장의 대결 장면 '돈 조반니, 내가 왔다'(Don Giovanni, a cenar teco)

줄거리

1막

스페인의 바람둥이 귀족 돈 후안(이탈리아어로 돈 조반니)은 자유롭고 방탕한 생활을 하던 중 돈나 안나의 집에 약혼자로 가장하고 침입해 안나를 겁탈하려 한다. 그런데 그녀의 아버지 기사장(騎士長)이 나타나자 싸우다가 그를 찔러 죽인다. 돈나 안나는 아버지의 죽음에 절망하고, 약혼자 돈 오타비오가 안나를 위로한다. 돈나 안나의 집에서 도망치자마자 돈 조반니는 곧 예전에 버린 연인 돈나 엘비라와 마주친다. 하인 레포렐로는 주인의 명령대로 '카탈로그의 노래'(우리 주인님이 이제까지 사랑한 여인들의 명단…)를 부르며 엘비라를 따돌린다.

마을 혼인잔치의 신부(新婦)인 시골 처녀 체를리나를 보고 한눈에 반한 돈 조반니는 하인 레포렐로를 시켜 신랑 마제토를 따돌리고 체를리나를 유혹한다(듀엣-'거기서 그대 손을 잡고'). 그러나 엘비라가 나타나 둘을 방해하고 체를리나를 데려가 버린다. 돈나 안나는 약혼자 돈 오타비오, 돈 조반니와 함께 이야기를 나누던 중에 돈 조반니가 그날 밤 자기 아버지인 기사장을 살해한 범인임을 깨닫는다. 안나는 오타비오에게 돈 조반니에 대한 복수를 맹세하게 한다.

한편 체를리나는 화가 난 신랑 마제토의 마음을 풀기 위해 갖은 아양을 떨며 '날 때려줘요, 마제토'라고 노래한다. 결국 둘은 화해하지만, 다시 돈 조반니가 나타나 체를리나를 유혹하기 시작한다. 숨어있던 마제토가 나타나자 당황한 돈 조반니는 그 자리를 떠난다.

돈 오타비오와 돈나 엘비라는 안나와 함께 돈 조반니에 대한 복수를 계획한다. 이들은 돈 조반니의 궁전에서 열리는 가장무도회에 나타나, 다시 체를리나를 겁탈하려는 돈 조반니의 죄상을 밝히고 그를 처벌하려 한다. 그러나 돈 조반니는 이 궁지를 빠져나간다.

　Ⅰ. 오페라의 탄생과 번성(1600-1800)

2막

주인의 행각을 도저히 참지 못하게 된 레포렐로는 돈 조반니를 떠나겠다고 하지만, 돈 조반니는 보너스를 주면서 레포렐로의 화를 가라앉힌다. 돈나 엘비라의 하녀를 유혹하려고 돈 조반니는 하인 레포렐로와 옷을 바꿔 입고 엘비라를 불러낸다. 엘비라는 돈 조반니와 레포렐로의 연극에 속아 밖으로 나오는데, 이때 레포렐로를 시켜 엘비라를 따돌린 돈 조반니는 하녀를 향해 세레나데를 부른다('창가로 와요'). 한편 마제토와 그의 친구들은 돈 조반니에게 복수하려고 그를 찾아다닌다. 하인 레포렐로의 차림을 한 돈 조반니는 마제토를 교묘하게 유인해 흠씬 두들겨 패고 달아난다. 마제토의 비명을 들은 체를리나가 달려와 마제토를 돌봐준다.

레포렐로는 엘비라를 혼자 버려두고 몰래 도망치려다가 한편에서는 안나, 오타비오, 다른 한편에서는 체를리나와 마제토가 나타나는 바람에 붙잡히고 만다. 돈 조반니로 변장하고 있던 레포렐로는 다급해지자 이들 앞에서 변장을 풀어 모두를 놀라게 하고, 용서를 구하다가 틈을 보아 도망친다. 돈 오타비오는 돈 조반니에게 복수하러 떠나며 아리아 '내 연인을 위로해 주세요'라고 노래한다. 묘지에서 다시 만난 돈 조반니와 레포렐로는 묘지에 서 있는 기사장 석상의 말소리를 듣고 놀란다("네가 웃을 시간도 얼마 안 남았다"). 레포렐로는 겁을 먹지만 돈 조반니는 방자한 태도로 레포렐로에게 강요해 석상을 저녁식사에 초대한다.

돈 오타비오는 돈나 안나에게 빨리 결혼하자고 하지만 안나는 아직 아버지를 잃은 슬픔에 잠겨있다며 거절한다. 오타비오가 냉정하다고 탄식하자 안나는 자신의 진심을 알아달라며 이해를 구한다('내게 잔인하다고 하지 마세요'). 엘비라는 돈 조반니가 저녁식사를 하고 있는 방으로 찾아와, 제발 회개하고 새 삶을 시작하라고 애원한다. 그러나 돈 조반니는 그런 엘비라를 조롱한다. 엘비라가 달려나간 뒤 금방 석상(기사장의 유령)이 돈 조반니를 찾아온다. 회개하라는 석상의 요구를 돈 조반니는 끝까지 거부하다가 지옥으로 떨어진다. 나머지 등장인물들은 돈 조반니의 죽음을 알고 다들 기뻐하며 저마다 새로운 삶을 시작하러 간다.

감상 포인트

1) 장르 '드라마 조코소(dramma giocoso)'

막이 열리자마자 살인사건이 일어나고 극의 결말 부분에서 주인공이 죽기 때문에, 일반적 희극인

'오페라 부파'로 분류할 수 없는 작품이다. 비극과 희극을 동시에 품고 있다는 이유로 드라마 조코소라는 새로운 장르로 분류되었으나, 내용면에서는 희극적 성격이 훨씬 강하다.

2) 음악적 특성

모차르트는 이 오페라의 등장인물에게 어떤 도덕적 판단을 내리지 않는다. 어떤 인물도 음악으로 비난하지 않으며, 등장인물의 무의식을 음악적으로 표현한다. 돈 조반니는 내용 면에서뿐만 아니라 음악적인 면에서도 당대를 뛰어넘는 개성적인 주인공이다. 원작의 연령으로 볼 때 돈 조반니는 중년의 호색한이 아닌 아직은 젊은 바람둥이지만 모차르트는 그를 테너가 아닌 바리톤 배역으로 설정했고, 주역인데도 그에게 일반적인 길이와 형식의 아리아를 작곡해주지 않았다.

모차르트는 음악을 통해 이 주인공을 느긋한 유혹자가 아닌 신경질적이고 조급증 가득한 '환자'로 표현했다. 돈 조반니가 부르는 '포도주의 노래'나 '세레나데'는 쫓기는 듯하거나 너무 빨리 끝나버리며, 극이 끝날 때까지 그는 독자적인 스타일을 부여받지 못한다. 대신, 돈 조반니는 자신이 상대하는 나머지 인물들의 음악적 스타일에 매번 자신을 맞추어 변신하는 카멜레온으로 표현된다.

1788년 빈 〈돈 조반니〉 초연 포스터

3) '남유럽의 쾌락주의적 인간형' 돈 후안(조반니)와 '모방자' 레포렐로

파우스트가 대표하는 북유럽(독일)의 사색적 인간형과 대조를 이루는 '남유럽(이탈리아)의 쾌락주의적 인간형'인 돈 조반니는 사랑하는 순간은 진실, 다음날이면 모든 것을 잊는다. 여자를 곁에 두지 못하면 시종 불안하다. 그는 기쁨과 슬픔 같은 감정이나 양심의 가책이 없는 주인공이며 후회, 회한, 과거가 없는 주인공이다. 레포렐로는 주인을 비난하면서도 그를 동경하고 모방하는 하인이다.

4) 연출의 다양성

규범과 질서를 거부하고 '쾌락의 원칙'에 따라 살아가는 주인공, 그리고 수단방법을 가리지 않고 그를 길들이려는 시민사회 구성원들의 대립이 주제가 된다. 즉 자유를 원하는 개인과 사회규범의 충돌, 예술가와 시민의 문제다. 주인공은 원래 불타는 지옥에 떨어지게 되어 있지만, 현대에 와서는 그 대신 정신병원에 강제입원 되거나 거세당하거나 칼에 찔려 죽는 등 다양한 방식의 최후를 맞이한다.

5) 원작자 티르소 데 몰리나

1581년(?)에 마드리드에서 태어나 스무 살에 가톨릭 성직자의 길로 들어서면서 희곡 작가로 활동하기 시작했다. 본명은 가브리엘 테예스(Gabriel Téllez). 티르소 데 몰리나(Tirso de Molina)는 필명이다. 16~17세기 '황금시대'의 스페인 연극을 대표하는 작가 중 한 사람인 그는 4백여 편의 희곡을 썼고 그 중 86편이 남아있다. 『돈키호테』를 쓴 세르반테스와 비슷한 시기에 활동한 데 몰리나는 당대 최고의 작가로 칭송 받은 가르시아 칼데론의 3배가량 다작(多作)을 한 작가였다. 돈 후안을 소재로 한 최초의 연극 『세비야의 난봉꾼과 석상의 초대』(El burlador de Secilla y convidado de piedra, 1630), 역사극 『여자의 분별』(La prudencia en la mujer), 연애희극 <녹색 바지를 입은 돈 힐>(Don Gil de las calzas verdes) 등이 대표작이다.

추천 영상물(돈 조반니-레포렐로-돈나 안나-돈나 엘비라 순)

1) (DVD) 어윈 슈로트/로베르토 탈리아비니/말린 비스트룀/미르토 파파타나시우 등, 하르트무트 헨헨 지휘, 런던 코벤트가든 로열오페라 오케스트라 및 합창단, 카스퍼 홀텐 연출, 2019년(한

글자막)

2) (DVD) 영화 <모차르트의 돈 조반니 Mozart's Don Giovanni> 크리스토퍼 몰트먼 주연, 카스
   퍼 홀텐 감독, 2009년(영어자막)

4.3. 모차르트 <마술피리>(Die Zauberflöte, 1791):
사람과 세상을 바꾸는 음악의 힘

작품 개요

작곡: 볼프강 아마데우스 모차르트(Wolfgang Amadeus Mozart, 1756-1791)

대본: 에마누엘 쉬카네더(Emmanuel Schikaneder)

원작: 핀란드 동화집에 수록된 이슬람 전설

초연: 1791년 9월 30일, 빈(Wien) '프라이하우스테아터(Freihaustheater)'

배경: 고대 이집트

주요 등장인물

타미노(Tamino. 테너): 젊은 왕자

파미나(Pamina, 소프라노): 밤의 여왕의 딸

밤의 여왕(Die Königin der Nacht. 소프라노): 주술과 어둠의 세계의 지배자

자라스트로(Sarastro. 베이스): 이성과 합리를 추구하는 세계의 지도자

파파게노(Papageno. 바리톤): 새잡이

파파게나(Papagena. 소프라노): 파파게노의 짝

모노스타토스(Monostatos. 테너): 자라스트로의 경비대장

밤의 여왕의 세 시녀, 수도사들, 세 소년 등

주요 아리아 및 중창

1) 1막, 타미노의 아리아 '이 모습은 너무나 아름다워'(Dies Bildnis ist bezaubernd schön)

2) 1막, 파미나와 파파게노의 이중창 '사랑을 느낄 줄 아는 남자들은'(Bei Männern, welche Liebe fühlen)

3) 2막, 밤의 여왕의 아리아 '지옥 같은 복수심이 내 마음에 끓어오른다'(Der Hölle Rache kocht in meinem Herzen)

4) 2막, 자라스트로의 아리아 '이 성스러운 전당에서는'(In diesen heil'gen Hallen)

5) 2막, 파미나의 아리아 '아, 사라져버렸네'(Ah, ich fühl's, es ist verschwunden)

6) 2막, 파미나와 타미노의 이중창 '내 사랑 타미노!'(Tamino, mein!)

7) 2막, 파파게노와 파파게나의 2중창 '파-파-파'(Pa-pa-pa)

줄거리

1막

타미노 왕자는 거대한 뱀에 쫓기다가 기절해 쓰러진다. 그 자리에 밤의 여왕의 세 시녀가 나타나 뱀을 처치하고 사라지는데, 의식을 되찾은 타미노는 괴상한 깃털 옷을 입은 사내가 자기 앞에 서 있는 것을 본다. 파파게노라는 이름을 가진 이 사내는 '나는야 새잡이'라는 아리아로 자신을 소개하며, 자신이 뱀을 죽이고 타미노를 구했다고 자랑한다. 그때 세 시녀가 다시 나타나 '거짓말한 벌'이라며 파파게노의 입을 자물쇠로 채워버린다.

타미노는 시녀들이 보여 주는 밤의 여왕의 딸 파미나의 초상을 보고 사랑에 빠져 '이 모습은 너무도 아름다워'라고 노래하며, 자라스트로의 전당에 갇혀 있다는 파미나를 구하러 가기로 결심한다. 그때 밤의 여왕이 나타나 '두려워 말라, 내 사랑하는 아들아'라는 아리아로 타미노에게 용기를 북돋워준다. 시녀들은 파파게노의 입에 채웠던 자물쇠를 풀어주며 타미노와 함께 가서 파미나를 구해오라고 한다. 그리고 타미노에게는 마술피리를, 파파게노에게는 마술 종을 '위급할 때 쓰라'며 준다.

자라스트로의 전당에 갇혀 있는 파미나가 경비대장 모노스타토스의 끈질긴 구애로 괴롭힘을 당하고 있다. 길을 잘못 들어 타미노와 헤어지게 된 파파게노가 갑자기 이 방에 뛰어들자 모노스타토스는 괴상한 모습에 놀라서 도망가고, 파파게노는 파미나에게 '타미노가 곧 구하러 올 것'이라고 알려준다. 두 사람은 기쁜 마음으로 '사랑을 느낄 줄 아는 남자들은'이라는 이중창을 노래한다. 천사 같은 세 명의 소년이 나타나 타미노를 격려하며 자라스트로의 전당 앞으로 안내한다. 첫째 문과 둘째 문에서는 '물러서라'는 소리가 들려올 뿐이지만 세 번째 문에서는 자라스트로의 수도사장이 나타나 '사악한 쪽은 자라스트로가 아니라 밤의 여왕'이라는 이야기를 들려준다. 파미나와 파파게노는 타미노의 마술피리 소리를 향해 달려가지만 곧 모노스타노스와 경비대원들에게 붙잡힌다. 자라스트로는 '사랑과 진실을 위해 파미나가 어머니인 밤의 여왕을 영원히 떠나야 하며, 파미나 자신을 바른 길로 인도해 줄 남자를 따라야 한다'고 말한다. 그때 모노스타토스가 타미노를 붙잡아 끌고 온다. 이제 처음으로 만나게 된 타미노와 파미나는 서로에게 첫눈에 반한다. 자라스트로는 파미나와 타미노 및 파파게노에게 정해진 시련을 거쳐야 한다고 말한다. 두 사람의 수도사가 타미노와 파파게노를 '시련의 전당'으로 데리고 간다.

2막

수도사들의 엄숙한 행진으로 2막이 시작된다. 자라스트로는 타미노가 파미나와 결혼하기 전에 시련을 극복해, 전당에 들어갈 자격이 있음을 스스로 증명해야 한다고 선언한다. 자라스트로는 타미노가 이 시련의 단계들을 잘 통과하기를 기원하며 '오, 이시스와 오시리스 신이여'라는 아리아로 신들에게 기도한다. 침묵을 지켜야 하는 타미노와 파파게노를 밤의 여왕의 시녀들이 숨어 들어와 설득하려 하지만 타미노는 침묵을 깨지 않는다. 파미나 앞에 나타난 밤의 여왕은 자신의 원수 자라스트로를 죽이라며 딸에게 칼을 쥐어 준다. 이때 여왕은 '지옥 같은 복수심이 내 마음에 끓어오른다'를 노래한다. 자라스트로는 밤의 여왕에게 복수하지 않겠다는 뜻으로 '이 성스러운 전당에서는'을 불러 파미나를 위로한다.

파파게노 앞에 한 노파가 나타나 자신이 파파게노의 연인이라고 말하고 사라진다. 파파게노와 타미노는 세 소년으로부터 마술피리와 마술 종을 다시 돌려받는다. 피리소리를 듣고 파미나가 다가와 재회를 기뻐하지만, 타미노가 계속 침묵을 지키자 파미나는 그의 마음이 변했다고 생각해 절망에 빠진다. 파파게노는 어떤 여자든지 제발 자신을 사랑해 주면 좋겠다고 생각하며 '연인이든 아내든'이라는 아리아를 부른다. 그때 노파가 다시 나타나 파파게노에게 노파를 영원히 사랑하겠다는 맹세를 하게 만든다. 파파게노가 신의를 약속하자 갑자기 노파는 젊고 귀여운 파파게나로 변하지만, 그때 수도사가 나타나 둘을 떼어놓는다.

파미나는 타미노에게 버림받았다고 믿고 절망해서 자살하려 하지만 세 소년이 나타나 자살을 말린다. 그들은 타미노가 여전히 그녀를 사랑하고 있음을 알려 주고, 파미나를 타미노에게 데려간다. 다시 만난 파미나와 타미노는 기쁨의 노래를 부른다. 이 두 사람은 마지막 과제인 '불과 물의 시험'을 마술피리의 도움을 받아 함께 통과한다. 짝을 잃은 파파게노 역시 자살을 하려다가 세 소년이 말리는 바람에 그만두고 그들이 시키는 대로 마술 종을 울린다. 그러자 그의 연인 파파게나가 다시 나타나 두 사람은 함께 '파파게노-파파게나'라는 이중창을 노래한다.

밤의 여왕은 모노스타토스에게 파미나를 주겠다고 약속하고, 한패가 된 그들은 세 시녀와 함께 자라스트로의 사원 안으로 잠입한다. 그러나 천둥번개와 함께 그들은 모두 파멸하고, '태양의 빛이 밤을 물리쳤다'는 합창과 함께 자라스트로와 수도사들은 아름다움과 지혜를 찬미하며 파미나와 타미노를 자신들의 일원으로 받아들인다.

감상 포인트

1) 대본가 엠마누엘 쉬카네더의 선택

핀란드 동화집에 나오는 이슬람 전설 <마술피리>를 독일어로 번안해서 대본의 토대로 이용했다. 사건의 시공간은 고대 이집트의 멤피스로, 다양한 문화가 혼합된 관용적인 분위기를 살렸다. 대본작가이자 극장장이기도 했던 쉬카네더는 35명의 오케스트라와 30명 가량의 합창단을 이 공연에 투입했다. 특히 초연 당시는 풀리지 않는 고대의 수수께끼나 주술과 마법이 크게 유행하던 시대여서, 뛰어난 흥행감각을 지닌 쉬카네더는 환상적인 요소로 가득 찬 이 소재를 선택했다.

2) 음악적 특성

이탈리아 오페라의 아름다운 선율과 독일 교회음악의 장중한 화성미, 민속적 가곡 형식 등 다양한 요소가 절묘하게 조화를 이루는 <마술피리>는 모차르트의 이탈리아어 걸작 오페라인 <피가로의 결혼>, <돈 조반니>, <코지 판 투테>와는 음악적으로 전혀 다른 분위기의 징슈필(Singspiel)이다. 연극처럼 중간에 대사가 들어있는 독일어 노래극으로, 당대 오페라의 기본 언어인 이탈리아어를 이해하지 못하는 평민 관객을 위한 형식이었다. 주인공 파미나와 타미노는 정통 비극오페라의 주인공들처럼 엄숙하고 기품 있게 노래하지만, 파파게노와 파파게나는 독일 징슈필의 창법과 이탈리아 부파의 창법을 혼합하게 했다. 한편 밤의 여왕은 모차르트보다 앞선 시대인 바로크 시대 오페라 세리아 형식으로 노래하며 탁월한 콜로라투라 기교를 선보이는데, 이는 밤의 여왕이 지배하는 어둠과 마법과 주술의 세계가 곧 사라져야 할 구세계임을 보여주는 음악적 장치다.

3) 프리메이슨과 <마술피리>

모차르트와 쉬카네더는 바흐와 하이든이 그러했듯 '프리메이슨'에 소속되어 있었다. 프리메이슨이란 원래 중세 석공들의 노동조합(Freimaurer/Freemason)에서 비롯된 근세 유럽의 비밀결사로, 당시 이 프리메이슨의 사상은 황제 요제프 2세의 개혁정치 이상과 맞물려 빈에서 정치적으로 중요한 역할 담당했다. 모차르트와 쉬카네더는 프리메이슨의 지도자였던 자연과학자 이그나츠 보른을 자라스트로의 모델로 삼았다. '빛'과 '어둠'으로 대비되는 두 세계의 이분법적 대결을 상징적으로 보여주는 이 작품에서 초기에 긍정적으로 보이는 밤의 여왕의 세계는 자라스트로의 세계가 나타나면서 부정적 이미지로 바뀐다. 자라스트로가 지배하는 세계는 '지혜와 이성과 본성'이 삼위일체를 이루어 행복하고 질서 있는 삶의 길을 가도록 가르쳐 주는 세계로 프리메이슨의 이상을 반영했다.

4) 공연사

작곡가 모차르트는 초연 후 두 달 만에 세상을 떠났지만 쉬카네더가 프라이하우스테아터를 책임지고 있었던 10년 동안 <마술피리>는 모두 223회 공연되었다. 유럽의 여러 다른 도시 극장들도 <마술피리>에 관심을 가져, 1800년 무렵에는 총 65개 지역에서 이 작품이 공연되었다. 1801년에는 모스크바와 파리, 1811년 런던, 1812년 스톡홀름에서 초연되었고, 1816년 밀라노와 코펜하겐, 1829년 브뤼셀, 그리고 1833년에는 뉴욕 초연을 기록했다. 그리고 현재까지 <마술피리>는 전 세계 오페라하우스에서 주요 레퍼토리의 하나로 끊임없이 공연되고 있다.

추천 음반 및 영상물(파미나-타미노-파파게노-밤의 여왕-자라스트로 순)

1) (DVD) 베르나르다 보브로/노먼 라인하르트/다니엘 슈뮤츠하르트/아나 드룰로프스키/알프레트 라이터 등, 패트릭 서머스 지휘, 빈 심포니 오케스트라, 데이비드 파운트니 연출, 2013년 브레겐츠 페스티벌 실황(한글자막)

2) (Blu-ray) 시오반 스태그/마우로 페터/로데릭 윌리엄스/사빈 드비엘레/미카 카레스 등, 줄리아 존스 지휘, 로열오페라 오케스트라 및 합창단, 데이비드 맥비커 연출, 2017년 런던 코벤트가든 로열오페라 실황(한글자막)

II. 오페라의 전성시대

(1800 - 1900)

1. 관현악적 오페라와 벨칸토 시대

'낭만적'(romantic)이라는 단어는 중세에 기사 신분의 음유시인들이 십자군 전쟁 후 궁정을 떠돌며 들려준 이야기들을 뜻하는 '로망스'(romances)에서 비롯되었다. '낭만적'이라는 말은 18세기까지도 모호하고 느슨한 의미로 사용되었으나, 괴테(Johann Wolfgang von Goethe, 1749-1832)와 실러(Johann Christoph Friedrich von Schiller, 1759-1805)에 이르러 이 단어는 '고전주의'에 대항하는 새로운 개념으로 자리잡기 시작했다. 고전주의 시대 문학작품의 주인공은 도덕적인 행위를 통해 자신을 증명했으며, 개개인의 사사로운 감정에 가치를 두지 않았다. 그러나 19세기 낭만주의자들은 감정이 이성에 앞선다고 주장하며 절제와 조화의 가치 대신 표현의 자유를 요구했으며, 상상력과 천재성을 예술가의 기본적 자질로 바라보았다. 이 시대에 예술의 후원자는 귀족계급에서 부르주아 계급으로 옮겨갔다. 이런 현실적인 변화가 바로 예술가들의 생각을 바꿨다. 시인, 작곡가, 화가들은 귀족의 하인이라는 지위에서 벗어나 독자적인 프리랜서의 삶을 살기 시작했다.

19세기 초에는 고전주의와 낭만주의의 경계가 뚜렷하지 않았다. 베토벤이나 고야(Francisco José de Goya y Lucientes, 1746-1828) 같은 예술가는 고전주의와 낭만주의 양쪽에 속해있었다. 프랑스혁명과 공포정치, 그리고 나폴레옹 전쟁과 나폴레옹의 몰락, 1815년 빈 회의 이후 유럽의 반동정치는 낭만주의 예술이 출발하는 데 중요한 정치적 토양이 되었다. 베토벤은 프랑스혁명 정신에 매료되어 교향곡 3번 '영웅'을 나폴레옹에게 헌정하려 했다가 나폴레옹이 민중의 배신하고 스스로 황제의 관을 쓰자 헌정의 뜻을 철회했다. 고야는 원래 스페인의 궁정화가였지만 고용주 카를로스 4세가 나폴레옹에게 쫓겨나면서 일자리를 잃었다가 나폴레옹 패망 후 페르디난드 7세에 의해 궁정에 다시 고용되었다. 그런 시대의 풍파를 겪으며 고야는 프랑스군의 스페인 점령 당시의 참혹한 학살을 생생하게 그려냈다. 이처럼 예술가가 자신의 예술작품을 통해 격동의 시대를 증언하는 것은 낭만주의 예술의 중요한 특징이다.

고전주의자들이 고대그리스·로마 시대를 모범으로 삼은 것과는 달리 낭만주의자들은 중세에 관심을 가졌다. 건축에서는 중세의 고딕 양식이 부활했고 회화에서는 라파엘 전파의 화가들이 중세 예술을 모방했다. 문학에서는 12세기 잉글랜드를 배경으로 한 월터 스코트의『아이반호』(Ivanhoe, 1819)가 인기를 끌었다. 이탈리아 오페라 작곡가 도니체티 역시 스코트의『람메르무어의 신부』를 토대로 낭만주의를 대표하는 비극오페라를 탄생시켰다.

낭만주의 예술의 또 하나의 중요한 특징은 자연에 대한 사랑이다. 산업혁명이 전 유럽에 퍼져나가면서 인간 이하의 삶을 사는 열악한 노동자들의 환경과 도시화에 따른 자연 파괴를 본 예술가들은 시골의 목가적인 풍경에서 인간성에 대한 향수를 느끼고 이를 표현했다. 고전주의 예술가들이 자연을 조화롭게 가공했다면, 낭만주의자들은 자연을 날것 그대로 작품에 옮겨놓았다. '시대의 거울'로 불리는 오페라 장르는 특히 이런 사회적 변화들을 효과적으로 담아냈다.

시대정신을 구현한 낭만주의적 천재 베토벤

루트비히 판 베토벤(Ludwig van Beethoven, 1770-1827)은 독일 본(Bonn)에서 태어났다. 연주자였던 아버지는 아들을 모차르트 같은 신동으로 키우려던 계획이 실패하자 좌절에 빠졌지만, 베토벤은 곧 궁정극장에서 하프시코드 연주자로 일자리를 얻었다. 이곳에서 그는 궁정 오르간주자로부터 작곡을 배웠고, 1795년에는 피아노 협주곡 2번으로 빈(Wien) 음악계에 데뷔한 뒤 곧 빈에서 가장 뛰어난 피아니스트로 인정받았다. 그의 중요한 두 가지 음악형식인 교향곡과 현악4중주 중 첫 교향곡은 1800년에, 그리고 첫 현악4중주 작품은 1801년에 발표되었다.

본을 떠난 뒤 그는 궁정에 소속되지 않았고, 부유한 귀족친구와 후원자에게 작품을 헌정하고 그 대가를 받아 생계를 꾸려갔다. 귀족에게 예속된 궁정의 하인이었던 예술가의 지위를 벗어나 창작의 자유를 누리는 프리랜서 작곡가로 삶을 살아간 것이다. 1798년부터 이명으로 고생하다가 점점 귀가 멀기 시작하자 1802년에 베토벤은 자살을 생각하면서 하일리겐슈타트로 가서 동생들에게 유서를 썼다. 32세가 된 이 해는 베토벤의 작품 활동 시기를 가르는 분수령이 된다. 바로 이 시기에 작곡된 그의 바이올린 소나타 9번 '크로이처'는 작곡가 내면의 분노와 불안을 담고 있다.

하이든과 모차르트는 청중을 지루하게 만들지 않으려고, 작품의 큰 구조 속에서 화성적 긴장을 유지하는 방법을 터득했다. 베토벤은 여기서 한 걸음 더 나아가 가장 기본적인 음악적 요소를 토대로 장대하고 복합적인 구조물을 건축했다. "고통을 거쳐 기쁨으로!"(Durch Leiden Freude!) 베토벤은 스스로 편지에 썼던 이 말을 생의 모토로 삼았다. 하나의 목표를 향해 방향성을 가지고 전진하는 듯한 그의 음악은 음악형식상의 주제 및 모티프 발전 기법과 연결되며 교향곡 9번 '합창', 피아노 소나타 템페스트 등이 그 좋은 예가 된다.

베토벤에 대한 당대 인물들의 평가는 '낭만주의적 천재', '불굴의 천재', '영웅적 천재' 등으로, 그는 시대정신(Zeitgeist)을 구현한 작곡가, 고통을 극복한 작곡가, 새로운 음악의 시대를 연 작곡가라는 세 가지 관점의 종합으로 시대와 지역을 넘어 온 세계의 사랑을 받는 작곡가다. 탁월한 낭만주의 작가이자 작곡가였던 E.T.A. 호프만은 "베토벤의 음악은 공포, 경악, 고통을 도구로 낭만주의의 본질인 무한한 동경을 일깨운다 … 베토벤은 감정 깊은 곳에 음악적 낭만성을 지니고 있다"라고 말했다.

이탈리아 희극오페라의 이정표를 세운 로시니

이탈리아 페사로에서 태어난 작곡가 조아키노 로시니(Gioacchino Rossini, 1792~1868)는 트럼펫 주자와 여성 가수의 외아들이었다. 로시니가 열두 살 때 가족은 볼로냐로 이사했고, 소년기에 로시니는 성가대에서 노래해 가족의 생계를 도왔다. 변성기가 지나 보이소프라노의 목소리를 잃어버리자 그는 오페라극장 반주자로 일하기 시작했다. 이때 이미 그는 아리아를 두 번만 들으면 악보로 옮겨 적을 수 있었다. 그리고 1806년부터 볼로냐 아카데미에서 음악공부를 하며 모차르트와 하이든의 악보를 구해 많은 것을 배웠다.

1815년에 나폴리오페라극장의 음악감독으로 일자리를 얻었을 때 조건이 '일 년에 두 편 오페라 작곡'이었기 때문에 그 사명을 다하느라 속필로 다작을 시작했다. 1816년에 <세비야의 이발사>를 초연했을 때 시간에 쫓긴 로시니는 이미 다른 오페라에 두 번이나 사용했던 서곡을 여기서 세 번째로 갖다 썼다. 오늘날 이 작품은 세계 최고의 인기 희극오페라가 되었다.

희극의 본질은 '시정'(correction), 그러니까 '잘못된 것을 고치는' 데에 있다. '일반적인 상식의 기준으로 판단할 때 우스꽝스럽게 느껴지는 행위'를 고친다는 의미로, 이를테면 인간의 허영심, 현학적인 태도, 지나친 욕심 등을 적나라하게 드러내 보이고는 이를 공개적으로 비웃어 줌으로써 응

징하는 것이다. 특히 돈이나 색(色)에 대한 인간의 집착은 희극이 단골로 공격하고 비웃는 대상이
다. 비극의 효과는 관객이 극에 감정을 이입할 때 일어나지만 희극의 효과는 반대로 관객이 극에
객관적 거리를 취할 때 커진다. 비극이 감정을 정화시킨다면 희극은 우리의 이성(理性)을 일깨운
다. 극에 등장하는 욕심 많거나 파렴치한 인물을 비웃다가 결국은 나 자신을 돌아보고 비웃을 수
있게 해주는 것이 희극이기 때문이다. '웃음 이론'으로 유명한 철학자 베르그송 역시 "희극은 지성
에 호소한다"고 말했다.

모차르트를 능가하는 속필, 도니체티 그리고 벨리니

벨칸토 오페라 최고의 다작 작곡가로 꼽히는 가에타노 도니체티(Gaetano Donizetti, 1797~1848))
는 이탈리아 베르가모의 변두리에 있는 가난한 집에서 아버지 안드레아와 어머니 도메니카의 여
섯 자녀 중 다섯 번째로 태어났다. 콘스탄티노플로 이주해 그 곳 군악대장이 된 맏형을 제외하곤
도니체티 집안에 대대로 음악가란 한 명도 없었다.

음악교육을 받을 기회가 전혀 없었던 도니체티는 당시 베르가모 산타마리아 마조레 성당 음
악감독이자 오페라 작곡가로 이름을 날리던 조반니 시모네 마이어가 1806년에 지역사회 봉사 차
원에서 연 무상 음악학교에서 8년 간 체계적인 음악교육을 받을 수 있었다. 마이어는 교육에 있어
꼼꼼하고 철저한 스승이었고 특히 빈 고전주의에 정통해 있었다.

도니체티는 1830년에 밀라노 카르카노 극장에서 초연한 <안나 볼레나>(Anna Bolena)로 큰
명성을 얻는다. 영국 튜더 왕조의 헨리 8세와 앤 불린('천일의 앤') 이야기를 토대로 한 이 오페라
는 파리와 런던 등 유럽의 모든 음악 도시에서 국제적인 히트를 기록했다. 여기에 이어 도니체티
는 아리아 '남몰래 흘리는 눈물'로 잘 알려진 멜로드라마 오페라 <사랑의 묘약>(L'elisir d'amore)을
밀라노에서 1832년에 초연했다. 장조와 단조가 빠르게 바뀌며 활기찬 음악과 서정적인 멜로디가
번갈아 나타나는 역동적인 작품으로, 서정성과 박진감의 효과적인 교차는 도니체티 오페라 전체
의 특성이기도 하다.

빅토르 위고의 원작을 토대로 해 두 번째 걸작 사극 오페라로 성공한 <루크레치아 보르자>
(Lucrezia Borgia, 1833), 실러의 원작을 토대로 한 <마리아 스투아르다>(Maria Stuarda, 1835), 로
시니 초청으로 간 파리에서 프랑스의 '그랑오페라(grand'opera)' 양식을 배운 뒤 나폴리로 돌아온

도니체티는 그해에 자신의 이름을 오페라사에 길이 남긴 불후의 명작 <람메르무어의 루치아>를 산 카를로 극장에서 초연했다. 이 작품은 유럽 전역에서 대단한 성공을 거뒀고 '이탈리아 낭만주의 오페라의 초석'으로 불렸으며, '히트작 제조기'가 된 도니체티는 당대 최고의 오페라 작곡가로 군림했다.

또 다른 벨칸토 오페라 작곡가 벨리니(Vincenzo Bellini, 1801-1835)는 모차르트 오페라에 반해 열정적으로 그 세계에 몰입했다. 그는 1824년에 로시니의 <세미라미데>(Semiramide) 공연을 보고 결정적으로 오페라 작곡에 헌신하기로 결심한다. 1826년 나폴리 산 카를로 극장에서 초연한 오페라 <비앙카와 페르난도>(Bianca e Fernando)의 성공은 스물다섯 살 벨리니의 첫 공식 오페라 데뷔였다. 이듬해 오페라 <해적>(Il pirata, 1827)으로 밀라노 라 스칼라 극장에 진출한 벨리니는 이때 함께 작업한 대본작가 펠리체 로마니(Felice Romani, 1788-1865)와 <이방인>(La straniera, 1829), <차이라>(Zaira, 1829), <캐플렛과 몬태규>(I Capuletti e I Montecchi, 1830), <몽유병자 여인>(La sonnambula, 1831), <노르마>(Norma, 1831), <텐다의 베아트리체>(Beatrice di Tenda, 1833)까지 함께 작업했다. 1835년 1월, 벨리니는 도니체티의 <람메르무어의 루치아>와 쌍벽을 이룰 벨칸토 걸작 <청교도>(I puritiani, 1835)를 파리 이탈리아 극장(Théâtre-Italien) 무대에 올려 대성공을 기록한다. 여주인공이 '광란의 장면'을 세 번이나 연출하며 선율미의 극치를 보여주는 이 작품으로 벨리니는 "로시니를 계승하는 위대한 벨칸토 후계자"로 인정받았다. 그러나 그 직후 너무 이른 죽음이 찾아왔다.

1.1. 베토벤 <피델리오>(Fidelio, 1805): 관현악적 오페라의 선구적 작품

작품 개요

작곡: 루트비히 판 베토벤(Ludwig van Beethoven, 1770-1827)

대본: 요제프 존라이트너(Joseph Sonnleithner), 독일어

원작: 장 니콜라 부이, 『레오노르 또는 부부애』(Leonore, ou l'amour conjugal)

초연: 1805년 11월 20일, 테아터 안 데어 빈(Theater an der Wien)

배경: 18세기 말, 프랑스 혁명기

주요 등장인물

레오노레(Leonore. 소프라노): 피델리오의 원래 이름

플로레스탄(Florestan. 테너): 레오노레의 남편

로코(Rocco. 베이스): 간수장

마르첼리네(Marzelline. 소프라노): 로코의 딸

자키노(Jaquino. 테너): 젊은 간수

돈 피차로(Don Pizarro. 바리톤 또는 베이스): 교도소장

돈 페르난도(Don Fernando. 베이스): 법무대신

주요 아리아 및 중창

1) 로코의 아리아 '사람이 돈 없으면'(Hat man nicht auch Gold beineben)

2) 레오노레의 아리아 '추악한 인간, 어디로 걸음을 서두르는가?'(Abscheulicher, wo eilst du hin?)

3) 죄수들의 합창 '자유의 공기를 호흡하는 이 기쁨이여… 따뜻한 햇빛이여, 안녕히'(O welche Lust, in freier Luft den Atem leicht zu heben… Leb wohl, du warmes Sonnenlicht)

4) 플로레스탄의 아리아 '맙소사! 어찌 이리도 어두운가!… '인생의 봄날에'(Gott! Welch' Dunkel hier!… In des Lebens Frühlingstagen)

5) 플로레스탄, 로코, 레오노레의 3중창 '더 나은 세상에서 보상 받기를'(Euch werde Lohn in besseren Welt)

6) 피차로, 플로레스탄, 레오노레, 로코의 4중창 '그는 죽어야 해! 그러나 죽기 전에 알아야지'(Er sterbe! Doch er soll erst wissen)

7) 레오노레와 플로레스탄의 2중창 '형언할 수 없는 이 기쁨!'(O namenlose Freude!)

줄거리

1막

간수장의 딸 마르첼리네를 사랑하는 젊은 간수 자키노는 결혼을 서두르려 한다. 그러나 마르첼리네는 새로 들어온 보조 간수 피델리오에게 마음을 빼앗긴 상태다. 사실 피델리오는 교도소장 피차로가 비밀리에 가둬놓은 정적(政敵) 플로레스탄의 아내로, 남편을 구하려고 남장을 한 채 이곳에 들어온 인물이다. 그런데 간수장 로코 역시 성실하고 일 잘 하는 피델리오를 사위로 삼고 싶어한다. 로코의 신임을 얻은 피델리오는 지하감옥에 자기도 데리고 가달라고 로코에게 간청한다.

한편 법무대신이 이 교도소를 시찰한다는 전갈이 오자 당황한 교도소장 피차로는 플로레스탄을 당장 죽이라고 로코에게 명령한다. 이 대화를 듣고 있던 피델리오는 '추악한 인간, 어디로 걸음을 서두르는가?'를 노래하며 분노한다. 죄수들은 오랜만에 교도소 마당에 나와 해바라기를 하며 기쁨의 합창을 노래한다. 그러나 피차로는 누가 마음대로 죄수들을 마당에 내보냈느냐며 불같이 화를 낸다. 로코는 서둘러 죄수들을 다시 지하로 내려 보내고, 등장인물들은 죄수들에 대한 연민의 심경을 노래한다.

2막

플로레스탄은 쇠사슬에 묶인 채 지하 감방의 어둠 속에 앉아 자신의 운명을 탄식하다가 사랑하는 아내 레오노레의 모습을 떠올린다. 얼마 전부터는 하루에 빵 한 조각과 물 한 잔밖에 받지 못해 탈진상태다. 이때 플로레스탄의 시신을 파묻을 구덩이를 파러 로코와 레오노레가 지하로 내려온다. 레오노레는 이 죄수가 자기 남편임을 확인하고 괴로워하다가, 주머니에 넣고 있던 빵 한 조각을 건네준다. 플로레스탄은 자기 아내인 줄은 꿈에도 모르고 이 낯선 젊은이에게 깊은 감사를 표한다.

피차로가 감방에 내려와 플로레스탄을 자기 손으로 죽이려는 순간, 레오노레가 피차로에게 권총을 들이댄다. 그때 법무대신이 교도소에 도착했다는 팡파르가 울리자, 하는 수 없이 피차로는 로코와 함께 지상으로 올라간다. 둘만 남은 부부는 '형언할 수 없는 이 기쁨!'을 노래한다. 법무대신은 억울하게 감옥에 갇혀있던 죄수들을 풀어주고는, 플로레스탄을 보고 깜짝 놀란다. 실종되었던 자신의 친구를 다시 만났기 때문이다. 군중은 남편을 구해낸 아내 레오노레의 용기와 미덕을 찬양하고, 피델리오와 결혼하려던 마르첼리네는 크게 실망한다. 오케스트라의 웅장한 연주와 피날레의 대합창이 울려 퍼지는 가운데 막이 내린다.

감상 포인트

1) 베토벤이 오페라를 한 편만 작곡한 이유

베토벤은 오페라 부파(opera buffa)를 싫어했다. 특히 모차르트 시대의 자유분방하고 통속적인 부파를 혐오한다고 말했다. 모차르트의 걸작 <피가로의 결혼>, <돈 조반니>, <코지 판 투테>에 대해서도 베토벤은 "음악은 천재적이지만 소재는 저속하다. 나는 그런 부도덕한 소재로는 결코 오페라를 만들지 않을 것이다"라고 공언했다. 그러나 베토벤이 오페라에 뜻이 없었던 것은 아니다. 누구보다도 뛰어난 오페라 작곡가가 되고 싶었던 그는 수없이 많은 고전문학 작품을 오페라 소재로 고려했다.

그러나 베토벤이 원했던 휴머니즘을 담은 소재는 드물었다. 당시 프랑스 대혁명과 함께 에로틱한 희극들은 차츰 인기를 잃어갔고, 자유, 평등, 박애의 가치를 담은 극이 인기를 끌기 시작했다. 마침내 베토벤은 그 가운데 프랑스의 구출극『레오노르 또는 부부애』를 오페라 소재로 택할 수 있었다. 그러나 이 소재에서 베토벤이 핵심으로 생각했던 것은 사실 '부부간의 신의와 사랑'보다는 '독재에 맞서는 자유를 위한 투쟁'이었다. 이 작품은 베토벤의 처음이자 마지막 오페라가 되었다. 그 이상의 소재를 더는 찾지 못했기 때문이다.

1805년 <피델리오>가 빈에서 초연되었을 때는 나폴레옹 전쟁 시기였기 때문에, 베토벤의 음악을 애호하던 빈의 귀족들은 대부분 전란을 피해 멀리 떠나 있었고, 오페라극장을 채운 것은 프랑스 장교들이었다. 이들은 오페라에 관심이 있어 극장에 오긴 했지만 독일어로 공연된 <피델리오>의 내용을 이해하지 못해 반응은 시큰둥했다. 베토벤으로서는 엄청난 굴욕을 겪은 셈이다. 그러나 전쟁이 끝나고 빈의 귀족들이 빈으로 돌아온 뒤 개정판으로 재초연이 이루어지자 <피델리오>는 큰 호응을 얻었다.

2) 실화를 토대로 한 원작, 피에르 가보의 <레오노르>

프랑스대혁명 당시 투렌 출신의 귀족부인이 남장을 하고 자코뱅파의 감옥에 갇힌 남편을 구출한

II. 오페라의 전성시대(1800-1900)

사건을 토대로 한 작품. 그 당시 관리로 이 사건을 직접 다뤘던 장 니콜라 부이는 무대를 스페인으로 옮겨 이 오페라의 리브레토를 썼다. 이 대본으로 파리 작곡가 피에르 가보(Pierre Gaveaux, 1761-1825)가 1798년에 먼저 오페라 <레오노르>(Léonore)를 작곡했는데, 이 징슈필에서는 교도소장 피차로가 대사역(노래하지 않고 연극배우처럼 대사만 읊는 배역)이었다.

피에르 가보는 테너 가수이기도 했는데, 케루비니(Luigi Cherubini, 1760-1842)의 오페라 <메데아>(Médée, 1797)의 이아손 역으로, 또 오페라 <레오노르>의 작곡가로 명성을 날렸다. 그는 혁명이 일어난 1789년에 파리로 이주해 프랑스 혁명기에 활발하게 활동했고, 특히 자코뱅파에 반대하는 노래 '시민들의 각성'으로 유명했다. 35편의 오페라를 작곡했으나 아주 유명해진 작품은 <레오노르>가 유일하다. 베토벤이 이미 <피델리오> 작곡을 시작한 1804년에도 이탈리아 작곡가 페르디난도 파에르(Fernando Paër, 1771-1839) 오페라 <레오노라 또는 부부애>가 발표되었지만, 베토벤이 이 작품을 알고 있었는지의 여부는 밝혀지지 않았다.

3) <피델리오> 세 가지 판본과 음악적 특성

1805년 11월 20일, 테아터 안 데어 빈은 <피델리오 또는 부부애>라는 제목의 3막본을 초연했다. 이듬해인 1806년 3월 29일, 역시 같은 극장에서 <레오노레 또는 부부애의 승리>라고 바뀐 제목으로 2막본 초연이 이루어졌고, 8년 뒤인 1814년 5월 23일에는 케른트너토어 극장에서 <피델리오>라는 제목의 2막본이 재초연 되었다. 이때 베토벤은 감옥 밖의 피날레 장면을 추가했다.
베토벤은 이 오페라를 위해 모두 4개의 서곡을 썼다. 그 중 하나는 '피델리오 서곡'이며 나머지 셋은 '레오노레 서곡'이다. 오페라 공연 때는 피델리오 서곡만 연주하거나, 피델리오 서곡과 함께 2막 장면 전환 때 레오노레 서곡 3번을 연주하기도 한다.

<피델리오>는 독일어에 어울리도록 교향악적 특성을 강조한 가장 독일적인 오페라다. 베토벤은 연극처럼 대사가 있는 독일 징슈필(Singspiel) 형식으로 이 오페라를 작곡했고, 오케스트라는 당시 이탈리아 오페라에서처럼 단순히 반주부 역할을 하는 것이 아니라 교향악적인 연주를 들려주었다. 이런 특성은 후에 바그너 음악극에서 더욱 발전된다.

1) (Blu-ray) 리제 다비드센, 데이비드 버트 필립, 게오르크 체펜펠트, 아만다 포사이스 등, 안토니오 파파노 지휘, 로열오페라 오케스트라, 토비아스 크라처 연출, 2020년 로열오페라 실황(한글자막)

2) (Blu-ray) 아드리안 피에총카, 요나스 카우프만 등, 프란츠 벨저 뫼스트 지휘, 빈 필하모닉 오케스트라, 클라우스 구트 연출, 2015년 빈 국립오페라 실황(한글자막)

3) (DVD) 군둘라 야노비츠, 르네 콜로 등, 레너드 번스타인 지휘, 빈 국립오페라 오케스트라와 합창단, 오토 솅크 연출, 1978년 실황(영어자막)

1.2. 로시니 <세비야의 이발사>(Il barbiere di Siviglia, 1816): 벨칸토 희극의 대표작

작품 개요

작곡: 조아키노 로시니(Gioacchino Rossini, 1792-1868)

원작: 피에르 오귀스탱 카롱 드 보마르셰 <피가로 3부작>(1775년)

대본: 체사레 스테르비니(Cesare Sterbini)

초연: 1816년 2월 20일 로마, 테아트로 디 토레 아르젠티나 극장

배경: 18세기 스페인 세비야

주요 등장인물

로지나(Rosina. 메조소프라노): 후견인 바르톨로의 집에 사는 젊은 처녀

알마비바(Almaviva. 테너): 로지나와 결혼하려는 젊은 백작

피가로(Figaro. 바리톤): 세비야의 소문난 이발사

돈 바르톨로(Don Bartolo. 바리톤): 로지나의 늙은 후견인. 의학박사

돈 바실리오(Don Basilio. 베이스): 로지나의 음악 교사

피오렐로(Fiorello. 베이스): 백작의 하인

베르타(Berta. 소프라노): 바르톨로의 하녀

주요 아리아와 중창

1) 피가로의 아리아 '나는 마을의 만능일꾼'(Largo al factotum)

2) 로지나의 아리아 '방금 들린 그 목소리'(Una voce poco fa)

3) 돈 바실리오의 아리아 '험담은 산들바람처럼'(La calunnia e un venticello)

4) 돈 바르톨로의 아리아 '나 같은 박사를 속여?'(A un dottor della mia sorte)

5) 알마비바 백작과 돈 바르톨로의 이중창 '평화와 기쁨이 가득하시길'(Pace e gioia)

6) 로지나, 백작, 피가로의 3중창 '이런 예기치 못한 순간이!'(Ah, qual colpo inaspettato!)

7) 백작의 아리아와 합창 '저항은 이제 그만!'(Cessa!)

줄거리

1막

마드리드에서 우연히 마음에 꼭 드는 처녀를 본 젊은 알마비바 백작은 그녀를 사귀려고 세비야까지 따라온다. 처녀의 이름은 로지나. 그러나 후견인 돈 바르톨로 때문에 로지나를 만나기는 쉽지 않다. 돈 바르톨로가 로지나의 젊음과 상속 받을 유산 양쪽에 다 욕심을 내며 그녀와 결혼하려고 하고 있어, 다른 남자의 접근을 허용하지 않기 때문이다. 매일 아침 로지나의 창문 아래서 사랑의 노래를 부르던 백작은 운 좋게도 한때 자신의 하인이었던 피가로를 우연히 만난다. 현재 자영업자 이발사로 일하는 피가로는 자신이 이 세비야에서 얼마나 잘 나가는 인물인가를 들려주는 아리아 '나는 마을의 만능일꾼Largo al factotum'을 노래한다. 백작은 피가로의 계략대로 평민으로 가장하고 린도로라는 가명을 써서 로지나의 사랑을 확인하는 데 성공한다. 피가로는 알마비바 백작에게 '술 취한 군인으로 변장하고 로지나의 집에 들어가라'고 일러준다.

로지나는 린도로(사실은 알마비바 백작)에게 보내는 편지를 쓴 다음 이 사랑을 꼭 이루고야 말겠다는 결심으로 '방금 들린 그 목소리Una voce poco fa'를 노래한다. 로지나의 음악선생이자 후견인 돈 바르톨로의 친구인 돈 바실리오는 알마비바가 로지나를 따라 세비야에 왔다고 바르톨로에게 알려주며, 백작을 따돌릴 계획을 세운다('험담은 산들바람처럼La calunnia e un venticello'). 로지나는 피가로를 통해 린도로의 사랑을 확인하고, 그에게 쓴 편지를 전해달라며 피가로에게 준다. 바르톨로는 로지나가 편지 쓴 사실을 눈치 채고 '나 같은 박사를 속여?A un dottor della mia sorte'라며 로지나를 추궁한다. 그때 백작은 바르톨로의 감시를 피해 로지나를 데리고 도망가려고, 술 취한 군인으로 변장해 바르톨로의 집에 찾아온다. 이때 알마비바는 로지나에게 편지를 건네주고, 소란과 옥신각신 끝에 경찰이 찾아오지만 백작은 자신의 신분을 경찰서장에게 은밀히 알려 풀려난다.

2막

백작은 음악선생 바실리오의 제자 돈 알론소로 변장한 채 로지나 집에 다시 찾아와서, '바실리오가 앓아누웠다'고 바르톨로에게 거짓말을 한다('평화와 기쁨이 가득하시길Pace e gioia'). 갑자기 바실리오가 나타나지만 다들 어서 가서 쉬라며 그를 쫓아 보낸다. 피가로는 바르톨로에게 면도를 해주겠다며 발코니 창문 열쇠를 훔쳐낸 뒤, 두 연인에게 얘기 나눌 기회를 제공한다. 그러나 바르톨로가 눈치를 채는 바람에 이 시도 역시 실패로 돌아간다.

천둥번개 요란한 밤에 사다리를 이용해 몰래 로지나를 데리고 가려던 피가로와 백작은 로지나와 그날 밤에 결혼하려고 바르톨로가 불러들인 공증인과 바실리오에게 발각된다. 그러나 바실리오는 백작에게 매수되어 바르톨로 대신 백작의 결혼식 증인이 되고, 뒤늦게 쫓아온 바르톨로가 발을 동동 구를 때 모두는 로지나를 지키려던 그의 '효과 없는 예방책'을 비웃는다. 결국 바르톨로도 어쩔 수 없이 이 젊은 연인들을 받아들이고, 모두 즐겁게 노래하며 희극을 마무리한다.

감상 포인트

1) 보마르셰의 희곡 『피가로 3부작』과 파이시엘로의 <세비야의 이발사>

프랑스 극작가 보마르셰는 '피가로 3부작'의 제 1부로 『세비야의 이발사』를 써서 1775년에 연극으로 초연했다. 그리고 로시니의 선배 작곡가인 이탈리아의 조반니 파이시엘로(Giovanni Paisiello, 1740-1816)는 보마르셰의 작품을 토대로 페트로셀리니가 쓴 대본에 곡을 붙여 이 오페라 <세비야의 이발사>(Il barbiere di Siviglia)를 1782년 러시아의 상트페테르부르크 무대에 올렸다. 파이시엘로는 당시 대단히 역량 있는 오페라 작곡가로 이름을 날렸을 뿐 아니라 러시아 궁정작곡가로 일하고 있었으므로 그의 <이발사>는 러시아 초연 후 유럽 30여 개 도시에서 장기공연 레퍼토리가 되었다. 로시니가 1816년에 같은 제목의 오페라를 발표하기까지 34년 간 파이시엘로의 이 작품은 변함없는 인기를 누렸다.

상트페테르부르크 궁정의 의뢰를 받아 이 오페라를 작곡했던 파이시엘로와 프리랜서 작곡가로 이 작품을 만든 로시니 사이에는 34년의 세월뿐만 아니라 프랑스 혁명이라는 엄청난 사회 변화의 동인이 자리 잡고 있었기 때문에, 같은 소재라 해도 두 작품의 차이는 결코 작지 않다. 일례를 들면, 궁정작곡가였던 파이시엘로는 상트페테르부르크 궁정극장이 동의하지 않아 이 오페라에 합창을 사용할 수 없었지만, 로시니는 작곡에 관한 한 뭐든지 맘대로 할 수 있는 프리랜서였기 때문에 합창을 썼다. 1막과 2막 피날레에서 솔로, 2중창, 3중창을 거쳐 6중창까지 발전한 선율이 다시 합창과 합류하며 화려하고 생동감 넘치는 피날레를 이루는 장면을 들으면(이런 식의 점층법을 '로시니 크레셴도'라고도 부른다) 이 작품에서 합창이 희극적 효과를 극대화하는 데 얼마나 중요한 역할을 하는지 알 수 있다.

파이시엘로의 <이발사>에서는 당대 이탈리아 오페라에서 전형적으로 나타나는 '성악부와 기악부 사이의 뚜렷한 주종관계'를 볼 수 있다. 오케스트라 반주가 가볍고 우아하게 성악부의 선율을 흉내 내고 있기 때문이다. 그러나 로시니의 <이발사>에서 오케스트라는 성악부의 멜로디를 따라가지 않고 독립적이고 색채감 있는 연주를 들려주며, 장면이 전환될 때는 성악부의 선율을 예고하거나 이끌어주기도 한다. 파이시엘로가 여주인공 로지나에게만 대단한 콜로라투라 기량을 요구한 것과는 달리 로시니는 넘치는 열정과 희극성을 표현하기 위해 등장인물 모두에게 이를 요구했다.

2) 낭만적 사랑과 결혼의 출발

남자주인공 알마비바 백작은 로지나에게 자신을 소개할 때 평민 청년 린도로로 신분을 위장한다. 당대에는 귀족 신분의 남자들이 평민 여성을 사귀려 할 때 자신의 신분을 숨기는 경우가 종종 있었다. 한편으로는 여자가 돈이나 신분 때문에 자신을 사랑하는지 있는 그대로의 자신을 사랑하는지 알기 위해서였고, 다른 한편으로는 자신이 원하는 평민 여성이 신분을 뛰어넘는 결혼이 불가능하다고 생각해 거절할까봐 마음의 경계를 풀기 위해서였다.

여주인공 로지나는 원작에서 원래는 귀족 출신의 처녀지만, 부모가 세상을 떠난 뒤 평민인 의사 바르톨로의 후견을 받으며 평민화된다. 로지나는 린도로가 가난하고 가진 것이 없다는 사실을 알고도 그의 멋진 외모와 달콤한 목소리에 반해, 그와 평생 고통을 기꺼이 나누겠다고 결심한다. 이런 로지나의 태도는 근대적 사랑, 즉 낭만적 사랑으로 간주할 수 있다. 그러나 그 헌신적인 사랑의 결과는 결국 바람둥이 남편으로 인한 실망의 눈물일 뿐이다.

18세기 계몽주의 사상을 통해 '결혼은 사랑을 전제로 해야 한다'는 공식이 새롭게 생겨났다. 봉건주의 시대에 당연시되었던 정략결혼(marriage of convenience)이 갑자기 부도덕한 방식으로 간주되기 시작한 것이다. 그러나 이 극 <세비야의 이발사>에서 남녀 간 사랑의 본질을 살펴보면, 실질적으로는 서로 상대의 외모에 반한 것일 뿐 진정한 애정의 토대가 형성되었다고 보기 어렵다. 그래서 '근대에 시작된 낭만적 결혼이 정략결혼보다 도덕적이라고 볼 수 있는가'라는 의문이 제기된다.

대구오페라하우스 <세비야의 이발사>

한편 귀족인 알마비바 백작은 돈이면 뭐든 가능하다고 믿는다. 그리고 로지나의 음악교사이자 성직자인 돈 바실리오 역시 백작에게 기꺼이 매수된다. 그러나 오히려 바르톨로는 돈만 중요한 건 아니라는 생각이다. 결말에서 알마비바가 그에게 로지나가 받을 돌아가신 부모님의 유산을 넘겨주지만 시큰둥할 뿐이다. 자신의 늙은 외모 때문에 사랑을 얻지 못했다고 생각해 좌절에 빠진 것이다.

작가 보마르셰는 묻는다. "사랑과 평화가 한 사람의 마음속에 공존할 수 있는가? 젊은 날이 마냥 행복하지만은 않은 것은 이 끔찍한 선택을 해야 하기 때문이다. 젊은이는 평화 없는 사랑, 사랑 없는 평화 중 하나를 택해야만 한다."

3) 새로운 시대의 메조소프라노 여주인공 로지나

오페라에서 테너는 일반적으로 젊음의 패기와 열정을 상징한다. 그래서 로지나에게 수단방법을 가리지 않고 적극적으로 구애하는 백작은 테너 배역이다. 이발사 피가로 역시 젊고 패기에 넘치긴 하지만 돈을 아주 좋아하고 돈을 위해 열심히 일하는 시민사회의 주인공. 그래서 능청스런 음색의 바리톤에게 이 역할을 맡긴다. 기지와 계략으로 자신의 목적을 달성하고 운명을 개척해가는 로시니 희극의 여주인공들(로지나, 안젤리나, 이사벨라)은 소프라노와 메조소프라노를 아우르는 음역의 배역이다. 로시니의 아내가 된 명가수 이사벨라 콜브란이 소프라노와 메조소프라노를 아우르는 넓은 음역대를 지녀, 이런 로시니의 여주인공 배역들을 노래했다.

한편 남자주인공 알마비바 백작은 테노레 레제로(tenore leggiero)다. 레제로로 분류되는 테너는 가장 가볍고 날렵한 음색의 테너이며, 고음과 저음을 엄청나게 빠른 속도로 오르내리며 콜로라투라 기교를 자유자재로 구사해야 한다. 테너의 최고음이라고 할 수 있는 높은 '레(D5)'나 '파(F5)'까지 낼 수 있는 테너들이 이 범주에 속한다. 대표적인 예는 로시니 <세비야의 이발사>의 주인공 알마비바 백작, 로시니 <신데렐라>의 라미로 왕자, 모차르트 <후궁탈출>의 벨몬테, 도니체티 <돈 파스콸레>의 에르네스토, 도니체티 <연대의 딸>의 토니오 등이며, 희극오페라의 주인공들이 특히 많다. 페루초 탈리아비니, 티토 스키파, 루이지 알바, 브루스 포드, 후안 디에고 플로레스, 윌리엄 마테우치, 안토니노 시라구사, 리처드 크로프트, 하비에르 카마레나 등이 대표적인 레제로 테너 가수들이다.

추천 영상물(로지나-알마비바 백작-피가로 순)

1) (DVD) 조이스 디도나토/후안 디에고 플로레스/피에트로 스파뇰리 등, 안토니오 파파노 지
   휘, 런던 코벤트가든 로열오페라 오케스트라 및 합창단, 모셰 라이저 & 파트리스 코리에 연출,
   2009년 로열오페라 실황(한글자막)

2) (DVD) 테레사 베르간사/루이지 알바/헤르만 프라이 등, 클라우디오 아바도 지휘, 라 스칼라
   극장 오케스트라 및 합창단, 장 피에르 포넬 연출, 1972년(영화판)

3) (DVD) 다니엘 드 니스/테일러 스테이튼/비외른 뷔르거/알레산드로 코르벨리 등, 엔리케 마촐
   라 지휘, 런던 필하모닉오케스트라 및 글라인드본 합창단, 애너벨 아든 연출, 2015년 글라인드
   본 페스티벌 실황(한글자막)

1.3. 도니체티 <람메르무어의 루치아>(Lucia di Lammermoor, 1835): 벨칸토 비극 대표작

작품 개요

작곡: 가에타노 도니체티(Gaetano Donizetti, 1797-1848)

대본: 살바토레 카마라노(Salvatore Cammarano), 이탈리아어

원작: 월터 스코트(Walter Scott, 1771~1832)의 『람메르무어의 신부』(The Bride of Lammermoor,
   1819년)

초연: 1835년 9월 26일 나폴리 산 카를로 극장

배경: 17세기 후반 또는 18세기 초 스코틀랜드

주요 등장인물

루치아(Lucia. 소프라노): 람메르무어 영주의 여동생. 루시 애쉬튼(원작 이름)

에드가르도(Edgardo. 테너): 레이븐즈우드 성의 주인. 에드가 레이븐즈우드

엔리코(Enrico. 바리톤): 람메르무어의 영주. 헨리 애쉬튼

라이몬도(Raimondo. 베이스): 성직자. 루치아의 가정교사

노르마노(Normanno. 테너): 엔리코의 심복 가신

아르투로(Arturo. 테너): 루치아의 약혼자

알리사(Alisa. 메조소프라노 또는 알토): 루치아의 시녀

주요 아리아 및 중창

1) 엔리코의 아리아 '동정을 구하지 말라'(La prietade in suo favora)

2) 루치아의 아리아 '고요한 어둠에 싸인 밤에'(Regnava nel silenzio alta la notte e bruna)

3) 에드가르도와 루치아의 이중창 '영원히 나의 신부로'(Qui di sposa eterna fede)

4) 에드가르도, 엔리코, 루치아, 라이몬도, 아르투로, 알리사의 6중창과 합창 '왜 갑자기 분노가 수 그러드는 걸까'(Chi mi frena in tal momento?)

5) 루치아의 아리아 '오, 맙소사… 그이의 부드러운 목소리가'(O giusto cielo… Il dolce suono)

6) 에드가르도의 아리아 '이 버려진 무덤이 곧 내 안식처가 되리'(Fra poco a me ricovero)

7) 에드가르도, 라이몬도와 합창 '날개를 펴고 하늘로 날아간 그대'(Tu che a Dio spiegasti l'ali)

줄거리

1막

람메르무어의 영주 엔리코 애쉬튼은 기울어 가는 가문을 일으키기 위해 여동생 루치아를 부유한 세력가 귀족 아르투로와 결혼시키려 한다. 루치아의 가정교사인 라이몬도는 루치아가 어머니 여읜 슬픔 때문에 아직 결혼할 수 없을 것이라 말하지만, 엔리코의 심복 노르마노는 '루치아는 지금 사랑에 빠져있고, 그 상대는 원수 가문인 레이븐즈우드 가의 아들 에드가르도인 것 같다'고 알려준다. 그때 부하들이 와서 그 상대가 에드가르도임을 다시 확인시켜준다. 분노한 엔리코는 에드가르도에 대한 복수를 다짐한다.

　　루치아는 정원에서 시녀 알리사에게 정원 연못에 얽힌 전설을 들려준다. 어떤 남자가 질투에 빠져 연인을 칼로 찔렀는데, 연못에 빠져 죽은 그 여인이 피투성이 유령의 모습으로 계속 연못에 나타난다는 이야기다. 그때 루치아와 만나기로 약속한 에드가르도가 와서 '급한 일로 프랑스에 가

게 되었다'고 말한다. 그래서 그 전에 루치아의 오빠 엔리코를 만나 화해하고 싶다고 한다. 하지만 루치아는 아직 때가 아니라고 말리고, 에드가르도는 루치아에게 결혼을 약속하는 반지를 끼워준다. 두 사람은 굳은 사랑을 맹세하며 헤어진다.

2막

엔리코는 정략결혼을 강행하려고 아르투로를 성으로 초대한다. 그러나 루치아는 결코 이 결혼에 응하지 않겠다고 단호하게 말한다. 그러자 노르마노의 계략에 따라 엔리코는 루치아에게 거짓으로 위조한 편지를 준다. 에드가르도가 다른 여자를 사랑하게 되었다는 내용이다. 라이몬도까지 루치아에게 '집안을 위해 희생하라'고 설득하자, 변심한 에드가르도로 인해 절망에 빠진 루치아는 어쩔 수 없이 혼인에 동의한다.

신랑이 될 아르투로가 엔리코의 안내로 성의 넓은 홀에 입장한다. 아르투로는 루치아가 왜 나오지 않았느냐고 묻는다. 그러면서 에드가르도에 대한 소문을 이야기한다. 곧 창백하게 질린 루치아가 나타나 아르투로와 함께 결혼서약서에 서명을 한다. 그때 갑자기 에드가르도가 나타난다. 루치아가 결혼서약서에 서명했다는 이야기를 듣자 에드가르도는 거칠게 그녀를 비난하며 반지를 돌려달라고 외친다. 넋이 나간 루치아에게서 에드가르도는 반지를 빼앗아 던져버리고는 루치아를 저주한다. 엔리코와 부하들은 칼을 빼들고 에드가르도를 위협한다.

3막

에드가르도가 황폐한 레이븐즈우드 성에서 혼자 괴로워하고 있는데 엔리코가 찾아와 '이제 결혼식이 끝났다'고 말하며 결투를 청한다. 두 사람은 해가 뜰 무렵에 레이븐즈우드 가의 묘지에서 만나기로 약속하고 헤어진다.

람메르무어 성에서는 밤늦도록 루치아의 결혼피로연이 한창인데 라이몬도가 달려 들어와 비보를 전한다. 루치아가 미쳐서 신랑을 칼로 찔러 죽였다는 것이다. 그때 피투성이가 된 루치아가 나타나 오늘이 에드가르도와의 결혼식이라 착각하며 긴 '광란의 아리아'를 노래하고 쓰러진다. 하객들은 비통한 심경으로 루치아를 동정한다.

레이븐즈우드 가의 묘지에 온 에드가르도는 결투의 시간을 기다리며 '내 조상의 무덤이여…

나는 죽음의 품에 안겨있다'라면서 탄식한다. 그때 람메르무어 성에서 나온 사람들이 '루치아가 신랑을 죽이고 자신도 죽어가고 있다'는 사실을 알린다. 그리고 루치아의 죽음을 알리는 조종(弔鐘)이 울려온다. 루치아가 죽었다는 이야기를 듣고 세상에 대한 미련이 사라진 에드가르도는 단검으로 자신의 가슴을 찔러 자결한다.

감상 포인트

1) 실제 사건과 월터 스코트의 창작

작가 월터 스코트는 오래 전인 17세기 사건을 다룬 신문기사에 대한 호기심으로 람메르무어 지역을 찾아가 실제의 살인사건을 취재했다. 실제 사건의 내용은 다음과 같았다. 달림플 가 스테어 경의 딸 재닛이 러더포드 가의 아들을 부모 몰래 사귀었는데, 남자는 좋은 가문 출신이긴 했지만 재산도 없고 정치적 입장도 반대편이어서 결코 스테어 집안 부모의 하락을 받을 수 있는 결혼 상대가 아니었다. 스테어 가의 어머니는 딸의 교제 사실을 알고 둘을 갈라놓는 한편, 적합한 신랑감을 물색해 결혼을 추진했다. 그러나 첫날밤에 딸은 미쳐버리고, 신방에서 신랑을 칼로 난도질한다. 제정신으로 돌아오지 못한 채 그녀는 2주 후에 세상을 떠난다.

스코트의 소설에서는 등장인물의 이름만 애쉬튼과 레이브즈우드로 바뀌었을 뿐, 실화와 크게 달라진 점이 없다. 살해될 뻔한 신랑은 살아나서 회복되고, 미쳐버린 여주인공 루시는 제정신으로 돌아오지 못한다. 스코트는 잉글랜드와 스코틀랜드가 통합되기 전인 1707년으로 이 사건의 연대를 설정했다. 단순히 원수 가문 젊은이들의 사랑만을 다룬 작품이 아니라, 당시의 정치적 상황에 의해 몰락한 귀족가문과 권력을 얻은 신흥 귀족가문을 대비시킨 일종의 역사소설이다.

2) 등장인물 분석

여주인공의 오빠 엔리코는 가문을 위해 여동생의 사랑을 희생시키는 가부장적이고 보수적인 인물이다. 사실 악역이라기보다는 강하고 전형적인 남성상이라고 볼 수 있다. 남자주인공 에드가르도는 원수 집안의 딸인 루치아를 사랑해 결혼하려 했지만 그녀가 배신한 것으로 오해하고 연인의 마음에 상처를 입히는 급하고 직선적인 성격이다. 성격비극의 전형적 주인공일 뿐 아니라 젊고 혈기방자한 테너 배역의 전형적인 인물이다.

여주인공 루치아는 위의 두 남자 사이에서 괴로움을 겪다가 결국 정신의 끈을 놓아버리는 전통적인 17세기 상류사회의 여성상이다. 정략결혼을 당하기 전에도 이미 루치아는 정신상태가 정상이 아닌 것으로 암시된다. 대단히 우울하고 심약한 성격이다. 스스로의 운명을 결정하려고 투쟁하지만, 결국 시대적 한계에 의해 주위 사람들에 의해 운명이 결정되는 비극적 여성상으로 그려졌다.

3) 루치아의 '광란의 장면'(mad scene)

벨칸토 오페라의 대표적 '광란의 명장면'으로 가장 유명한 작품이 바로 <람메르무어의 루치아>다. 19세기 낭만주의 시대에는 정신이상을 일으킨 예술가가 유난히 많았고, 오페라에서도 주인공이 실성하는 장면이 대유행이었다. 소프라노 마리아 칼라스는 루치아 역으로 새로운 벨칸토의 이정표를 세웠고, 이후의 모든 루치아는 칼라스와 비교되었다.

추천 영상물(루치아-에드가르도-엔리코-라이몬도 순)

1) (Blu-ray) 디아나 담라우, 찰스 카스트로노보, 뤼도비크 테지에, 연광철 등, 다니엘 오렌 지휘, 로열오페라하우스 오케스트라와 합창단, 케이티 미첼 연출, 2016년 로열오페라 실황(영어자막)

2) (DVD) 안나 네트렙코, 표트르 베찰라, 마리우쉬 크비첸, 일다르 압드라차코프 등, 마르코 아르밀리아토 지휘, 뉴욕 메트로폴리탄 오페라극장 오케스트라와 합창단, 메리 짐머만 프로덕션, 2009년 메트 실황(한글자막)

2. 프랑스혁명과 산업화의 뒤안

1789년에 시작된 프랑스혁명은 이후 공화정의 실현과 왕정복고정치를 엎치락뒤치락 되풀이했다. 산업화와 대도시의 발전은 자유와 평등에 대한 일반의 의식화를 가속시켜 19세기 중반에는 유럽의 전 지역에서 혁명이 완결되고 신분제도의 몰락이 기정사실화된다. 이 시기에 유럽 대도시를 중심으로 성매매 여성이 증가한 이유는 산업화에 따라 도시 유입 인구가 폭발적으로 늘어났기 때문이었다. 세탁부, 청소원, 자수공, 가정교사 등을 제외하면 여성이 보수를 받을 수 있는 직종이 거의 없던 시대였지만, 유럽 전역에 방적공장 및 잡화공장들이 빠른 속도로 늘어가면서 값싼 여성 노동력이 절실해졌다. 그러나 당시 여성노동자들은 아무리 일을 열심히 해도 생계조차 꾸릴 수 없는 경우가 대부분이었다. 병들어 노동할 수 없거나 고용주에게 저항하다 실직하거나 또는 노동만으로 생계를 이을 수 없는 경우, 어쩔 수 없는 선택은 성매매였다. 처음부터 코르티잔(courtesan)으로 시작하는 여성들도 있었지만, 하급 성매매 여성인 그리제트(grisette)로 시작해 코르티잔으로 변신하는 경우도 있었다.

베르디 오페라 <라 트라비아타>의 원작소설인 알렉상드르 뒤마의 『카멜리아 레이디』(La dame aus camélias)는 카를 마르크스의 '공산당 선언'이 발표된 1848년에 세상에 나왔다. 이 소설은 상류사회의 이중윤리와 퇴폐적인 향락문화, 신흥 부르주아지의 금전만능주의 및 가족이기주의를 고발했다. 산업혁명으로 인한 사회변동과 사회적 약자를 의식한 작품이다.

서양문명은 증기기관과 더불어 산업화 및 도시화의 길을 걸었다. 이 시기에 철도와 전신이 삶의 일부가 되면서 과거에는 상상도 할 수 없었던 먼 거리를 이동할 수 있게 되었고, 아주 멀리 떨어져 있어도 소통이 가능해졌다. 의학과 생물학 분야에서도 획기적인 발전이 이루어졌다. 찰스 다윈이 1859년에 출간해 초판 1250부를 출간 당일에 매진시킨 책 『자연선택에 의한 종의 기원, 즉 생존경쟁에 있어서 유리한 종족의 존속에 관하여』(On the Origin of Species by Means of Natural Selection, or the Preservation of Favoured Races in the Struggle for Life)는 1872년까지 6판을 인쇄했고, 이 내용에 분노한 보수적인 과학자들과 기독교 신앙인들이 모두 다윈의 적이 되어 격렬한 토론을 시작했다.

극과 음악의 비중을 동등하게 만든 베르디의 오페라 혁신

일반적으로 1839년 작 <오베르토>(Oberto conte di San Bonifacio)부터 <나부코>(Nabucco, 1842), <에르나니>(Ernani, 1844), <맥베스>(Macbeth, 1847), <루이자 밀러>(Luisa Miller, 1849)를 거쳐 <스티펠리오>(Stiffelio, 1950)까지를 베르디의 초기 오페라로 분류하고, 흔히 베르디의 3대 걸작이라 부르는 <리골레토>(Rigoletto, 1851), <일 트로바토레>(Il trovatore, 1853), <라 트라비아타>(La traviata, 1853)가 태어난 1850년대 초부터 <시칠리아의 저녁기도>(Les vêpres siciliennes, 1855), <시몬 보카네그라>(Simon Boccanegra, 1857), <가면무도회>(Un ballo in maschera, 1859) <운명의 힘>(La forza del destino, 1862), <돈 카를로>(Don Carlos, 1867)까지의 작품을 중기 오페라, 1871년 작 <아이다>(Aida)와 그 후의 <오텔로>(Otello,1887), 그리고 마지막 작품이면서 희극 오페라인 <팔스타프>(Falstaff, 1893)를 베르디의 후기 오페라로 나눈다. 또 분류 기준이 다른 경우에는 <운명의 힘>부터 후기 오페라로 꼽기도 한다.

베르디는 끊임없이 새롭고 다양한 소재를 추구하며 수없이 많은 고전 문학작품과 동시대 작품들을 읽었다. 셰익스피어(맥베스, 오텔로), 쉴러(루이자 밀러, 돈 카를로), 빅토르 위고(리골레토), 알렉상드르 뒤마 2세(라 트라비아타), 안토니오 가르시아 구티에레스(일 트로바토레) 등 영국, 독일, 프랑스, 스페인 문호들의 걸작이 베르디의 오페라로 새롭게 태어났고, 고대 이집트(아이다), 기원전 바빌로니아(나부코), 중세의 마녀사냥(일 트로바토레), 파리 부르주아 사교계(라 트라비아타) 등 다양한 역사적 배경이 베르디의 무대가 되었다.

베르디는 오페라의 연극적인 효과를 높이기 위해 원작의 운문을 일상어에 가까운 산문 형태로 바꾸고 등장인물 간의 대화에 역점을 두려 했다. <아이다>를 작곡할 때 베르디는 "오페라의 내용과 주제가 요구하는 바를 음악으로 명료하게 전달하기 위해서라면 나는 원작의 리듬, 운율, 시행 따위는 당장 내다버릴 수 있다"라고 말했다. 스페인 국민문학을 오페라로 망쳐놓았다고 욕을 먹었을 때는 "오페라 대본에는 환호성과 한숨, 고통의 외침과 분노의 절규가 필요하다. 음표를 달아 노래로 부르면 무슨 소리를 하는지 아무도 알아듣지 못할 복잡하고 골치 아픈 단어와 문장들이 무슨 가치가 있단 말인가"라고 항변하기도 했다. '등장인물의 성격, 감정, 갈등은 추상적이고 관조적인 언어가 아니라 바로 음악으로 표현한다'고 믿었던 베르디였기에 '문학작품을 훼손한다'는 비난은 별 의미가 없었다. <포스카리 부자(父子)>, <시몬 보카네그라>, <가면무도회> 등의 작품에서는 구체적인 정치와 역사의 소재를 취했지만, 베르디는 정쟁보다는 개인의 심리와 인물간의 관계에 초점을 맞춰 극을 이끌어가고 싶어 했다. 그래서 대본작가로 하여금 애정과 우정을 둘러싼 갈등의 드라마로 이야기를 구성하게 했다.

프랑스 · 독일 · 이탈리아 음악을 종합한 구노의 오페라

구노(Charles Gounod, 1818-1893)가 오페라를 작곡하던 시대는 음악의 감각적 매혹이 심리적 차원에서 평가되기 시작한 때였다. 본질적인 드라마는 외부의 사건이 아닌 등장인물의 내면에서 전개되는 것이며 음악은 바로 그 내면의 드라마를 표현해야 한다는 주장이 힘을 얻고 있었다. 이와 더불어 드라마의 핵심 주제는 여성의 섬세하고 신비로운 성격, 즉 '여성성'이었다. 구노의 오페라에서 프랑스어 자체가 지닌 관능미는 이런 여성성과 결합해 상승작용을 일으켰고, <파우스트>(Faust, 1859)의 여주인공 마르그리트나 <로미오와 줄리엣>(Roméo et Juliette, 1867)의 여주인공 줄리엣은 원래 독일문학과 영국문학의 대표적 여주인공인데도 가장 프랑스적인 오페라 캐릭터로 거듭나게 되었다.

구노가 추구한 음악적·극적 여성성을 이해한다면, 마르그리트가 괴테 원작에서보다 더 뚜렷하고 현대적인 개성을 지니게 된 것도 이해할 수 있는 일이다. 1862년에 초연한 오페라 <시바의 여왕>(La reine de Saba)의 주인공 역시 그런 여성성의 연장선상에 있다. 1867년 파리 테아트르 리리크에서 초연한 <로미오와 줄리엣>의 여주인공은 그 대담함에 있어 마르그리트보다 한걸음 더 나아간다. 셰익스피어 원작을 토대로 쥘 바르비에와 미셸 카레가 대본을 쓴 이 오페라는 <파우스트>에 비하면 훨씬 원작에 충실한 편이며, 줄리엣의 캐릭터는 원작에서도 로미오보다 훨씬 더 적극적이고 도발적이다.

1871년 이후 프랑스 오페라에서는 바그너의 영향이 눈에 띄게 늘어났다. 같은 시기에 '아르스 갈리카'(Ars gallica. 갈리아의 예술)라는 기치 아래 프랑스 민족문화를 지키려는 움직임이 활발했던 것을 생각한다면 이는 모순적인 현상이라고도 할 수 있다. 구노는 1871년 이전에도 종종 '바그너적'이라는 비판을 받아왔지만, 사실 구노가 독일음악에 치우쳐 있다는 선입견에서 나온 평가일 뿐 실제로 구노의 오페라를 바그너적이라고 보기는 어렵다. 오히려 구노의 음악세계는 프란시스 풀랑크, 조르주 오리크 같은 프랑스 6인조 신고전주의 작곡가들에게 큰 영향을 미쳤다.

최초의 사실주의 오페라로 베리스모를 선취한 비제

오페라 코미크(opera comique)는 18세기 후반에 프랑스에서 나타난 오페라의 새로운 형식으로, 초기에는 익살스런 내용을 담은 희극오페라를 뜻했지만 점차 내용이 희극인지 아닌지와는 무관하게 특정한 형식을 따르는 오페라를 지칭하는 명칭이 되었다. 오페라 중간 중간에 음악이 멈추고 대사가 삽입되는 것으로, 독일어 오페라 징슈필(Singspiel)과 비슷한 형식이다. 그러나 후에는 이 대사 부분도 모두 작곡이 되어, 일반적인 레치타티보처럼 부르게 되었다. 비제의 <카르멘>은 오페라 코미크 형식을 대표하는 작품이며, 오케스트라 규모가 크고 군중 장면이 많아 야외극장용 오페라로 꾸준히 인기를 끌고 있다. 야외극장 공연에서는 넓은 무대에서 대규모 합창단 및 무용단을 적절히 배치하고 통제해야 하는 연출가의 역량이 특히 공연 성패의 관건이 된다.

<카르멘> 초연 당일에 파리 오페라코미크 극장에는 들리브(Clément Philibert Léo Delibes, 1836-1891), 구노, 뱅상 댕디(Vincent d'Indy, 1851-1931), 알렉상드르 뒤마 2세, 오펜바흐(Jacques Offenbach, 1819-1880), 마스네(Jules-Emile-Frédéric Massenet, 1842-1912)등 당대 최고의 예술가들이 총집결했다. 하층민인 집시들이 몸싸움을 벌이는 이 첨단의 사실주의 오페라에 일반 관객이 불편함을 느낀 것과는 달리, 이 예술가들은 한결같은 감탄과 찬사를 표했다. 후에 작곡가 R. 슈트라우스는 "오케스트레이션 기법을 제대로 공부하고 싶다면 카르멘의 악보를 연구하라. 음표 한 개도 버릴 것이 없다."라고 말했고, 브람스 역시 초연된 해부터 반복적으로 <카르멘>을 관람했다고 말했다. 철학자 니체는 "풍요롭고 정밀하며 완벽하다"며 이 작품을 극찬했다. 비제(Georges Bizet, 1838-1875)의 다른 오페라로는 <닥터 미라클>(La maison du docteur, 1857), <진주조개잡이>(Les pêcheurs de perles, 1863), <페르트의 아름다운 처녀>(La jolie fille de Perth, 1867), <자밀레>(Djamileh, 1872) 등이 있다.

2.1. 베르디 <라 트라비아타>(La Traviata, 1853): 19세기 파리의 코르티잔 문화

작품 개요

작곡: 주세페 베르디(Giuseppe Verdi, 1813-1901)

원작: 알렉상드르 뒤마 2세(Alexandre Dumas fils)의 『카멜리아 레이디』(La dame aux camélias, 동
    백아가씨,)

대본: 프란체스코 마리아 피아베(Francesco Maria Piave, 1810-1876)

초연: 1853년 3월 6일 베네치아 라 페니체 극장

배경: 19세기 파리

주요 등장인물

비올레타(Violetta Valery. 소프라노): 파리 사교계 코르티잔(Courtesan)

알프레도(Alfredo Germont. 테너): 프로방스 출신의 부르주아 집안 청년

제르몽(Giorgio Germont. 바리톤): 알프레도의 아버지. 프로방스 세무서장

플로라(Flora. 메조소프라노): 비올레타의 코티잔 동료

아니나(Annina. 소프라노): 비올레타의 하녀

두폴 남작, 가스통 자작, 도비니 후작, 그랑빌 박사(의사) 등

주요 아리아와 중창

1) 1막, 알프레도와 비올레타의 이중창 '마시자!'(Libiamo). 일명 '축배의 노래'

2) 1막, 알프레도와 비올레타의 이중창 '그 아름답던 날'(Un di felice eterea)

3) 1막, 비올레타의 아리아 '이상해…언제나 자유롭게'(E strano!…Sempre libera)

4) 2막, 제르몽의 아리아 '프로방스의 바다와 대지'(Di Provenza il mar, il suol)

5) 3막, 비올레타의 아리아 '지난날의 즐거운 꿈이여, 안녕'(Addio, del passato bei sogni ridenti)

6) 3막, 비올레타, 알프레도, 제르몽, 하녀 아니나, 의사 그랑빌의 5중창 '이 초상화를 받아

요.'(Prendi, quest'e l'immagine)

줄거리

1막

여주인공 비올레타 발레리는 파리 사교계 코르티잔으로, 귀족과 부르주아 신사들을 즐겁게 해주고 그들의 재력에 기생해 살아가는 존재다. 매일 밤 파티와 술로 시간을 보내다 폐결핵이 깊어져 건강이 악화된 비올레타를 남몰래 흠모해온 청년 알프레도는 비올레타의 집에서 열리는 파티에 와서 오래 감춰왔던 사랑을 고백한다. 처음에는 거절하지만 곧 그의 진심을 알고 사랑에 빠지는 비올레타. 두 사람은 파리의 한적한 교외에 살림을 차리고, 비올레타는 사교계 생활을 청산한다.

2막

알프레도는 사교계를 떠난 비올레타와 사는 삶이 천국처럼 행복하다. 그러나 알프레도의 아버지 제르몽이 비올레타를 찾아와, 딸이 결혼을 앞두고 있는데 '아들 알프레도가 매춘여성과 동거한다'는 소문 때문에 난처하니 알프레도와 헤어지라고 요구한다. 완강하게 저항하던 비올레타는 결국 노회한 제르몽에게 설득 당해 비통한 심정으로 알프레도를 떠날 것을 결심한다. 편지를 써놓고 떠나버린 비올레타 때문에 이성을 잃은 알프레도는 '프로방스의 바다와 대지'를 노래하며 고향으로 돌아오라고 호소하는 아버지를 뿌리치고 파리로 달려간다.

비올레타의 동료 코르티잔인 플로라의 집에서 열리는 화려한 파티에서 집시로 분장한 발레리나와 코티잔들이 노래하고 춤을 춘다. 곧 가스통 자작이 이끄는 대로 투우사 분장을 한 남자손님들이 출현해 투우사의 합창을 노래한다. 비올레타는 두폴 남작과 함께 파티에 왔다가 혼자 나타난 알프레도와 마주친다. 두폴과 내기 도박을 해 번번이 이긴 알프레도는 도박에서 번 돈을 사람들 앞에서 비올레타에게 내던지며 심한 모욕을 준다. 파티 손님들이 경악하며 비올레타를 동정하는 가운데 제르몽이 나타나 자기 아들의 행동을 꾸짖고는, 아들을 데리고 나가버린다.

3막

알프레도는 두폴과 결투를 벌여 상처를 입힌 뒤 외국으로 갔고, 그와 헤어진 비올레타는 병이 깊어져 홀로 죽어간다. 밖에서는 떠들썩한 카니발 축제가 한창인데, 마침내 알프레도가 비올레타를 찾아온다. 알프레도는 '파리를 떠나 다시 단둘이 행복하게 살자'고 말하고 아버지 제르몽까지 찾아와 지난날에 대해 용서를 구하지만, 비올레타는 알프레도에게 자기 초상화를 건네고는 그들 앞에서 숨을 거두고 만다.

감상 포인트

1) 1948년 한국에서 공연된 최초의 서양 오페라 <라 트라비아타>

'춘희(椿姬)'라는 제목으로 서울 명동 시공관(현재의 명동예술극장)에서 의사 출신의 테너 이인선, 최초의 미국 유학 소프라노 김자경을 주역으로 국제오페라사(社)가 공연했다.

2) 원작 소설 『카멜리아 레이디』의 모델

<카멜리아 레이디>의 여주인공 마르그리트 고티에의 모델이 된 인물은 뒤마 2세의 연인 마리 뒤플레시스(Marie Duplessis, 1824-1847)였다. '동백아가씨'라는 별명으로 불린 마리 뒤플레시스는 노르망디의 작은 마을에서 태어나 가난에 찌든 어린 시절을 보냈다. 어릴 때부터 여관 겸 음식점에서 잡일을 했고, 10대 초반에는 우산 공장 노동자로 일했다. 열다섯 살에 파리의 친척집에 보내진 마리는 세탁부로 또 청소원으로 일하다가 부유한 상인의 정부가 되었는데, 남자는 그녀에게 작은 아파트를 마련해 주고 소박하나마 여유 있는 삶을 누릴 수 있게 해 주었다.

그로부터 오래 지나지 않아 시골에서 상경한 이 농부의 딸은 파리 상류층 인사들이 눈독 들이는 코르티잔이 된다. 읽기와 쓰기를 배우고 피아노 레슨을 받으며 노력한 마리는 결국 '훌륭한 교육을 받고 방대한 분량의 책을 읽은 여성'으로 알려졌고, 이름도 좀 더 귀족적인 느낌을 주는 뒤플레시스로 바꿨다. 당시 그녀의 고귀하고 우아한 모습을 처음 대한 남자들은 누구도 '매춘여성'이라는 이미지를 떠올리지 못했다고 한다.

뒤마 피스와 사귀다 헤어지고 난 뒤 마리는 에두아르 드 페레고 백작과 결혼했지만 결혼생활은 짧게 끝났고, 이미 결핵에 걸려 있었던 그녀의 병세는 더욱 악화되었다. 그럼에도 건강을 돌보지 않고 마치 죽음의 공포를 이기려는 듯 향락에 더욱 몰두한 마리는 일 년도 안 돼 엄청난 빚을 진 채 세상을 떠났다.

3) 소설 『카멜리아 레이디』의 여주인공 마르그리트

마르그리트는 자신에게 반한 남자주인공 아르망(오페라 <라 트라비아타>에서는 알프레도)과 몇몇 친구들 앞에서 카를 마리아 폰 베버의 '무도회의 초대'를 피아노로 연주한다. 그러다가 기침을 시작하지만, 밤늦게까지 먹고 마시고 웃다가 결국 각혈을 하기에 이른다. 진정하기 위해 혼자 방으로 들어가 침대에 누운 마르그리트에게 아르망이 다가와 "이런 방탕한 생활이 당신을 곧 죽일 것"이라며 안타까워하자 마르그리트는 이렇게 답한다. "몸을 잘 챙기면 오히려 죽게 된다, 나를 지탱해주는 것은 지금의 열병 같은 삶이다, 몸을 돌보는 일 따위는 가족이나 친구들이 있는 여자들에게나 해당된다, 남자들의 허영이나 쾌락에 도움이 되지 못하면 우리들은 금방 버림받게 되어 있다. 요전에 두 달 동안 병석에 있었더니 3주째부터는 아무도 문병 오지 않았다…" 아무리 귀족처럼 호사를 누려도 코티잔은 결국 '아무것도 아닌 여자'였던 것이다.

　　기록에 의하면 실존인물 마리 뒤플레시스는 엄청난 사치와 허영에 빠진 채 경제적 능력을 기준으로 자신의 연인들을 저울질했다. 그러나 작가 뒤마 피스의 소설 속에서 '마르그리트 고티에'로 이상화된 마리는 사랑을 위해 재산과 향락을 포기하는 맑고 헌신적인 면모를 보여준다. 그런 마르그리트에게 약간은 남아있던 통속성마저 베르디는 자신의 오페라의 여주인공 비올레타 발레리에게서 완전히 제거했다.

4) 베르디의 사생활과 <라 트라비아타>의 연관성

이 작품으로 베르디는 가수 주세피나 스트레포니("자유롭고 독립적이고, 나처럼 고독을 즐기는 여인"-스트레포니에 대한 베르디의 묘사)와의 동거로 인해 사회에서 받은 스트레스를 표현했고, 부르주아 이중윤리와 가족이기주의를 비판했다. 또한 신분제도에 도전하며 코르티잔인 여주인공의 고귀한 품성을 강조한 작품이다. 베르디는 1852년에 초연된 연극으로 <카멜리아 레이디>를 처음 접했다. 개인적인 행복을 얻고자 하는 개인의 소박한 욕구가 좌절되는 과정을 그린 '주관성의 오페라'라는 점에서 이 작품은 오페라 역사상 획기적인 작품이다.

5) 음악적 특징

아리아 위주의 전통적인 오페라 형식을 극복하려는 시도가 나타난 2막의 긴 이중창(비올레타 &

제르몽)에서 탁월한 연극적 긴장감이 중요하다. 이 작품은 여주인공에게 공연의 성패가 달린 '프리마 돈나 오페라'로 만들어졌다. 소프라노 주역 가수는 리리코, 스핀토, 드라마티코, 콜로라투라의 특성을 모두 발휘해야 한다. 그러나 초연은 실패였다. 부적합한 캐스팅 그리고 전례없이 동시대의 일상적 현실을 비판해 관객의 심기를 불편하게 했다는 점 때문이다. "어제 저녁(초연) <라 트라비아타>는 완전히 실패였어. 내 잘못일까, 가수들의 잘못일까?(…) 하지만 때가 올 거야." 공연 직후 베르디가 친구에게 보낸 편지의 한 구절이다.

베르디는 극의 인물과 상황을 음악으로 탁월하게 그렸다. 비올레타의 아리아들은 이 역을 맡은 소프라노에게 대단히 어려운 고음과 고난도의 기교를 요구하는데, 이는 비올레타의 성격이나 그가 처한 상황 등이 매우 어렵고 복잡하다는 것을 음악으로 보여준다. 비올레타 역의 소프라노는 리리코, 스핀토, 드라마티코, 콜로라투라 등 다양한 창법과 음색을 구사할 수 있어야 하며, 이는 여주인공에게 집중하는 프리마돈나 오페라의 대표적인 예가 되었다.

추천 영상물(비올레타-알프레도-제르몽 순)

1) (DVD) 에르모넬라 야호/찰스 카스트로노보/플라시도 도밍고 출연, 안토넬로 마나코르다 지휘, 런던 코벤트가든 로열오페라 오케스트라 및 합창단, 리처드 이어 연출(앤드류 싱클레어 재연출), 2019년 로열오페라 실황(한글자막)

2) (DVD) 안나 네트렙코/롤란도 비야손/토마스 햄프슨 출연, 카를로 리치 지휘, 빈 필하모닉 오케스트라, 빈 국립오페라합창단, 빌리 데커 연출, 2005년 잘츠부르크 페스티벌 실황(한글자막)

3) (Blu-ray) 나딘 시에라/프란체스코 멜리/레오 누치 출연, 주빈 메타 지휘, 피렌체 5월음악제 오케스트라 및 합창단, 다비데 리베르모레 연출, 2021년 피렌체 5월음악제 극장 실황(마지오 무지칼레 피오렌티노)(한글자막)

2.2. 구노 <파우스트>(Faust, 1858): 악마 메피스토펠레스와 초기 자본주의의 명암

작품 개요

작곡: 샤를 구노(Charles Gounod, 1818-1893)

원작: 요한 볼프강 폰 괴테(Johann Wolfgang von Goethe, 1749-1832)의 『파우스트』 및 미셸 카레
　　　의 『파우스트와 마르그리트』

대본: 쥘 바르비에(Jules Barbier, 1825-1901) & 미셸 카레(Michel Carré, 1821-1872)

초연: 1859년 3월 19일 파리 테아트르 리리크(Théâtre-Lyrique)

배경: 16세기 독일

주요 등장인물

파우스트(Faust. 테너): 노년의 학자

마르그리트(Marguerite. 소프라노): 순진하고 신앙심 깊은 시골 처녀

메피스토펠레(Mephistopheles. 베이스): 악마. 원작의 메피스토펠레스

발랑탱(Valentin. 바리톤): 마르그리트의 오빠

시에벨(Siébel. 메조소프라노-바지역): 발랑탱의 친구. 마르그리트를 사랑

마르트(Marthe. 메조소프라노): 마르그리트의 옆집 아주머니

바그너(Wagner. 바리톤): 대학생. 발랑탱의 친구

주요 아리아와 중창

1) 발랑탱의 아리아 '고향을 떠나며'(Avant de quitter ces lieux)

2) 메피스토펠레스의 아리아 '금송아지의 노래'(Le veau d'or)

3) 마을 사람들의 합창(파우스트 왈츠) '가벼운 산들바람처럼'(Ainsi que la brise légère)

4) 파우스트의 아리아 '정결한 집'(Salut! demeure chaste et pure)

5) 마르그리트의 아리아(보석의 노래) '웬 꽃다발?'(Un bouquet!…O Dieu! Que de bijoux!)

6) 병사들의 합창 '우리 선조들의 불멸의 영광'(Gloire immortelle de nos aieux)

줄거리

1막 파우스트 박사의 연구실

평생 세상의 온갖 학문을 탐구하고도 "결국 아무것도 아는 게 없다"며 절망하는 노년의 파우스트 박사는 독약을 마시고 죽으려다가 마음을 바꿔 '사탄'을 부른다. 그러자 악마 메피스토펠레스가 나타나 젊음과 부와 사랑을 얻게 해 주는 조건으로 영혼을 가져가겠다고 제안한다. 망설이던 파우스트는 메피스토펠레가 젊고 아름다운 마르그리트(괴테의 원작에서는 '그레트헨')의 모습을 보여주자 단번에 사랑에 빠져 계약에 동의한다. 악마는 마법의 음료수로 파우스트를 젊은 귀족 청년이 되게 해준 뒤 함께 공간이동을 해 날아간다.

2막 마을 광장

마르그리트의 오빠인 발랑탱이 전쟁터에 나가면서 혼자 남는 여동생 마르그리트를 지켜달라고 하늘에 간청하는 마음으로 아리아 '고향을 떠나며'를 부른다. 부활절 마을 축제가 한창인 이곳에 당도한 파우스트와 메피스토펠레는 군중 속에 섞여드는데, 이때 메피스토펠레는 돈의 권력을 찬미하며 인간들을 비웃는 '금송아지의 노래'를 부른다. "금송아지는 모든 신들 위에 군림한다네. 아래를 내려다보니 기가 막힌 상황이! 인간들이 금송아지 발밑에 꿇어 엎드려…" 파우스트는 마르그리트에게 접근하지만 얌전하고 순진한 그녀는 당황해서 파우스트를 거절하고 집으로 가버린다.

3막 마르그리트의 집 앞

파우스트는 마르그리트의 집을 찾아와 "그 안에 사는 순결한 영혼을 느끼게 하는 정결한 집이여, 이 가난 속에 얼마나 충만한 부가 깃들여 있는가…"라는 내용의 아리아 '정결한 집'을 노래한다. 집 안에서 혼자 물레질을 하며 '툴레의 임금'이라는 옛 전설을 노래하는 마르그리트. 그녀는 파우스트가 선물로 보낸 보석 상자를 발견하고는 놀라면서도 그 안에 든 장신구들을 걸어보며 스스로의 모습에 황홀해한다(보석의 노래).

　　메피스토펠레와 이웃집 과부 마르트가 걸쭉한 농담을 주고받으며 들러리 역할을 하는 사이에 파우스트와 마르그리트는 진지하고 열렬하게 서로에게 빠져든다. 결국 열정에 들뜬 마르그리트는 파우스트에게 몸을 허락하고, 메피스토펠레는 매정하게 파우스트를 데리고 떠나버린다.

4막 성당

임신한 마르그리트가 온 마을의 손가락질을 당한다. 성당에 가서 간절히 기도해보지만 악마들의 목소리가 그녀를 에워쌀 뿐이다. 전쟁터에서 돌아온 오빠 발랑탱은 파우스트와 칼로 싸움을 벌이다가 메피스토펠레의 농간으로 치명상을 입고 여동생을 저주하며 죽어간다. 마르그리트는 태어난 아기를 실성한 상태에서 죽이고 만다.

5막 발푸르기스 산

발푸르기스 산에서 '마녀들의 제전'이 벌어지고, 여기서 즐기다가 마르그리트의 환영을 보게 된 파우스트는 서둘러 감옥으로 가서 그녀를 구해 도망치려 한다. 혼이 나간 상태에서 파우스트와의 사랑을 회상하던 마르그리트는 악마 메피스토펠레의 존재를 느끼고는 파우스트를 따라가지 않으려고 한다. 마침내 마르그리트가 쓰러져 죽자 메피스토펠레는 '심판 받았다'고 말하지만 천상에서는 그녀가 구원받았음을 알려준다.

감상 포인트

1) 작곡가 샤를 구노

아버지는 화가, 어머니는 뛰어난 피아니스트여서 어릴 때부터 예술적 분위기 속에서 성장. 가정에서 일찍부터 음악 교육을 받았다. 18세에 파리음악원에 입학. 작곡의 비중을 초기에는 교회음악에 두었다. 1839년 로마대상을 받아 로마에 유학하면서 팔레스트리나의 교회음악에 큰 영향을 받아 성직자가 될 생각을 굳히기도 했고, 멘델스존의 누나 파니 멘델스존과 교유하며 독일 교회음악의 영향도 많이 받았다. 그러나 프랑스로 돌아온 뒤 구노는 주로 오페라 작곡에 힘썼고, <파우스트> 공연이 성공하면서 프랑스를 대표하는 작곡가로 인정받게 되었다. <사포>(1851), <파우스트>(1859), <필레몬과 바우키스>(1860), <시바의 여왕>(1862), <미레유>(1864), <로미오와 줄리엣>(1867) 등이 그의 대표작이다.

2) 원작자 요한 볼프강 폰 괴테

1809년부터 죽을 때까지 약 20여 년간 괴테의 창작력은 절정에 달했다. 희곡『파우스트』1부 (1808), 소설『친화력』(1809), 자서전『시와 진실』1~3부(1811~13),『이탈리아 기행』(1816), 시집『서동시집』(1816)과『마리엔바트의 비가』(1823), 소설『빌헬름 마이스터의 편력시대』(1829),『시와 진실』4부(1830) 등이 모두 이 시기에 태어났다.『파우스트』2부는 1825년에 시작해 6년 뒤에 마쳤다. 그러나 발표는 괴테의 뜻에 따라 1832년, 괴테가 83세로 작고한 후에 이루어졌다. 작곡가 구노가 오페라에 채택한 부분은『파우스트』의 1부 '그레트헨의 비극'에 해당한다. 1부는 학문에 대한 회의, 사랑의 기쁨과 죄, 2부는 고전적 미의 이상과 '노력하는 인간'이 주제가 된다. 노년의 괴테는 '행위자로서의 파우스트'와 그의 인류애를 묘사하는 데 열정을 기울였다.

괴테는 문학사의 흐름 중 '질풍노도'(Sturm und Drang) 시대에 활동을 시작했다. 이 시기는 다른 말로 '천재의 시대'라고 불렸다. 괴테 시대에는 극작의 엄격한 규칙이 지배했지만 괴테는 이렇게 주장했다. "나는 규칙에 따르는 극을 당연히 단념해야 한다고 믿는다. 자유로운 대기 속으로 뛰쳐나가야만 나는 비로소 손과 발을 가지고 있음을 느낀다." 극작 원칙으로 창작의 실수를 평가하는 것은 중요하지 않고, 그 원칙을 뛰어넘어 만들어진 미적 의미가 오히려 본질적이라는 것이다.

3) 파우스트 전설과 괴테 이전의『파우스트』

1480~1540년 무렵에 생존했던 실존인물 게오르크 파우스트(Georg Faust) 박사가 괴테의『파우스트』의 모델이다. 그는 독일 비텐베르크, 에어푸르트 대학 등지에서 의학, 천문학, 연금술을 공부했고 의사로 활동했으며, 악마와 계약을 맺어 지옥에 떨어졌다고 전한다.

괴테 이전, 1587년 독일 슈피스(Spies) 판『파우스트』(Faust)에서 주인공은 원소를 획득하기 위해 영혼을 팔고 독수리 날개를 달려고 노력한다. 그의 동인(動因)은 향락이 아니라 '인식에 대한 갈망'이다. 작가는 주인공의 파멸을 통해 신을 잃고 무신론자가 된 사람들에게 경종을 울리려 했다. 1593년 영국 말로(Marlowe) 판『파우스트 박사』(Doctor Faustus)는 현세를 뛰어넘어 신이 되려는 주인공을 보여준다.

4) 『파우스트』의 악마 메피스토펠레스

괴테는 돈의 위력에서 즉 당시의 자본주의적 발전에서, 부패한 봉건사회를 몰락시키는 새로운 힘을 발견했을 뿐만 아니라, 그와 동시에 예로부터 인간을 타락시키고 인간과 환경을 지배하는 황금에 대한 탐욕을 꿰뚫어 보았다.

인간의 물욕과 성욕은 선과 악의 투쟁에서 가장 결정적인 요소로 부각된다. '발푸르기스의 밤'에서 묘사되는 적나라한 탐욕과 노골적인 성욕은 인간성에 있어 가장 악마적인 요소이다. 인간의 이성을 비웃는 메피스토펠레스의 견유주의와 마법이 의도하는 것, 즉 인간을 짐승으로 만드는 사탄의 충동으로 묘사된다.

　-나는 항상 악을 원하면서 선을 창조하는 저 힘의 일부

　-나는 항상 부정하는 영(靈)이다(Ich bin der Geist, der stets verneint).

　-나는 광명을 낳은 암흑의 일부

서울시오페라단 〈파우스트〉

5) 음악적 특성

원래 수도자로 살려고 했던 구노의 종교적 배경과 멘델스존 남매의 음악적 영향으로 <파우스트>에서는 독일 교회음악의 장중함을 찾아볼 수 있다. 여기에 구노가 로마대상을 받아 이탈리아 유학을 통해 오페라를 제대로 공부한 결과가 이탈리아적인 선율의 유연함으로 표현되었다. 이 오페라의 언어인 프랑스어에 의해 음악에 프랑스적 관능미가 덧입혀진 부분도 중요한 음악적 특성이다. 이 점은 특히 괴테의 원작과 달라진 여주인공 마르그리트(괴테 원작의 그레트헨)의 음악적 성격에서 잘 드러난다. 원작의 순수하고 경건한 독일 처녀에서 관능적 매력을 발산하는 프랑스 처녀로 여주인공이 달라졌고, 그 대표적인 예는 아리아 '보석의 노래'다. 그 때문에 독일 지역의 관객들은 이 오페라를 <파우스트>가 아닌 <마르그리트>로 불러야 한다고 주장했고, 괴테의 원작을 훼손한 오페라라며 분노하기도 했다.

추천 영상물(파우스트-마르그리트-메피스토펠레스 순)

1) (DVD) 요나스 카우프만/마리아 포플라프스카야/르네 파페 등, 야니크 네제 세갱 지휘, 뉴욕 메트로폴리탄 오페라 오케스트라 및 합창단, 데스 맥아너프 연출, 메트로폴리탄 오페라 실황, 2012년(한글자막)
2) (Blu-ray) 표트르 베찰라/마리아 아그레스타/일다르 압드라자코프 등, 알레호 페레스 지휘, 라인하르트 폰 데어 탄넨 연출, 빈 필하모니오케스트라 및 빈 필하모니아합창단, 잘츠부르크 페스티벌 실황, 2016년(한글자막)

2.3. 비제 <카르멘>(Carmen, 1875): 보헤미안 라이프 스타일

작품 개요

작곡: 조르주 비제(Georges Bizet, 1838-1875)

원작: 프로스페르 메리메(Prosper Mérimée, 1803~1870)의 소설 『카르멘』(Carmen, 1845)

대본: 앙리 메이야크(Henri Meilhac, 1831-1897) & 뤼도비크 알레비(Ludovic Halévy, 1834-1908)의

프랑스어 대본

초연: 1875년 3월 3일, 파리 오페라코미크극장

배경: 1820~30년경 스페인 세비야

주요 등장인물

카르멘(Carmen. 메조소프라노): 담배공장에서 일하는 집시

돈 호세(Don José. 테너): 바스크 출신의 군인

에스카미요(Escamillo. 바리톤): 호세의 연적이 되는 스타 투우사

미카엘라(Micaëla. 소프라노): 호세의 고향마을 처녀

메르세데스, 프라스키타(집시 처녀들), 수니가, 모랄레스(군인), 단카이로, 레멘다도(집시 밀수업자들) 등

주요 아리아와 중창

1) 카르멘의 아리아(하바네라) '사랑은 자유로운 새'(L'amour est un oiseau rebelle)

2) 카르멘의 아리아(세기디야) '세비야 성벽 너머'(Près des remparts de Séville)

3) 카르멘과 집시들의 노래 '시스트럼이 울리면'(Les tringles des sistres tintaient)

4) 에스카미요의 아리아와 합창(투우사의 노래) '여러분의 건배에'(Votre toast, je peux vous le rendre)

5) 돈 호세의 아리아(꽃노래) '당신이 던져준 이 꽃은'(La fleur que tu m'avais jetée)

6) 미카엘라의 아리아 '무엇도 두렵지 않다고 말하지만'(Je dis, que rien ne m'epouvante)

줄거리

1막 위병소와 담배공장 앞 광장

위병소에 한 처녀가 다가와 돈 호세를 찾지만 만나지 못하고 돌아간다. 휴식시간에 담배공장 여공들은 건물 밖으로 나와 다들 담배를 한 대씩 피워 물고 남자들과 유혹의 시선을 맞추며 "연인의 부드러운 속삭임은 마치 공중으로 사라져버리는 담배연기 같은 것…"이라는 나른한 노래를 합창

으로 부른다. 이때 다들 기다리고 있는 카르멘이 등장해 '하바네라'를 부르고 나서 하사 호세에게 꽃을 던져준다. 보수적이고 진지한 호세는 이 순간 카르멘에게 영혼을 빼앗기고 만다. 어머니 뜻에 따라 자신을 찾아온 얌전하고 착한 고향 처녀 미카엘라와 결혼하려 하지만 호세는 도저히 카르멘을 마음에서 몰아내지 못한다.

그때 담배공장 여공들끼리 싸움이 벌어지고, 자신을 모욕한 다른 여공의 얼굴에 칼자국을 낸 카르멘이 폭행죄로 체포된다. 그러나 카르멘은 자신을 감시하고 있던 호세를 '세비야 성벽 너머'라는 노래로 유혹한다. 도망칠 수 있게 도와주기만 하면 성벽 너머에 있는 파스티아의 술집에서 다시 만나주겠다는 노래다. 카르멘의 유혹에 저항하려다 결국 무릎을 꿇고 마는 호세는 감옥으로 이송할 때 실수를 가장해 카르멘의 도주를 도와준다.

2막 릴리아스 파스티아의 술집

다른 집시들과 함께 파스티아의 술집에서 노래하고 춤을 추면서 카르멘은 자기 때문에 한동안 감옥살이를 하다가 출옥하는 호세를 기다린다. 이때 유명한 투우사 에스카미요가 팬들을 거느리고 술집에 나타나 손님들의 환호를 받으며 '투우사의 노래'를 부른다. 모두가 떠난 술집에서 돌아온 호세만을 위해 춤추는 카르멘. 그러나 귀대 나팔소리를 듣고 호세가 떠나려 하자 카르멘은 화를 내며, 군대의 명령에 죽고 사는 호세를 조롱한다. 그러자 호세는 자신의 진심을 알리기 위해 서정적인 아리아 '꽃노래'를 부른다. 이때 상관 수니가가 흑심을 품고 카르멘을 찾아오자 호세는 질투심에 타올라 칼을 빼들고 자기 상관에게 대든다. 결국 하극상으로 군법회의에 넘겨질 상황에 처한 호세는 다른 선택의 여지가 없어 집시들과 함께 길을 떠난다.

3막 세비야 근처의 산속

그러나 시간이 지나면서 차츰 유랑생활과 범법자 신세에 불안과 회의를 느끼게 된 호세는 어머니께 가책을 느끼며, 카르멘은 호세가 자신과 맞지 않는 사람이라는 걸 깨닫는다. 한편 카르멘에게 반한 투우사 에스카미요는 집시들이 머무르고 있는 산 속까지 찾아와 카르멘을 투우장에 초대하고, 미카엘라도 이곳에 찾아와 호세의 어머니가 위독하다고 전한다. 그런 과정에서 카르멘과 호세의 관계는 질투와 원망과 증오로 처절하게 망가져간다.

4막 세비야의 투우장 앞

투우장 입장객들에게 부채와 오렌지, 담배 따위를 파는 장사꾼들의 합창이 세비야의 투우장 풍경을 생생하게 전해준다. 투우장에 가면 죽여버리겠다는 호세의 협박을 무시하고 카르멘은 투우장에 입장해 에스카미요와 사랑을 확인한다. 그때 어머니의 장례를 마치고 투우장에 온 호세는 카르멘에게 처음부터 다시 시작하자고 애원하다가, 카르멘의 냉정한 거절에 이성을 잃고 카르멘을 칼로 찔러 죽인다. 호세는 경찰에게 어서 자신을 체포하라고 말한다.

감상 포인트

1) 작가 프로스페르 메리메(Prosper Mérimée, 1803~1870)

프랑스 소설가이자 고고역사학자. 파리에서 태어나 화가였던 아버지의 원대로 법학을 전공하고 변호사가 되었다. 문학과 언어학, 고고학을 연구하면서 예술가, 학자들과 교류했고, 특히 스탕달과 친하게 지내며 그의 작품을 비평하기도 했다. 스페인의 역사와 문화에 관심이 많았고, 1829년 역사소설 『샤를 9세 연대기』를 발표했다. 단편집 『모자이크』(1833)에 수록된 『마테오 팔코네』, 『에트루리아의 항아리』 등의 작품과 코르시카 및 스페인의 강하고 열정적인 여성상을 그려낸 『콜롱바』(1840), 『카르멘』(1845) 등의 중편으로 명성을 얻었다.

1843년에 문화재관리국 감독관으로 임명되었고, 1844년에 아카데미 프랑세즈 회원, 1852년에는 나폴레옹 3세 왕비의 추천으로 상원의원이 되었다. 그 뒤 푸슈킨, 고골, 투르게네프의 작품들을 번역해 프랑스에 소개했다. 그의 대표작 『카르멘』은 감정을 억제한 객관적이고 간결한 묘사로 숙명적인 사랑의 격정과 그 뒤에 오는 황량함을 적나라하게 보여준다.

2) 소설 『카르멘』 줄거리

이 소설의 화자(話者)는 작가이자 고고학자다. 화자는 이전에 마주친 일이 있는 사내 돈 호세가 사형선고를 받자 감옥으로 찾아가 살인의 동기와 사형수가 된 과정을 듣는다. 돈 호세 자신의 이야기를 작가가 독자에게 전달하는 형식으로 쓴 중편소설이다.

바스크 지역 나바라 출신의 용기병(龍騎兵. Dragoon) 하사 돈 호세는 세비야의 담배 공장에서 위병(衛兵)으로 근무하던 중에 집시 카르멘에게 매혹당한다. 공장에서 시가를 만드는 여성 노동자 사이에 폭행사건이 일어나고, 폭행죄로 감옥에 가게 된 카르멘을 호세가 호송할 책임을 맡는다. 호세는 카르멘이 사귀겠다는 말을 믿고 실수를 가장해 카르멘의 도주를 돕는다. 이 때문에 호세는 한 달 간 영창에서 산 뒤 진급 직전에 일반병사로 강등된다. 호세를 다시 만난 카르멘을 독점하고 싶었던 호세는 밀회장소에서 마주친 군대의 상관과 질투심으로 싸우다 죽이게 된다. 어쩔 수 없이 군을 떠난 호세는 카르멘과 함께 집시 밀수업자 패거리에 가담한다. 호세는 카르멘의 남편 가르시아가 감옥에서 나오자 그와 결투를 해 가르시아를 죽인다. 그러나 카르멘의 남편이 되고 나자 카르멘의 사랑은 급속도로 식는다. 그라나다의 투우사(피카도르) 루카스를 사귄 카르멘을 되찾기 위해 호세는 단둘이 미국으로 건너가 새로운 삶을 시작하자고 카르멘에게 간절히 호소하지만, 냉정한 거절에 단도로 카르멘을 찔러 죽이고 경찰에 자수해 사형을 당한다.

3) 소설 『카르멘』과 오페라 <카르멘>의 차이

오페라 속 카르멘은 원작의 여장부 역 벗어난 팜 파탈(femme fatale) 이미지를 보여준다. 원작에 없었던 소프라노 주인공 미카엘라는 메조소프라노가 주인공인 오페라에 반드시 소프라노 주역이 필요하기 때문에 새로 창조된 인물이며, 호세의 비극을 강조하기 위한 설정이기도 하다. 돈 호세를 이유 없이 치정살인을 저지른 성격파탄자가 아니고 가정적인 행복과 미덕을 중시하는 정상인으로 관객에게 인식시키려는 장치다. 투우사 에스카미요는 원작의 하급투우사 루카스(피카도르)에서 스타투우사로 변신했다. 원작에는 감옥에 갔다가 카르멘의 도움으로 빠져나온 카르멘의 남편이 있었지만 오페라에서는 남편이 등장하지 않는다.

4) 작품의 음악적 특성

민요와 춤곡을 적절히 배합한 음악. 집시들이 주인공인 까닭에 일반적인 이탈리아 오페라와는 다른 음악적 스타일을 갖게 되었고, 이는 당시 이탈리아 가수들에겐 생소한 스타일이었다. 테너와 메조소프라노 주역들의 탁월한 이중창이 없고, 바리톤(투우사)의 비중이 너무 낮다는 점도 일반적인 이탈리아 오페라와의 차이점이다. <카르멘>의 초연이 실패한 이유는 폭력적인 죽음의 결말로 파리오페라코미크라는 '가족극장'의 규범을 깼기 때문이다. 당시 관객들에게는 <카르멘>의 리얼리즘이 지나치게 자극적이었고 여주인공은 부도덕함을 넘어 아예 도덕관념 자체가 없는 인물로 보였다. 특히 초연 당시 카르멘 역을 맡은 셀레스틴 갈리-마리의 공격적, 관능적 연기에 관객들이 혐오감을 표현했다. 빈(1875), 브뤼셀(1876), 리용, 마르세이유, 보르도, 상트페테르부르크, 나폴리, 피렌체, 마인츠, 하노버, 런던(1878) 등의 도시에서 성공을 거둔 후 1883년에야 <카르멘>은 리바이벌 공연으로 다시 파리에 돌아왔고 이후 프랑스에서도 인기를 끌게 된다. "관능을 무시하지 말라. 늘 모차르트를 곁에 두어라"라고 말했던 비제는 바그너 음악의 모방자로 비판 받았으나, 실제로 <카르멘>의 음악에서는 바그너의 영향이 거의 보이지 않는다.

5) 보헤미안 라이프 스타일과 철학자 니체(Friedrich Nietzsche, 1844-1900)의 찬사

1888년의 말기 저작 『바그너의 경우』(Der Fall Wagner)를 니체는 비제에 대한 찬사와 바그너에 대한 비판으로 시작했다. "(카르멘에서 우리는 배웁니다.) 결국에는 사랑을, 자연으로 다시 옮겨진 사랑을! '고결한 처녀'의 사랑이 아니고! 젠타(Senta: 바그너의 오페라 <방황하는 네덜란드인>의 여주인공. 유령선 선장의 영혼을 구원하기 위해 목숨을 바친다)의 감상도 아닌! 오히려 운명으로서의 사랑을, 숙명으로서의 사랑을; 냉소적이고 무구하며 잔인한 사랑을 배웁니다. - 바로 그래서 그 사랑에는 자연이 깃들어 있는 겁니다. 그 사랑의 수단 가운데는 싸움이 있고, 그 밑바닥에는 반대의 성(性)에 대한 철저한 증오가 놓여 있는 겁니다.(…) (많은 예술가들처럼) 바그너 역시 사랑을 제대로 이해하지 못했습니다. 그들은 사랑을 이기적이지 않다고 믿었습니다. 그 이유는 그들이 상대방의 이익을 바라면서 또 곧잘 자신의 이익에는 배치되는 것을 바라기 때문이지요. 하지만 그 대신에 그들은 상대방을 소유하기를 원합니다.(…) 신마저도 예외는 아닙니다. 신은 "내가 너를 사랑한다는 것이 너와 무슨 상관이 있단 말인가?"라는 식으로 생각하는 것과는 거리가 멉니다. - 사람들이 그에게 사랑으로 응답하지 않으면 그는 무시무시해집니다. 다음 격언으로 신과 인간 사이에서 옳은 판단을 내릴 수 있습니다. - 사랑은 그 무엇보다도 이기적인 감정이다. 그리고 그렇기 때문에 상처 받게 되면 전혀 관대하지 못하다."

-[니체 전집] 전집 15권, 『바그너의 경우』 중. 백승영 옮김, 책세상

추천 영상물(카르멘-돈 호세-미카엘라-에스카미요 순)

1) (DVD) 엘리나 가랑차/로베르토 알라냐/바바라 프리톨리/테디 타후 로즈 등, 야니크 네제 세
   겡 지휘, 뉴욕 메트로폴리탄 오페라극장 오케스트라 및 합창단, 리처드 에어 프로덕션, 2010년
   실황(한글자막)

2) (DVD) 안나 카테리나 안토나치/요나스 카우프만/노라 암셀름/일데브란도 다르칸젤로 등, 안
   토니오 파파노 지휘, 런던 코벤트가든 로열오페라하우스 오케스트라와 합창단, 프란체스카 잠
   벨로 연출, 2006년 실황(한글자막)

3. 문학과 신화의 심리극

18세기에는 과학기술이 발전하면서 체스를 두거나 악기를 연주하는 자동인형이 등장해 인기를 끌었다. 우리 시대 로봇이나 AI의 전신이라고 할 수 있는 존재다. 유럽에서도 특히 파리에서 이 인기는 가장 높았다. 오펜바흐의 <호프만 이야기>에 등장하는 올림피아나 들리브의 <코펠리아>에 나오는 코펠리아는 당대 사람들의 호기심과 두려움을 반영한다. 인간을 닮은 로봇은 그 유사성 때문에 매혹적이지만 동시에 인간의 정체성을 위협하는 두려운 존재이기도 하다. 프로이트는 올림피아의 경우처럼 인간과 기계의 경계가 모호해질 때 느껴지는 섬뜩한 감정을 '무서운 낯섦'(Das Unheimliche)이라는 개념으로 설명했다.

'오페레타(operetta)'란 오페라의 축소형으로, 비극으로 끝나는 일이 드물고 거의 해피엔딩인 음악극이다. '오페라 코미크'나 '오페라 부프'와 비슷하게, 노래 외에 연극처럼 말로 하는 대사가 나오며, 정통 오페라에 비해 대체로 소재가 일상적이고 가벼운 것이 특징이다. 음악 역시 경쾌하며 이해하기 쉬운 편이고, 대개는 화려한 춤 장면도 빠지지 않는다. 오펜바흐는 평생 거의 1백 편에 달하는 오페레타를 작곡해 19세기 파리를 오페레타의 중심지로 만들었다. 파리의 뒤를 잇는 오페레타의 중심지는 빈(Wien)으로, 요한 슈트라우스와 프란츠 레하르가 그 대표적 작곡가들이다. 이 오페레타라는 장르는 프랑스의 보드빌 등 다양한 장르와 더불어 뮤지컬의 탄생에 중요한 역할을 한다.

19세기 후반의 유럽 음악계를 지배한 바그너는 음악적으로는 오펜바흐와 대척점에 있지만, 신화를 음악극의 소재로 다뤘다는 점에서는 공통점을 갖는다. 오펜바흐가 오르페우스나 트로이의 헬레네 같은 신화의 소재를 익살스러운 패러디로 만들었다면 바그너는 신화를 대단히 진지하게 해석했다. 그러나 그는 신화의 세계를 있는 그대로 음악화하지 않고 신화를 현대화, 심리극화했다.

신화의 내용에서 자신의 창작의도에 적합한 부분만 골라내 각색해서 바로 우리 시대의 이야기로 재창조한 것이다.

바그너의 당대 오페라 비판

바그너는 일찍부터 철학과 문학에 열정을 보였지만 라이프치히 대학에 진학할 때 전공으로 선택한 것은 결국 음악이었다. 21세에 첫 '낭만적 오페라'(romantische Oper) <요정들>(Die Feen, 1834)을 뷔르츠부르크에서 작곡했고, 이때부터 본격적으로 작곡가의 길을 걸었다. 1936년에는 셰익스피어의 『이척보척』(Measure for Measure)을 토대로 한 코믹오페라 <연애 금지>(Liebesverbot)를 마그데부르크에서 초연했고, 같은 해 11월에 여배우 민나 플라너(Minna Planer)와 결혼한다. 바그너 부부는 1839년 9월에 런던으로 갔다가 그곳에서 다시 파리로 이주해 1842년까지 파리에 살았다.

이 시기에 바그너는 경제적으로 많은 어려움을 겪었지만, 파리의 예술적 토양을 토대로 문학적, 음악적인 면에서는 크게 성장할 수 있었다. 특히 이 시기에 만난 작곡가 리스트(Franz Liszt, 1811-1886)는 바그너에게 음악적으로 대단한 영향을 미쳤다. 작곡가 마이어베어(Giacomo Meyerbeer, 1791-1864)나 오베르, 작가 스크리브나 알레비의 영향도 컸다. 이들의 작품을 편곡하거나 필사하면서 바그너는 역사적 사실주의, 정열과 격렬한 갈등, 그리고 군중 장면과 오케스트라 효과가 관객의 흥미를 끌고 감동을 준다는 사실을 배웠다. 뿐만 아니라 이 빈곤한 시기에 바그너는 무정부주의자 프루동의 『사유재산이란 무엇인가』를 읽고 '사유재산=도둑질'이라는 생각을 갖게 되었으며, 이는 후에 바그너의 혁명 참여로 이어진다.

바그너는 동시대 오페라들을 '시각적, 청각적 쾌락을 목표로 삼아 무대 위 스펙터클과 기악의 부적절한 합성으로 타락한' 예술이라고 비판했다. 그는 그리스 비극을 예술의 극치로 이해하면서, 오페라는 '독일적 맥락에서 재창조되어야 할 원천적 종합예술'이라고 이해했다. 특히 베토벤의 교향곡 9번(1823년, 빈 초연)을 접하고 감명을 받아 자신의 음악극 아이디어를 발전시키게 되었다. 바그너는 음악의 기본 원리를 '교대(Wechsel)'와 '발전(Entwicklung)'의 원리로 규정하고, 자신은 고전주의적 교대의 원리를 혐오한다고 말했다. 오페라에서는 악상이 계속 발전되어야 하므로 반복이 있으면 안 된다는 주장이다.

뿐만 아니라 성악가의 목소리는 악기 음색과 혼합되어서는 안 되며, 음악극에서 성악부와 기악부는 다성악의 각 성부처럼 독립적으로 발전하며 전체적인 조화와 통일성을 이루어야 한다고 주장했다. 이런 창작 방식은 바그너의 음악적 언어 차이의 깨달음에 근거한 것이다. 자음이 강한 독일어로는 도저히 그 자체로 음악적인 이탈리아어의 멜로디와 리듬을 따라갈 수 없었기 때문에 바그너는 자신의 모국어에 적합한 작곡방식을 개발하고자 했다.

바그너 이전에도 '라이트모티프'라는 이름이 없었을 뿐, 작곡가들은 화성과 리듬에 변화를 주면서 작은 단위의 음악적 모티프를 발전시키고 확대시켰다. 그러나 바그너의 경우 이 라이트모티브는 음악적, 극적 기능을 동시에 지니는 개념으로, 특정 인물이나 특정 장면이 되풀이되어 나타날 때 그 인물이나 장면을 상징하는 선율이나 화성을 재현하여 청중의 기억을 일깨우는 기법이 된다. 철학자 쇼펜하우어(Arthur Schopenhauer, 1788-1860)의 『의지와 표상으로서의 세계』(Die Welt als Wille und Vorstellung, 1819)를 읽은 뒤로 바그너의 세계관은 완전히 달라진다. 쇼펜하우어의 '본질'은 플라톤에서와는 달리, 제거할 수 없는 고통과 알 수 없는 충동에 가득 찬 것이므로 그로부터 벗어나야 하는 어떤 것이다. 쇼펜하우어의 '의지' 개념은 의도적인 추구를 뜻하는 것이 아니라 '무의식적인 소망'을 뜻한다. 그에게 있어 음악은 고통에서 격리된 구역으로 설정된다. 즉, 모든 물질적인 것에 대비되는 형이상학적인 것이다. 1854년 이후 바그너는 이 쇼펜하우어의 형이상학을 전폭적으로 수용했다.

푸슈킨의 문학세계를 사랑한 차이콥스키

차이콥스키의 부모는 러시아 상류계층에 속했고 차이콥스키는 어릴 때부터 프랑스계 어머니에게서 피아노를 배울 수 있었으며 4세에 이미 작곡을 시작했다. 그러나 어린 나이에 부모를 떠나 상류층 기숙학교에서 공부해야 했던 차이콥스키는 심한 정서불안을 보였다. 어머니를 일찍 여의고 아버지의 뜻에 따라 법학을 전공한 그는 상트페테르부르크 법무성 관리로 일했지만 상트페테르부르크 음악원에 입학해 학업을 병행했다. 상트페테르부르크 음악원장 안톤 루빈스타인이 그의 재능을 칭찬하자 차이콥스키는 과감하게 관직을 포기하고 전업 작곡가의 길로 들어섰고, 25세(1865)에 새로 설립된 모스크바 음악원의 화성학 교수로 일자리를 얻었다.

차이콥스키의 전기를 집필한 그의 남동생 모데스트는 작곡에 대한 형의 과도한 열정과 집착을 언급했으며, 이로 인해 차이콥스키가 신경쇠약을 얻게 되었다고 기록했다. 동성애 성향을 지녔지만 이를 억누르려고 애썼기 때문에 차이콥스키는 거의 언제나 긴장과 스트레스 상태에 있었고 평생을 불행 속에 살아야 했다. 1866년에 교향곡 1번을 작곡한 뒤 신경쇠약을 얻은 그는 생애 내내 우울증을 완전히 떨치지 못했다. 초기작인 환상서곡 '로미오와 줄리엣'은 제자를 향한 동성애적 열정에서 태어났고, 당시 교우하던 러시아 5인조의 음악적 특성을 드러냈다. 이국적인 동양풍의 멜로디를 사용하며 5인조와 유사한 스타일을 보였지만 차이콥스키는 곧 5인조의 이국적 취향에 회의를 느끼고 이들을 멀리했다.

1877년 음악원 제자 안토니나 밀류코바에게서 사랑을 고백하는 편지를 받고 자신의 동성애적 성향을 숨길 목적으로 결혼을 결정했지만, 결혼생활을 도저히 견디지 못한 차이콥스키는 3개월 만에 혼인관계를 청산했다. 밀류코바 역시 정신적으로 문제가 있었고 결국 요양원에서 생을 마감했다.

글링카나 무소륵스키처럼 차이콥스키 역시 러시아의 대문호 푸슈킨의 작품을 오페라로 작곡했다. 푸슈킨 시대에 러시아 사회체제의 모순에 고민하던 러시아의 젊은 지식인들은 혁명을 조직하고 목숨을 걸고 싸웠다. 나폴레옹 전쟁 때 출전해 유럽을 알게 된 젊은 장교들은 유럽에 비해 정치·경제·사회·문화 면에서 크게 뒤진 조국 러시아를 구제하자는 의미로 '구제동맹'을 결성했고, 입헌정치와 농노제 폐지를 주장하는 '데카브리스트(12월 당) 운동'을 전개했다. 1825년 12월 14일, 황제 알렉산드르의 갑작스런 죽음과 니콜라이 황제의 즉위 사이에 3주간의 정치 공백이 생겼을 때 이들은 데카브리스트 반란을 일으켰으나 무자비하게 진압 당했다. 주모자 5명이 처형되었고, 120명이 유형에 처해졌다. 이런 혁명의 실패는 러시아의 젊은 지식인들을 체념과 무기력에 빠지게 했고 오네긴은 그런 대표적인 인간형을 보여준다. 푸슈킨, 고골, 투르게네프, 도스토옙스키, 톨스토이, 체호프로 대표되는 19세기 러시아 작가들은 자신이 살던 시대의 현실을 리얼리즘으로 보여주었다. 특히 푸슈킨의 작품에는 고전주의와 낭만주의 그리고 새로운 시대의 사실주의가 공존한다.

프랑스 오페레타의 선구자 오펜바흐

독일에서 태어나 성가대 지휘자 아버지에게서 바이올린과 첼로를 배운 오펜바흐는 14세 때 온 가족이 파리로 이주하면서 파리음악원에서 작곡을 공부했다. 파리 오페라코미크의 오케스트라 단원으로 활동하며 가끔 왈츠 등의 살롱음악을 작곡했던 그는 파리국제박람회가 열린 1855년 샹젤리제 거리에 '파리 희가극장'(Les Bouffes-Parisiens)이라는 자기 소유의 극장을 개관했다. 여기서 <지옥의 오르페우스>(Orphée aux enfers, 1858), <아름다운 헬레네>(La Belle Hélène, 1864), <푸른 수염>(Barbe Bleue, 1866) 등 사회적 풍자가 가득 담긴 희극 오페레타들을 무대에 올려 인기를 끌었고, 그의 유일한 오페라 <호프만 이야기>(1881)는 완성하지 못한 채로 세상을 떠났다.

오페라가 고상한 예술이라는 인식을 없애고 대중적인 인기를 얻으려고 오페레타를 발전시켰던 오펜바흐는 이미 누구에게나 익숙한 소재인 오르페우스 이야기의 패러디를 시도했다. '죽음을 뛰어넘는 절대적인 사랑'이라는 낭만주의적 이상이 사회적으로 널리 퍼져 있으면서도 그것이 결혼생활에만은 전혀 적용되지 않는 현실을 비판하려 했던 것이다. 이와 더불어, 일은 안 하고 시간만 흘려보내면서도 자신들을 대단한 존재로 착각하고 있던 당시의 고위관료들을 비웃기 위해 그리스 신화의 '게으른 신들'을 끌어들였다. <지옥의 오르페우스>는 재산증식과 사회적 평판에만 신경을 쓰면서 애정 없는 결혼을 유지하고 있는 상류사회의 부부들을 풍자하는 한편, 나폴레옹 3세 치하 제 2제정 시대의 엄격한 사회규범에 가려진 이중윤리와 궁정관리들의 무위도식을 비꼬고 있는 오페레타였지만, 정작 오페라 극장을 찾은 귀족들과 관리들은 자기 이야기인 줄도 모르고 신나게 웃으며 갈채를 보냈다.

"고전주의는 건강하고 낭만주의는 병적인 것이다"라는 괴테의 말은 19세기 소설가 E.T.A. 호프만에게 가장 잘 어울리는 표현일 것이다. 고전주의와 계몽주의의 반동으로 등장한 낭만주의는 엄격한 규칙이나 질서를 거부하면서 상상력과 환상의 무한한 가능성을 강조했는데, 특히 호프만 같은 작가는 이 환상성을 극단으로 몰고 가 독자에게 공포심을 불러일으켰고 인간의 어둡고 병적인 면을 파고들었기 때문이다. 내적인 분열을 상징하는 광인과 도플갱어의 빈번한 등장이 그 증거다.

3.1. 바그너 <트리스탄과 이졸데>(Tristan und Isolde, 1865): 에로스(eros)와 타나토스(tanatos)

작품 개요

작곡: 리하르트 바그너(Richard Wagner, 1813-1883)

대본: 리하르트 바그너

원작: 고트프리트 폰 슈트라스부르크의 『트리스탄』(13세기)

초연: 1865년 6월 10일, 뮌헨 궁정극장

장르구분: 한틀룽(Handlung)

배경: 4-5세기 경, 아서 왕이 남부 스코틀랜드의 여러 켈트 부족들을 규합해 앵글로 색슨 족에게
저항하던 시대

주요 등장인물

트리스탄(Tristan. 테너): 콘월의 기사

이졸데(Isolde. 소프라노): 아일랜드의 공주

마르케 왕(Koenig Marke. 베이스): 콘월의 영주

브랑게네(Brangaene. 메조소프라노 또는 소프라노): 이졸데의 시녀

쿠르베날(Kurwenal. 바리톤): 트리스탄의 부하

멜로트(Melot. 테너): 마르케의 신하

주요 독창 및 중창

1) 젊은 선원, 이졸데, 시녀 브랑게네의 노래 '바람은 서늘하게 고향으로 불고(Frisch weht der
Wind der Heimat zu)

2) 이졸데와 트리스탄의 이중창 '트리스탄! … 이졸데!'(Tristan! … Isolde!) 브랑게네와 합창 '어서
망토를!'(Schnell den Mantel!)

3) 트리스탄과 이졸데의 이중창 '오, 사랑의 밤이여, 내려오라'(O sink hernieder, Nacht der Liebe)

4) 마르케 왕과 트리스탄의 이중창 ‘그대가 정말 그런 의도로 그랬나?’(Tatest du’s wirklich?)

5) 이졸데의 사랑의 죽음 ‘부드럽고 고요하게’(Mild und leise)

줄거리

1막 항해 중인 배 위

콘월의 영주 마르케 왕과 정혼한 아일랜드의 공주 이졸데는 마르케의 조카인 기사 트리스탄의 호위를 받으며 배를 타고 콘월로 가고 있다. 예전에 트리스탄은 전쟁터에서 이졸데의 약혼자인 모롤트와 싸우다 그를 죽이고 자신도 치명상을 입었다. 어머니에게서 마법의 의술을 전수 받은 이졸데 공주만이 자신을 치료할 수 있음을 알고 트리스탄은 당시 신분을 감추고 이름을 바꿔 이졸데를 찾아갔는데, 두 사람은 이때 사랑하는 사이가 된다. 하지만 트리스탄은 자신의 명예를 위해 마르케 왕에게 이졸데를 신부로 데려다 주기로 약속한다. 자신을 사랑했던 남자가 마르케 왕에게 자신을 바친다는 사실을 참을 수 없어 이졸데는 시녀 브랑게네에게 독배를 주문한다. 트리스탄을 죽이고 자신도 죽이려 한 것이다. 그러나 시녀는 술잔에 독약을 넣는 대신 사랑의 묘약을 넣어서 주고, 그 묘약을 마신 두 사람은 심리적 장벽이 무너지면서 더욱 격렬한 사랑에 빠진다. 어느새 배는 콘월에 도착해 마르케를 찬양하는 군중의 환호가 들리지만, 두 사람은 몰아의 경지에서 깨어날 줄 모른다.

2막 콘월, 마르케 왕의 성

마르케 왕이 밤에 사냥을 떠나자 이졸데는 연인 트리스탄에게 건너오라는 신호를 보낸다. 달려 온 트리스탄과 이졸데는 뜨겁게 포옹하며 영원한 밤과 죽음을 찬미하고 대낮 세계의 덧없는 명예와 삶을 저주한다. 이들의 사랑의 이중창이 절정에 이르렀을 때 트리스탄의 충직한 부하인 쿠르베날이 달려들어와 ‘함정에 걸려들었다’라고 외친다. 트리스탄과 이졸데의 밀회를 눈치챈 마르케의 신하 멜로트의 계략으로 야간 사냥이 기획된 것이었다. 밀회현장에서 발각된 트리스탄에게 마르케 왕은 너무도 믿었던 그의 배신으로 절망한 자신의 심경을 노래한다. 트리스탄은 ‘어머니가 나를 낳고 떠나간 밤의 세계로 나도 간다’라고 말하며 멜로트의 칼에 맞아 쓰러진다.

3막 카레올, 트리스탄의 성

부하 쿠르베날은 트리스탄의 고향인 브르타뉴의 카레올로 주인을 데려와 정성껏 치료하고 있다. 목동의 피리소리에 혼수상태에서 깨어난 트리스탄은 태양이 빛나는 이 세상을 저주한다. 멜로트의 칼에 입은 상처 역시 이졸데 말고는 고칠 사람이 없기 때문에, 쿠르베날은 콘월로 사람을 보내 이졸데에게 연락을 취한다. 격정적으로 이졸데를 그리워하며 몸부림치던 트리스탄은 이졸데가 배를 타고 도착하자 그 품에 안겨 숨을 거둔다. 그런데 곧 뒤를 이어 마르케 왕의 배가 나타난다. 쿠르베날은 부하들과 함께 왕의 부하들에 맞서 싸우다가 멜로트를 죽이고 자신도 쓰러진다. 사랑의 묘약에 대한 브랑게네의 고백을 듣고 트리스탄과 이졸데를 용서하기 위해 이곳을 찾아왔던 마르케 왕은 오해로 빚어진 이 끔찍한 사태에 경악하며 한없이 슬퍼한다. 트리스탄과 포옹한 채 정신을 잃고 있던 이졸데는 브랑게네의 목소리에 눈을 뜨지만, '부드럽고 고요하게' 미소짓는 트리스탄 외에는 아무것도 보지 못한다. 최후의 노래인 '이졸데의 사랑의 죽음'과 함께 이졸데 역시 트리스탄과 더불어 황홀한 행복감 속에서 저 세상으로 떠나간다.

감상 포인트

1) '트리스탄' 전설과 중세문학

아일랜드 설화 중 하나인 디아르무이트(Diarmuid 혹은 Dermot)와 그레인느(Grainne 혹은 Grania)의 사랑 이야기에, 마크 왕의 결혼 및 트리스탄과 이즈의 탈출, 그리고 그들을 용서하는 마크 왕의 일화 등이 마치 같은 판에 찍어낸 듯 유사한 형태로 나타남을 볼 때, 트리스탄의 전설은 켈트인들의 감성과 꿈의 소산일 가능성이 높다.(…) 켈트족의 역사와 문화 및 종교가 갑자기 전설 속으로 사라져 버린 연유는 정확히 알려져 있지 않다. 그리고 프랑스대혁명 이전까지, 즉 절대왕권과 결탁한 그리스도교가 막강한 세력을 쥐고 있을 동안에는 켈트족이나 그들의 문화를 이야기하는 것이 일종의 금기였던 것으로 보인다.(…) 그러나 12세기 문학에 오면 트리스탄의 사랑 이야기가 은유 형식으로 나타나기 시작한다. Cercamon, Bernard de Vantadour, Chatelain de Coucy 등의 시인이 언급한 전설이 대표적인 예다. 하지만 그 전설이 최초로 서사시의 형태를 얻은 것은 마리 드 프랑스의 『인동덩굴』을 통해서이다. 그리고 거의 같은 시기에 아일하르트, 토마스 당글르테르, 베룰 등이 장편서사시 『Tristrant』 등을 내놓게 된다. 이들 중 가장 중요한 작품은 13세기 초에 쓰여진 고트프리트 슈트라스부르크의 『트리스탄과 이졸데』라고 할 수 있다. 그러나 13세기 말부터 18세기 말까지 약 5세기 동안 프랑스에서는 트리스탄 전설이 거의 자취를 감춘다. 정치적, 종교적 이유와 기타 사회적 요인이 작용한 것으로 보인다.(조제프 베디에의 『트리스탄과 이즈』를 위한 이 형식의 서문 요약)

2) 바그너가 『트리스탄』 소재에서 취한 요점

중세문학 속의 사랑을 현대적인 심리극으로 바꾸어 놓는 기교를 발휘해 바그너는 사회적 도덕과 의무가 지배하는 낮의 세계와 자연의 욕망이 인정되는 밤의 세계의 대립, 그리고 죽음을 통한 완벽한 합일을 보여 주려 했다.

독일 바이로이트페스티벌 〈트리스탄과 이졸데〉

3) 한틀룽(Handlung) <트리스탄과 이졸데>

'한틀룽'이라는 이 작품의 부제는 '그리스 식 드라마'를 의미한다. 이 독일어 단어는 외적 사건의 전개를 뜻하는 것이 아니라 등장인물의 내면 심리를 언어로 표현하는 그리스 비극의 방식을 뜻한다는 것. 바그너는 중세 기사문학 <트리스탄>에서 이 음악극의 소재를 가져왔지만, 그의 작품에서는 구체적인 역사적 배경이 무시되고, 오케스트라 음악 역시 사건을 설명하거나 묘사하는 방식을 취하지 않는다. 사건극이 아니라 심리극인 셈. 주인공 두 사람의 사랑의 고통과 죽음의 해방이 찬란한 대비를 이룬다. 세속적 명예와 격정적인 사랑 사이의 갈등, 삶의 질서를 상징하는 대낮의 세계와 죽음과 동경을 상징하는 밤의 세계 사이의 대결을 다루는 이 작품에서, 음악은 어둡지만 빛나며, 몽환적인 정서로 한없이 부풀어 오른다.

4) 음악적 특성: 무한선율(Unendliche Melodie)

a. 멜로디를 단락으로 끊지 않고 계속 확장시키는 기법. 휴지(休止)와 종지(終止)를 회피

b. 레치타티보와 멜로디 부의 분리를 없애는 기법: 무한선율이라는 용어를 바그너가 처음 사용한 것은 1860년 <미래음악Zukunftsmusik>에서였다. 드라마의 내적 행위가 전체 과정을 통해 지속적으로 펼쳐지고, 음악 역시 지속적 흐름을 유지해야 한다는 발상에서 만들어진 기법으로, 이것은 낭만주의의 무한성과 연관이 있다.

추천 영상물(트리스탄-이졸데-마르케 왕 순)

1) (Blu-ray) 안드레아스 샤거, 아냐 캄페, 스티븐 밀링 등, 다니엘 바렌보임 지휘, 베를린 슈타츠오퍼 오케스트라 및 베를린 슈타츠카펠레, 드미트리 체르냐코프 연출, 2018년 베를린 슈타츠오퍼 실황(한글자막)

2) (Blu-ray) 스티븐 굴드, 이블린 헤르첼리치우스, 게오르크 체펜펠트 등, 크리스티안 틸레만 지휘, 바이로이트 페스티벌 오케스트라 및 합창단, 카타리나 바그너 연출, 2015년 바이로이트 페스티벌 실황(한글자막)

3.2. 차이콥스키 <예브게니 오네긴>(Evgeny Onegin, 1879): 좌절된 혁명의 무력감

작품 개요

작곡: 표트르 일리치 차이콥스키(Pyotr Ilyich Tchaikovsky, 1840-1893)

대본: 표트르 일리치 차이콥스키, 콘스탄틴 쉴로브스키

원작: 알렉산드르 푸슈킨(Aleksandr Pushkin, 1799-1837)의 운문소설 『예브게니 오네긴』(1833)

초연: 1879년 3월 17일 모스크바 말리 극장

배경: 1820년대 제정 러시아

주요 등장인물

오네긴(Onegin. 바리톤): 러시아 상류사회의 청년

타치아나(Tatiana. 소프라노): 지방의 지주인 라린 가의 딸

렌스키(Lenski. 테너): 시인. 오네긴의 친구

올가(Olga. 메조소프라노): 라린 가의 딸

그레민(Gremin. 베이스): 상트페테르부르크의 공작. 퇴역장군

라리나(Larina. 메조소프라노): 지주의 미망인

필리프예브나(Filippyevna. 메조소프라노): 타치아나와 올가의 유모

자레츠키(Zaretski. 베이스): 결투 감독관

트리케(Triquet. 테너): 라린 가의 프랑스인 가정교사

주요 아리아 및 중창

1) 농노들의 합창 '오래 걸어 발이 아프다네'(Bolyat moyi skori nozhenki so pokhodushki)

2) 타치아나의 '편지 장면' '이걸로 끝이라 해도, 황홀한 희망을 품고'(Puskai pogibnu ya, no pryezhde)

3) 파티 손님들의 합창 - 왈츠 장면 '놀라워라!'(Vot tak syurpriz!)

4) 렌스키의 아리아 '어디로 가버렸나, 내 젊음의 찬란한 날들은'(Kuda, kuda, kuda vi udalilis)

5) 그레민 공작의 아리아 '사랑은 나이를 가리지 않는 법'(Lyubvi vsye vozrasti pokorni)

줄거리

1막

라린 가의 여주인 라리나는 나이든 유모 필리피예브나와 함께 두 딸 타치아나와 올가가 집안에서 부르는 사랑의 듀엣에 귀를 기울이며 옛 추억에 잠긴다. 소작인들은 추수한 작물을 지주 라리나에게 가져와 흥겹게 노래를 부르고 춤을 춘다. 소작인들이 가고 나서 시인이자 올가의 연인인 이웃 청년 블라디미르 렌스키가 친구 예브게니 오네긴을 데리고 라린 저택에 찾아온다. 타치아나는 오네긴을 보고 첫눈에 반하고, 오네긴 역시 활달한 성격의 올가보다 사색적인 타티아나가 훨씬 낫다고 렌스키에게 말한다. 올가와 렌스키가 자기들만의 시간을 갖는 동안 타치아나와 오네긴은 이야기를 나눈다.

타치아나는 유모에게 자신이 사랑에 빠졌음을 고백한다. 오네긴에게 격정적인 사랑을 고백하는 편지를 밤새 쓴 타치아나는 아침에 유모에게 부탁해 편지를 오네긴 집으로 전한다. 오네긴은 아침에 편지를 읽고 곧장 타치아나를 찾아와 냉정하게 훈계한다. 자신은 결혼할 생각이 없으며, 처녀가 섣불리 남자에게 이런 편지를 쓰는 것은 스스로에게 전혀 도움이 되지 않는다는 얘기다. 타치아나는 수치심과 절망감을 느낀다.

2막

타치아나의 영명축일 축하 무도회에서 손님들이 떠들썩하게 이 집의 잔치 분위기를 칭찬한다. 프랑스인 가정교사 트리케는 타치아나를 예찬하는 자작시를 노래한다. 파티에 온 손님들이 외지에서 온 오네긴에 관한 뒷말(도박꾼, 프리메이슨 회원)을 하며 수근거리자 오네긴은 이런 수준 낮은 파티에 자신을 데려온 렌스키에게 짜증이 나서, 일부러 올가를 유혹해 그녀와 계속 춤을 춘다. 이에 분노한 렌스키는 결국 화를 참지 못하고 오네긴에게 결투를 신청한다. 새벽이 되자 렌스키는 결투할 장소에 도착해 이 세상과 올가에게 작별을 고하는 노래 '어디로 가버렸나, 내 찬란한 젊은 날은'을 노래한다. 오네긴이 뒤늦게 나타나 두 사람은 결투를 벌이고, 렌스키가 오네긴의 총에 쓰러진다.

3막

몇 년 간 외국에 나가 있던 오네긴은 상트페테르부르크에 와서 그레민 공작 저택의 파티에 참석한다. 이곳에서 그는 퇴역장군 그레민의 아내가 된 타치아나를 오랜만에 다시 본다. 공작은 사기꾼과 아첨꾼이 넘쳐나는 세상에서 타치아나 같은 순수한 아내를 만나 너무나 행복하다고 노래하고, 철없던 시골처녀에서 귀족부인이 된 타치아나의 기품 있고 세련된 모습을 보자 오네긴은 갑자기 강렬한 회한과 열정에 사로잡힌다. 열렬한 사랑을 고백하는 오네긴의 편지를 받은 타치아나는 답을 보내지 않는다. 오네긴은 타치아나를 찾아와 사랑을 고백하며 열정을 토로하고, 이곳을 떠나 함께 살자고 말한다. 타치아나는 자신도 여전히 오네긴을 사랑하고 있다고 고백하지만, 남편에게 신의를 지키겠다고 단호하게 말한다. 타치아나는 방에서 나가버리고 오네긴은 수치심과 절망감으로 고통스러워한다.

감상 포인트

1) 푸슈킨의 원작소설과 차이콥스키 오페라의 차이점

5천행이 넘는 긴 운문소설 『예브게니 오네긴』에서 푸슈킨은 친척 아저씨를 간병하는 주인공 오네긴의 이야기로부터 작품을 시작한다. 사치스런 부모에게서 빚만 물려받은 러시아 사교계의 스타 예브게니 오네긴은 유산을 물려받기 위해 시골에 와서 이 친척 아저씨를 간병하며 끔찍한 지루함을 불평한다. 그러나 오페라에서는 이런 원작 도입부의 상황이 설명되지 않는다. 원작에서 오네긴은 '런던 스타일의 멋쟁이'로 불리며, 하루하루를 화려한 사교계 파티와 레스토랑, 극장과 밀회 장소를 왔다 갔다 하는 일로 보내던 인물이다.

이곳 시골에서 오네긴은 렌스키라는 젊은 시인을 사귀고, 그의 연인 올가가 사는 집에 함께 놀러갔다가 올가의 언니 타치아나를 만난다. 오네긴에게 빠져 열렬한 사랑의 편지를 보냈다가 그에게 냉정하게 거절당한 타치아나는 결투로 렌스키를 죽인 오네긴이 긴 여행을 떠난 뒤 오네긴의 집에 있는 책들을 읽고 그의 사고방식과 인간성을 이해하게 된다. 오페라에는 나오지 않는 부분이다. 또 원작에는 긴 여행 중에 겪은 오네긴의 체험이 들어 있다.

2) 원작자 알렉산드르 푸슈킨

알렉산드르 푸슈킨은 모스크바 귀족 가문에서 태어났다. 부모는 향락과 사치에 빠져 자식들의 교육을 프랑스인 가정교사에게 맡겨 놓은 채 별로 신경 쓰지 않았으며, 특히 아버지가 방탕한 생활로 가산을 탕진해 푸슈킨은 상속 받을 재산은커녕 빚만 잔뜩 떠안아야 했다. 이런 작가의 현실은 『예브게니 오네긴』에서 주인공 오네긴의 현실로 등장한다.

푸슈킨은 성질이 급하고 공부를 열심히 하지 않았지만 풍부한 상상력으로 문학적 재능을 키워나갔다. 푸슈킨이 『예브게니 오네긴』의 배경으로 삼은 자신의 동시대, 즉 1820년대 러시아에는 사치와 향락이 가득한 황실과 귀족들의 전제정치, 그리고 가장 비참한 농노제가 공존했고 이런 전제정치에 맞서는 저항운동도 활발했다. 프랑스혁명 이후 러시아에도 계몽주의와 진보사상이 들어왔고, 러시아 황제인 표트르 대제 때부터 유럽화 정책이 진행되었다. 또 1812년 나폴레옹의 러시아 침공에 맞서 싸우면서 러시아인들의 민족의식도 크게 성장했다.

3) 작곡가 차이콥스키의 지향점

음악은 탁월하지만 연극적 효과의 면에서는 문제점이 많다는 세르게이 타네예프의 지적에 대해 차이콥스키는 다음과 같이 대답했다. " 내 오페라의 무대효과가 빈약하다는 지적은 옳을 것입니다. 하지만 나는 무대효과라는 것을 무시한다고 대답해야겠습니다." 처음부터 차이콥스키는 이 오페라에 '서정적 장면들'이라는 부제를 달았다. 사건의 발전에 따른 극적 긴장의 고조 따위는 애당초 차이콥스키의 관심사가 아니었다. 그는 베르디의 <아이다>나 무소륵스키의 <보리스 고두노프> 같은 스펙터클에 관심이 없었다. "나는 이집트 공주나 파라오의 감정 따위엔 관심이 없다… 황제나 황후, 민중반란 같은 것도 (내 오페라에는) 필요하지 않다"는 것이 그의 견해였다.

4) '편지의 아리아'와 차이콥스키의 결혼

<오네긴> 최고의 명장면으로 꼽히는 이 타치아나의 편지 장면은 차이콥스키의 사생활에 결정적인 영향을 미쳤다. 타치아나를 거절한 오네긴에게 심한 거부감을 느낀 차이콥스키는 자신에게 편지로 열렬한 사랑을 고백한 모스크바 음악원 여제자 안토니아 밀류코바를 거부하지 못하고 그녀와 결혼했던 것이다. 제자에게서 편지를 받은 시점이 마침 이 편지 장면을 작곡한 직후였고, 차이

콥스키는 오네긴 같은 비정한 남자가 되고 싶지 않았다고 한다. 그러나 일찍부터 우울증에 시달렸고 동성애적 성향 때문에 심리적 고통이 더욱 과중했던 차이콥스키에게 문학적 환상에 기초한 이 결혼은 엄청난 재앙이 되었다. 차이콥스키가 자살기도까지 한 뒤 결국 두 사람은 헤어졌다.

추천 영상물(오네긴-타치아나-렌스키 순)

1) (Blu-ray) 마리우쉬 크비에이첸/타치아나 모노가로바/안드레이 두나에프, 알렉산더 베데르니코프 지휘, 볼쇼이 극장 오케스트라 및 합창단, 드미트리 체르냐코프 연출, 2008년 파리 국립오페라극장 실황(한글자막)

2) (DVD) 마리우쉬 크비에이첸/안나 네트렙코/표트르 베찰라 등, 발레리 게르기예프 지휘, 메트로폴리탄 오페라 오케스트라와 합창단, 데보라 워너 연출, 2013년 메트로폴리탄 오페라극장 실황(한글자막)

3.3. 오펜바흐 <호프만 이야기>(Les Contes d'Hoffmann, 1881): 로봇과의 사랑

작품 개요

작곡: 자크 오펜바흐(Jacques Offenbach, 1819-1880)

대본: 쥘 바르비에, 미셸 카레

원작: E.T.A. 호프만(E.T.A. Hoffmann, 1776-1822)의 소설 『고문관 크레스펠』(Der Rat Krespel), 『잠의 요정』(Der Sandmann) 등

초연: 1881년 파리 오페라코미크

배경: 19세기 독일 뉘른베르크, 로마, 뮌헨, 베네치아

주요 등장인물

프롤로그/에필로그

호프만(Hoffmann. 테너): 작가

니클라우스(Nicklausse. 메조소프라노): 호프만의 친구. 뮤즈의 변신.

린도르프(Lindorf. 베이스): 시의원

스텔라(Stella. 소프라노): 오페라 가수

앙드레, 루터, 헤르만, 나타나엘 등

1막

올림피아(Olympia. 소프라노): 로봇. 자동인형

스팔란차니(Spalanzani. 테너): 올림피아를 만든 과학자

코펠리우스(Coppelius. 베이스): 광학기술자. 올림피아의 안구를 제작

2막

안토니아(Antonia. 소프라노): 고문관 크레스펠의 딸

크레스펠(Crespel. 바리톤): 바이올린 제작자, 고문관

미라클(Miracle. 베이스): 의사

3막

줄리에타(Giulietta. 소프라노): 베네치아의 코르티잔

슐레밀(Schlemil. 바리톤): 줄리에타의 애인

다페르투토(Dapertutto. 베이스): 마법사

주요 아리아 및 중창

1) 호프만과 합창단 '바로 난쟁이 '클라인차크' 얘기!(Va pour Kleinzach)

2) 올림피아의 아리아 '새들은 나뭇가지 사이에'(Les oiseaux dans la charmille)

3) 안토니아와 호프만의 이중창 '사랑의 노래'(C'est une chanson d'amour qui s'envole)

4) 니클라우스와 줄리에타의 이중창(뱃노래) '아름다운 밤, 사랑의 밤'(Belle nuit, o nuit d'amour)

5) 다페르투토의 아리아(다이아몬드의 노래) '다이아몬드여, 빛나라!'(Scintille, diamant!)

줄거리

프롤로그: 뉘른베르크의 술집

작가 호프만에게 영감을 주는 뮤즈는 친구 니클라우스로 변신해 호프만을 따라다닌다. 오페라 가수 스텔라는 호프만과 연인 사이였지만 서로 싸우고 헤어졌다. 모차르트 <돈 조반니> 공연이 있는 날, 스텔라는 사람을 시켜 분장실 열쇠가 든 편지를 호프만에게 갖다 주게 해 화해를 시도한다. 하지만 스텔라를 탐내는 악마 같은 시의원 린도르프는 심부름꾼을 매수해 그 편지를 가로챈다. 호프만은 대학생들이 모여 왁자지껄 떠들고 있는 술집에 들어가 자신이 쓴 '클라인차크 이야기'를 들려준다. 학생들이 연애 얘기를 들려달라고 조르자 호프만은 스텔라를 회상하며 과거 세 명의 연인에 대한 이야기를 시작한다.

1막: 올림피아. 과학자 스팔란차니의 집, 로마

유명한 과학자 스팔란차니는 자동인형 올림피아를 만드는 데 성공한다. 호프만은 그 올림피아를 보고 한눈에 반한다. 니클라우스가 아무리 사실을 알려줘도 소용이 없다. 올림피아의 눈을 만들어 넣은 광학기술자 코펠리우스는 호프만에게 마법의 안경을 씌워 올림피아를 진짜 사람으로 믿게 만든다. 호프만은 '예'와 '아니오' 만을 말할 줄 아는 올림피아에게 사랑을 고백하고, 올림피아도 자신을 사랑한다고 믿는다. 무도회에서 올림피아와 함께 춤을 추던 호프만은 넘어지며 안경이 깨지고, 그때 코펠리우스가 나타나 '올림피아의 눈을 만들어준 대가로 받은 어음이 가짜'라며 올림피아를 산산조각 낸다.

2막: 안토니아. 고문관 크레스펠의 집, 뮌헨

호프만은 고문관 크레스펠의 딸 안토니아와 오래 헤어져 있다가 재회하게 되어 진심으로 기뻐한

II. 오페라의 전성시대(1800-1900)

다. 안토니아의 어머니는 유명한 성악가였지만 병으로 세상을 떠났고, 안토니아 역시 병을 앓고 있어 노래를 불러서는 안 되는 상황이다. 호프만과 안토니아는 함께 두 사람의 행복한 미래를 꿈꾸지만 예전에 안토니아의 어머니를 죽게 했던 악마 같은 미라클 박사가 이 집에 찾아온다. 아버지 크레스펠이 없는 사이에 안토니아에게 노래를 하라고 부추기며 미라클 박사는 안토니아의 어머니를 마법으로 불러낸다. 어머니의 환영을 보고 그 목소리를 듣게 된 안토니아는 끝없이 노래를 부르다가 바닥에 쓰러져 죽고 만다.

3막: 줄리에타. 베네치아의 저택

베네치아의 아름다운 밤. 화려한 코르티잔 줄리에타가 니클라우스와 함께 곤돌라를 타고 가며 '호프만의 뱃노래'를 부른다. 줄리에타의 저택에서 열린 파티에 갔다가 그녀에게 매혹 당한 호프만은 만남의 대가로 줄리에타에게 자신의 그림자(영혼)를 넘겨준다. 그러나 이미 줄리에타에게 빠져 자신의 그림자를 잃은 슐레밀이 호프만과 결투를 벌인다. 다이아몬드를 미끼로 줄리에타를 조종해 남자들의 그림자를 갖다 바치게 만드는 악마 다페르투토는 호프만에게 칼을 주어 슐레밀을 죽이게 만든다. 하지만 마침내 줄리에타를 얻게 되었다고 생각한 호프만 앞에서 줄리에타는 그를 비웃으며 다페르투토와 함께 곤돌라를 타고 사라진다.

에필로그

오페라 공연을 마친 스텔라가 호프만을 찾아 술집에 나타난다. 그러나 스텔라의 사과 편지를 받지 못한 호프만은 술김에 화를 내고, 이에 화가 난 스텔라는 린도르프와 팔짱을 끼고 가버린다. 마침내 여자들을 모두 호프만에게서 떼어놓은 뮤즈는 니클라우스의 모습을 버리고 본래의 모습으로 돌아와 호프만에게 속삭인다. "사랑은 떠나도 예술은 언제나 예술가 곁에 남는다", "사랑은 사람을 위대하게 하지만, 눈물은 더 위대하게 한다"는 위로의 말이다.

감상 포인트

1) 원작자 호프만(E.T.A. Hoffmann. 1776-1822)

법관, 소설가, 작곡가, 화가. 모차르트를 열렬히 숭배해 자기 이름 '에른스트 테오도르 빌헬름'에서 '

빌헬름'을 빼고 대신 '아마데우스'를 넣었다. 음악에 각별히 조예가 깊어, 그의 소설에는 음악 이야기가 거의 빠지지 않는다. 낮에는 신망을 얻는 법관으로 일했지만 퇴근한 뒤에는 한밤중까지 서재에 앉아 『스퀴데리 부인』, 『악마의 묘약』 등 오싹한 엽기 판타지 소설들을 썼다.

2) 작곡가 자크 오펜바흐(Jacques Offenbach, 1819-1880)

독일에서 태어났으나 14세에 가족과 함께 파리로 이주해 파리음악원에서 작곡을 배웠다. 파리 오페라코미크 극장에서 첼리스트로 일하며 왈츠 등의 살롱음악을 작곡하다가, 1855년 파리국제박람회와 관련된 지원을 얻어 샹젤리제 거리에 '파리 희가극장'(Bouffe Parisien)을 개관했다. 여기서 <지옥에 간 오르페>, <아름다운 헬레네>, <푸른 수염> 등 세태 풍자가 가득한 희극 오페레타들을 무대에 올려 인기를 끌었고, 유일한 오페라 <호프만 이야기>는 미처 완성하지 못한 채 세상을 떠났다. 총 100여 편에 달하는 오페레타를 작곡했고, 그의 오페레타는 빈의 요한 슈트라우스 및 레하르의 오페레타에 영향을 미쳤다.

3) 한 여성 안에 깃든 세 여성의 개성

1막의 올림피아는 남자들이 젊은 시절에 여자의 미모에만 끌려 '허영의 사랑'에 빠지는 것을 경고했다. 2막의 안토니아는 상대방을 위하고 배려하는 진실한 사랑, 즉 '교감의 사랑'을 상징한다. 3막의 줄리에타는 여성과의 관계에서 여러 차례 좌절과 환멸을 경험한 남자들이 체념 후에 빠지게 되는 '관능의 사랑'을 상징한다. 그러나 호프만이 이야기하는 이 과거 세 여인의 특성은 스텔라라는 현재의 연인 속에 집약되어 있다. 한 여성이 이런 다양한 특성을 모두 내포하고 있다는 사실에 착안하여, 올림피아, 안토니아, 줄리에타를 모두 한 소프라노가 부르기도 한다.

4) 음악적 특성

바이올린이 위로의 기능을 갖는 대신 주인공을 죽음으로 이끌어가는 등, 이 오페라에 등장하는 악기들은 인간소외의 상징이다. 올림피아의 노래는 당시 오페라 가수들의 지나친 기교주의적 가창, 그리고 소프라노 가수에게서 기예 같은 완벽함을 기대하는 청중에 대한 비판의 의미로 만들어졌다. 프롤로그에 등장하는 시의원 린도르프, 1막의 광학자 코펠리우스, 2막의 의사 미라클, 3막의 악마 다페르투토는 모두 한 사람의 베이스 또는 베이스바리톤 가수가 노래하게 되어 있다. 악마적 성향을 지닌 인물이 다양한 형태로 세상에서 활동하고 있음을 보여주는데, 상당한 성악적 기량과 연기력을 지닌 가수가 필요하다.

추천 영상물(호프만-줄리에타-다페르투토 순)

1) (Blu-ray) 비토리오 그리골로, 크리스틴 라이스, 토마스 햄슨 등, 안토니오 파파노 지휘, 로열오페라 오케스트라 및 합창단, 카스퍼 홀텐 연출, 2016년 로열오페라 실황(영어자막)

2) (Blu-ray) 다니엘 요한손, 케르스틴 아베모, 미하엘 폴레 등, 요하네스 데부스 지휘, 빈 심포니 오케스트라, 프라하 필하모닉 합창단, 스테판 헤르하임 연출, 2015년 브레겐츠 페스티벌 실황(한글자막)

3) (DVD) 닐 쉬코프, 베아트리스 위리아 몽종, 브린 터펠 등, 헤수스 로페스 코보스 지휘, 파리 국립오페라 오케스트라와 합창단, 로버트 카슨 연출, 2002년(한글자막)

4. 여성 캐릭터의 변화와 베리스모 오페라

19세기 말 이탈리아의 젊은 작가와 작곡가들은 화려하고 과시적인 오페라 무대에 회의를 느꼈다. 평범한 다수가 산업화에 따른 과중한 노동과 극심한 빈곤으로 고통스런 삶을 꾸리고 있는 시대에 오페라가 구시대의 찬란함을 고집하는 것은 시대착오적이라고 생각했기 때문이다.

그래서 이들은 가난한 농어민, 노동자들의 삶을 소재로 삼아 현실보다 더 적나라한 현실을 무대 위에 펼쳐 보이는 '베리스모'(verismo) 오페라를 개척했다. '베리(veri)'는 '진실', '스모(smo)'는 '이즘' 즉 '~주의'를 뜻하며, 문학에서는 프랑스 작가 에밀 졸라(Emile Zola, 1840-1902)로 대표되는 1870년 이후의 '자연주의' 경향에 해당한다. 있는 그대로의 현실을 묘사하는 사실주의에서 더 극단적으로 나아간 자연주의는 자연을 유일한 현실로 간주하는 입장으로, 자연과학자의 냉정하고 분석적인 시각으로 대상을 바라보는 방식을 취한다. 개인의 운명은 자신의 자유의지가 아니라 주로 유전과 환경요인에 따라 결정된다고 보는 자연주의는 소설이나 극 속에서 등장인물의 본능적이고 야만적인 속성에 주목한다. 그래서 결국 개인은 스스로의 욕망에 의한 동력과 외부에서 가해지는 폭력의 희생자로 그려진다. 베리스모의 탄생은 당대 사진예술의 발전과도 밀접한 관련이 있다. 작곡가 베르디는 현실을 사진처럼 적나라하게 묘사하는 이런 예술 경향을 그리 좋아하지 않았다.

19세기 말의 중요한 사회적 변화 중 하나는 여성의 참정권 및 선거권 요구와 사회적 지위 향상이다. 이 시기의 예술에서는 이에 따라 강하고 개성 있는 여성상이 집중적으로 나타나면서 다른 한 편으로는 이로 인한 남성의 심리적 불안이 표현된다.

강하고 개성적인 여주인공을 선호한 마스네

마스네(Jules Massnet, 1842-1912)는 파리음악원에서 샤를 구노와 앙브루아즈 토마에게 작곡을 배웠고, 1878년에는 그 스승들의 자리를 물려받아 파리음악원 교수로서 귀스타브 샤르팡티에 (Gustave Charpentier, 1860-1956) 같은 오페라 작곡가를 길러냈다. 초기에는 친구 작곡가 조르주 비제의 영향을 많이 받았고, 바그너와 리스트의 음악을 프랑스에 소개하는 데 많은 노력을 기울였다. 서정적이고 감각적인 음악으로 19세기 프랑스 오페라의 전통에 기여한 마스네는 강렬하고 독특한 개성을 지닌 여주인공들에게 이끌려, 살로메를 소재로 한 <에로디아드>(Hérodiade, 1881), 프레보의 소설 <마농 레스코>를 토대로 한 <마농>(Manon, 1884), 괴테의 여주인공 샤를로테가 중심에 놓인 <베르테르>(Werther,1892), 알렉산드리아의 무희 타이스를 주인공으로 한 <타이스> (Thais, 1894) 등의 걸작 오페라를 남겼다. 마스네가 성격이나 운명에 의해 비극적인 최후를 맞는 '위대한 연인'을 선호한 것은 개인적인 취향도 있었지만, 그 당시의 유행 때문이기도 했다. 이밖에 <노트르담의 곱추>(Le jongleur de Notre-Dame, 1902), <돈키호테>(Don Quichotte, 1910) 같은 오페라도 그의 성공작으로 꼽힌다.

그를 명실공히 프랑스의 대표 작곡가 지위에 올려놓은 <마농>은 불협화음과 반음계를 집중적으로 배열하고 라이트모티프를 사용해 바그너의 영향을 많이 받은 오페라로 평가된다. 1893년에 푸치니의 <마농 레스코>가 초연된 이후로 상대적인 인기가 낮아지긴 했지만, 마스네의 <마농>은 푸치니 작품보다 원작에 충실하고 좀 더 현대적인 화성을 사용한 것으로 긍정적인 평가를 받는다.

1892년 빈 국립오페라 극장에서 초연하고 1902년 마스네 스스로가 개정판을 발표해 베르테르 역을 테너에서 바리톤으로 바꾸어놓은 <베르테르>는 젊은 세 주인공의 삼각관계가 핵심이다. 괴테의 원작에서는 시민사회의 이성적 질서에 대한 도전과 주인공 베르테르의 반사회적, 사회 부적응적 성격이 주제가 되지만, 오페라에서는 그보다 서정적이면서도 드라마틱한 멜로디가 우선한다. 4세기 말 이집트 알렉산드리아를 배경으로 한 <타이스>(Thaïs, 1894)는 무엇보다도 '타이스의 명상'이라는 솔로 바이올린 중심의 관현악곡으로 유명하며, 타이스가 많은 남성을 유혹하는 탕녀에서 유일신에게 귀의하는 성녀로 변화하는 이 극의 핵심장면에 적절하게 쓰였다. <타이스>는 마스네의 어떤 오페라보다 선율이 유려한 작품이며, 특히 소재에 어울리는 음악의 관능성이 최고로 강조되어 있다. 그러나 마스네는 인기를 얻은 음악적 스타일을 지나치게 고수해, 19세기의 한계를 극복하려 하지 않았다는 비판도 받았다. 그의 주요 오페라 안에 어떤 사회비판이나 정치적 개혁의 분위기가 들어있지 않다는 점도 비판의 대상이 되었다. 그의 오페라들이 파리 부르주아 사회를 위한 엔터테인먼트 차원에 머물렀다는 비판이었다.

사회문제보다 개인 심리에 초점을 둔 마스카니

가난한 제빵사의 아들로 태어난 마스카니(Pietro Mascani, 1863-1945)는 13세에 오페라를 작곡할 정도로 음악적 재능이 뛰어났다. 밀라노 음악원에 입학했으나 2년 후에 중퇴했고, 콘트라베이스 연주자로 취직했다가 유랑 악단을 이끌고 유럽 곳곳을 돌아다녔다. 1888년, 신인 작곡가 등용을 위한 손초뇨(Sonzogno) 사의 단막 오페라 작곡 공모에 참여해 최고상을 받은 작품이 바로 <카발레리아 루스티카나>였다. 이때부터 오페라 작곡가로 유명해진 마스카니는 모두 16편의 오페라를 작곡했다. 페사로 음악원장, 로마 음악원장을 지낸 그는 무솔리니 독재 치하에서 국민음악가로 추대되었고, 그 때문에 동료 음악가들에게서 인간적으로 버림받았다.

<카발레리아 루스티카나>의 배경이 된 이탈리아의 시칠리아 섬은 어떤 지역보다도 지배계급에게 심하게 수탈당하고 전쟁에 시달린 지역으로, 가난하고 거친 삶 속에서 가족주의가 강해져 가족의 불명예를 반드시 피로 갚는 '피의 복수'가 전통적으로 일반화된 고장이다. 또 가톨릭 신앙이 어느 지역보다도 보수적이고 완고하게 뿌리박은 지역이기도 하다. 이 오페라의 제목 '카발레리아 루스티카나' 역시 '시골 기사' 라는 뜻으로, 시골 젊은이들이 마치 귀족 기사들처럼 결투를 해서 비극적 결말을 맞이한다는 사실을 비아냥거리는 어조를 띠고 있다.

이 오페라에서 가장 유명한 '간주곡'은 봄이 시작되어 만물이 소생하는 평화로운 시칠리아의 부활절 풍경을 담았지만, 불륜이라는 진실에 대한 응징의 복수극이 벌어지기 직전 '폭풍 전야의 고즈넉함' 같은 독특한 긴장을 품고 있다.

베르디의 오페라가 극적이면서도 여전히 주인공의 아리아에 초점을 두고 있는 것과는 달리, 마스카니의 이 오페라는 아리아보다 갈등하는 두 인물 간의 레치타티보 및 중창에 더 큰 비중을 둔다. 레치타티보와 중창이야말로 걸러지지 않은 분노와 증오의 감정을 그대로 표현하는 장면들이기 때문이며, 합창 역시 효과적으로 활용되었다. 원작소설에서는 '돈 잘 버는 상인'과 '가난한 농부' 사이의 갈등이 당시 시칠리아의 산업화에 의한 농민들의 빈민화를 비판하는 중심축이 되었지만, 마스카니의 오페라에서는 이런 사회비판적인 요소는 크게 축소되고 개인의 심리적인 문제가 더욱 비중 있게 부각되었다.

센티멘털리즘과 결합한 푸치니의 베리스모

이탈리아 루카의 4대째 성당 오르간 주자였던 집안에서 태어난 푸치니(Giacomo Puccini, 1858-1924)는 아버지를 다섯 살 때 여의고 어머니와 여러 누이들 사이에서 자라났다. 17세에 피사에서 베르디의 <아이다> 공연을 보고 오페라 작곡가가 되기로 결심을 굳힌 그는 교회 오르간 주자 일을 그만두고 밀라노 음악원에 입학해 작곡가 마스카니와 함께 폰키엘리에게서 작곡을 배웠다. <빌리>(Le Villi, 1884), <에드가>(Edgar, 1889) 등 초기 오페라가 실패로 끝났지만 <마농 레스코>(Manon Lescaut, 1893)의 성공으로 명성을 얻은 푸치니는 이후 <라 보엠>(La Bohème, 1896), <토스카>(Tosca, 1900), <나비부인>(Madama Butterfly, 1904), <투란도트>(Turandot, 1926)로 대중의 사랑을 받는 오페라 작곡가가 되었다.

대본작가들에게 요구사항이 많고 자신이 언제나 대본작업에 꼼꼼하게 개입했던 푸치니는 '극적 충격이 큰 작품이 아니면 처음부터 내 오페라의 소재로 택하지 않는다'고 공언하기도 했다. 푸치니는 자신 이전의 일반적인 이탈리아 오페라처럼 시적 언어를 살려 압축미를 강조하지 않고, 마치 TV드라마처럼 정황을 사실적으로 보여주며 대사를 통해 등장인물의 내면심리를 상세하게 드러냈다. <토스카>에서는 특히 연인의 목숨을 구하기 위해 경찰청장의 끔찍한 제안을 받아들여야 하는 여주인공의 고통스런 심리적 상황이 음악으로 탁월하게 묘사되었다.

1900년 1월 14일 로마에서 초연된 <토스카>는 <마농 레스코>나 <라 보엠> 같은 푸치니의 전작들보다 더 20세기 음악에 접근한 현대적 음악세계를 펼쳐보였다. 각 등장인물에게는 바그너의 음악극에서처럼 라이트모티프가 주어졌다. 토스카나 카바라도시, 스카르피아 뿐만 아니라 조역인 안젤로티 또는 성당지기까지도 자신을 나타내는 음악적 모티프를 갖게 되었다. 격정적인 극의 내용에 어울리는 어두운 선율과 자극적인 화성도 <라 보엠>의 서정성과는 큰 차이가 있다. 쉴 틈을 주지 않고 몰아치는 긴장감 넘치는 음악은 이 오페라를 '스릴러'로 불리게 만들었다.

4.1. 마스네 <마농>(Manon, 1884): 시대를 선취한 낭만주의적 사랑

작품 개요

작곡: 쥘 마스네(Jules Massenet, 1842-1912)

대본: 앙리 메이야크(Henry Meilhac) & 필립 질(Philipp Gille)

원작: 아베 프레보(Abbé Prévost, 1697-1763)의 소설 『기사 데 그리외와 마농 레스코 이야기』

　　　(Histoire du Chevalier Des Grieux et de Manon Lescaut, 1731)

초연: 1884년 1월 19일 파리 오페라코미크

배경: 1721년 프랑스 아미앵, 파리, 르아브르 가도

주요 등장인물

마농(Manon. 소프라노): 시골 처녀

데 그리외(Des Grieux. 테너): 신학생

레스코(Lescaut. 바리톤): 마농의 사촌오빠인 근위장교

데 그리외 백작(베이스): 주인공 데 그리외의 아버지

기요 드 모르퐁텐(Guillot de Morfontaine. 테너): 귀족

드 브레티니(De Bretigny. 바리톤): 귀족

여배우들, 여관주인, 군인들 등

주요 아리아와 중창

1) 마농의 아리아 '안녕, 우리의 작은 테이블이여'(Adieu, notre petit table)

2) 데 그리외의 아리아 '눈을 감으면'(En fermant les yeux, je vois la-bas)

3) 마농의 아리아와 가보트 '어디에 가든 여왕처럼 … 사람들이 부르는 대로 따르리라'(Je marche

　　sur tous les chemins … Obeissons quand leur voix appelle)

4) 데 그리외의 아리아 '이제 나 혼자군 … 아, 사라져라, 사랑스런 모습이여!'(Je suis seul! … Ah!

　　fuyez, douce image)

5) 마농과 데 그리외의 수도원 이중창 '당신의 손을 잡는 내 손이'(N'est-ce plus ma main que cette

main presse)

줄거리

1막 1721년 프랑스 아미앵(Amiens)의 여관

마차 정류소인 아미앵의 한 여관에서 방탕한 귀족 기요는 친구 드 브레티니 및 세 여배우를 거느리고 저녁식사를 주문하려 한다. 근위장교 레스코는 향락적인 성향이 강한 사촌 여동생 마농을 수녀원에 데려다 주는 임무를 맡아 이곳에서 기다리고 있다. 마침내 마차에서 내린 마농은 레스코를 보고 반가워한다. 마농에게 한눈에 반한 기요는 그녀에게 다가가 자신이 부자임을 과시하며 '함께 가자'고 수작을 걸다가 레스코에게 퇴짜를 맞는다. 잠시 레스코가 자리를 비운 사이 신학 공부를 마친 대학생 데 그리외가 다가와 마농에게 말을 거는데, 수녀원에 가야 한다는 마농의 말을 들은 데 그리외는 펄쩍 뛰며 파리로 가자고 한다. 마침 기요의 마차가 도착하자 두 사람은 그 마차를 타고 '사랑의 도피처' 파리로 도망간다.

2막 파리 비비엔(Vivienne) 가(街)의 작은 아파트

마농과 데 그리외는 파리의 작은 아파트에서 조촐하지만 행복하게 살고 있다. 그러나 마농에게 반한 귀족 드 브레티니와 그에게 매수된 사촌오빠 레스코가 이곳을 찾아낸다. 데 그리외가 "마농과의 결혼을 허락해 달라"고 자기 아버지에게 쓴 편지를 레스코에게 보여주는 동안, 드 브레티니는 마농에게 "오늘밤 백작이 와서 아들 데 그리외를 데려갈 것"이라고 일러주며 마농에게 최고의 호사를 누릴 수 있는 삶을 약속한다. 그 말에 마음이 흔들린 마농은 데 그리외와 헤어지기로 마음먹는다. 문 두드리는 소리에 밖으로 나간 데 그리외는 아버지가 보낸 사람들에게 납치되어 끌려가고, 마농도 그 집을 떠난다.

3막 파리의 렌(Reine) 거리

3년의 세월이 흐른 뒤 귀족 드 브레티니의 애인으로 살고 있는 마농은 화려하게 차려입고 축제가 한창인 센 강변 산책로에 나타난다. 이곳에 기요가 나타나 "오페라단을 불러서라도 마농의 마음을 사로잡겠다"고 말한다. 그러나 데 그리외의 아버지와 드 브레티니의 대화를 듣고 데 그리외가 생 쉴피스 수도원에 있다는 사실을 알게 된 마농은 새로운 열정이 솟아 기요가 데려온 오페라단의 공연을 보다말고 수도원으로 달려간다.

수도원으로 아들을 찾아온 데 그리외 백작은 결혼하라고 아들을 설득해보다가 포기하고, 아내의 유산을 아들에게 후원금으로 주고 간다. 그때 마농이 나타나 데 그리외에게 용서를 구하며 열렬하게 사랑을 고백한다. 하느님을 섬기는 일에 일생을 바치겠다던 데 그리외의 결심은 마농의 간곡한 호소에 무너지고, 두 사람은 데 그리외가 받은 유산으로 살림을 차린다.

4막 트랑실바니(Transylvanie) 호텔 도박장

마농의 향락적인 생활로 두 사람은 곧 파산에 이른다. 마농은 도박으로 돈을 벌자며 데 그리외를 억지로 트랑실바니 호텔 도박장으로 데리고 간다. 데 그리외는 기요와 도박을 해 많은 돈을 따지만, 분노한 기요는 '속임수를 썼다'며 데 그리외와 마농을 경찰에 고발한다. 두 사람은 감옥에 가게 되는데, 이때 데 그리외 백작이 나타나 아들을 꾸짖는다.

5막 르 아브르(Le Havre) 가도(街道)

백작인 아버지 덕택에 석방된 데 그리외는 다른 성매매 여성들과 함께 미국으로 유형을 떠나게 된 마농을 필사적으로 구하려고 한다. 그러나 레스코는 약속한 병사들을 모을 수 없었고 마농 구출계획은 수포로 돌아간다. 호송지휘관을 매수해 마농과 데 그리외는 마지막으로 잠시 얼굴을 볼 수 있게 된다. 쇠잔해진 마농은 절규하는 데 그리외에게 지난날을 사과하고, 그의 품에서 죽음을 맞이한다.

감상 포인트

1) 원작자 아베 프레보

프랑스 작가 앙투안 프랑수아 프레보(Antoin Francois Prevost, 1697-1763)는 직업이 가톨릭 수도자였기 때문에 '성직자'라는 의미로 '아베(Abbe) 프레보'라고 불린다. 그는 군인으로 인생을 출발했다가 베네딕트회 수사(修士)가 되었지만, 20대에 수도원을 떠난 뒤 영국과 네덜란드 등지를 떠돌

며 자신의 체험을 기록해 8권에 이르는 대작 <어느 귀인(貴人)의 회상>을 펴냈다. 그 가운데 7권
에 해당하는 것이 바로 『기사 데 그리외와 마농 레스코 이야기』다. 오랜 모험과 편력을 마치고 귀
향한 프레보는 다시 사제직으로 복귀해 조용한 여생을 보냈다.

2) 원작소설의 문학사적 의의

바로크 후기의 문학작품이지만 이미 낭만주의를 선취하고 있어 출간 당시 센세이션을 일으켰
고, 이후 문학사에서 기념비적인 작품이 되었다. 1720년대는 남녀가 애정으로 결합하는 낭만주의
적 결혼이 전혀 일반적이지 않았고, 특히 상류사회에서는 거의 상상할 수 없는 일이었다. 더군다
나 귀족 청년이 정조관념이 희박해 성매매를 일삼는 여성과 결혼하는 경우는 찾아볼 수 없었다.
100년 후에나 가능할 사회적 변화를 미리 예언한 셈이어서, 이 작품은 당대 사회에 충격으로 받아
들여졌고 젊은이들을 열광하게 했다. 후대 프랑스 작가 기 드 모파상(Guy de Maupassant, 1850-
1893)은 <마농 레스코>의 여주인공에 대해 "이제까지 문학작품에서 어떤 여주인공도 <마농 레스
코>에서처럼 선명하고 완벽하게 묘사된 일이 없었다. 어떤 여주인공도 마농만큼 철저히 여자다운
적은 없었다"라고 평했다.

3) 소설과 오페라의 차이

소설 『기사 데 그리외와 마농 레스코 이야기』(L'histoire du chevalier des Grieux et de Manon
Lescaut, 1731)라는 제목의 순서에서 알 수 있듯, 프레보의 소설에서 더 비중이 큰 인물은 데 그리
외라는 남자주인공이다. 몇 년에 걸친 지독한 사랑과 쾌락을 경험한 좋은 집안 청년이 마침내 사
회적 의무와 종교적 소명으로 돌아오는 과정을 그린 일종의 '성장소설'인 셈이다. 그러나 이 작품
이 연극, 오페라, 영화로 만들어졌을 때 언제나 핵심 주인공은 데 그리외가 아니라 여주인공 마농
이 되었다. 마농은 사치와 향락의 욕구를 결코 포기하지 못하는 부정적인 인물이지만 그러면서도
팜 파탈의 매력을 지니고 있어 극의 주인공으로 적절한 인물이기 때문이다. 소설 속에는 두 주인
공이 자신들의 향락적인 생활을 유지하기 위해 일삼는 온갖 범죄와 악덕이 가득하지만, 오페라에
서는 이들을 오히려 순수하고 감성적인 남녀로 그리고 있다. 오페라의 주인공은 반드시 관객의 공
감과 감정이입이 가능한 인물이어야 하기 때문이다. 마스네의 <마농>은 푸치니의 <마농 레스코>

에 비하면 훨씬 원작소설에 충실한 작품이지만, 미국 유형지에서 마농이 탈진해 죽는 원작과는 달리 오페라에서는 미국으로 출항하기 전 마농이 르아브르 항구에서 죽는 것으로 결말이 바뀌었다.

4) 비극의 동력: 남자의 열정 & 여자의 향락적 삶의 태도

마농은 미에 대한 탁월한 감수성을 지니고 있어, 우아하고 세련되지 못한 삶을 참지 못한다. 돈 자체에 집착하지는 않지만, 옷과 보석을 사고 오페라를 관람할 수 있는, 즉 걱정 없이 향락을 즐길 수 있는 돈을 언제나 필요로 한다. 데 그리외를 사랑하면서도, 그와의 더 안락한 생활을 위해 부유한 신사들에게 몸을 파는 것에 죄책감이 없다. 이 소설에서 남자주인공 데 그리외는 정열과 질투의 화신이다. 그는 따뜻한 부모가 있는 좋은 집안에서 양질의 교육을 받고 성장했으나, 마농을 만난 뒤로는 마농과의 행복이 삶의 유일한 목표가 되며, 그때문에 도박이나 사기, 범죄행위도 서슴지 않는다. 마농이 죽고 나서야 그는 그 집착에서 풀려난다.

5) 마스네의 <마농>과 푸치니의 <마농 레스코> 비교

<마농>은 프랑스어, <마농 레스코>는 이탈리아어로 대본이 쓰였다. 마스네의 무대는 아미앵, 파리의 아파트, 센 강가, 수도원, 도박장, 르아브르 가도의 5막이지만 푸치니는 아미앵, 파리 제롱트 저택, 르아브르 가도, 뉴올리언즈의 황무지로 바꿔 4막으로 작곡했다. <마농>은 1884년 파리에서 초연되었지만, 푸치니의 <마농 레스코>는 9년 뒤인 1893년 이탈리아에서 초연되었다. 연주시간에도 큰 차이가 있다. <마농>은 약 2시간 50분, <마농 레스코>는 약 2시간 분량이다. 마스네는 당대 유행이었던 바그너 음악극의 영향으로 <마농>에서 불협화음을 훨씬 많이 썼고 반음계를 집중적 사용했으며, 라이트모티프를 사용했다.

추천 영상물(마농-데 그리외-레스코 순)

1) (DVD) 안나 네트렙코, 롤란도 비야손, 알프레도 다차 등, 다니엘 바렌보임 지휘, 베를린 슈타츠카펠레, 빈센트 패터슨 연출, 2007년 베를린 국립오페라 실황(한글자막)

2) (DVD) 나탈리 드세, 롤란도 비야손, 새뮤얼 래미 등, 빅토르 파블로 페레스 지휘, 리세우 대극장 오케스트라 및 합창단, 데이비드 맥비커 연출, 2007년 리세우 실황(영어자막)

4.2. 마스카니 <카발레리아 루스티카나>(Cavalleria rusticana, 1890): 오페라 무대 위 피의 복수

작품 개요

작곡: 피에트로 마스카니(Pietro Mascagni, 1863-1945)

대본: 조반니 타르지오니-토체티(Giovanni Targioni-Tozzetti) & 귀도 메나시(Guido Menasci)

원작: 조반니 베르가(Giovanni Verga, 1840-1922)의 소설 『카발레리아 루스티카나』(1880) -> 연극 대본(1884) -> 오페라 대본(1890)으로 발전

초연: 1890년 5월 17일, 로마 콘스탄치(Constanzi) 극장

배경: 1880년경, 시칠리아 섬의 부활절

주요 등장인물

투리두(Turiddu. 테너): 군에서 제대한 마을 청년

산투차(Santuzza. 소프라노): 투리두의 연인. 마을 처녀

알피오(Alfio. 바리톤): 운송업자. 롤라의 남편

롤라(Lola. 메조소프라노): 알피오의 아내. 투리두의 옛 연인

루치아(Lucia. 알토): 투리두의 어머니. 선술집 주인

주요 아리아와 중창

1) 마을사람들의 합창 '오렌지 향기는 바람에 날리고'(Gli aranci olezzano)

2) 마을사람들의 합창 '주 찬미가: 부활절 행렬의 합창'(Inneggiamo)

3) 산투차의 아리아 '어머니도 아시다시피'(Voi lo sapete, o mamma)

4) 간주곡

5) 투리두의 아리아 '포도주를 마시자'(Viva il vino spumeggiante)

6) 투리두의 아리아 '어머니, 술이 독하군요'(Mamma, quel vino e generoso)

줄거리

갓 제대한 투리두는 자신과 사랑하던 롤라가 같은 마을의 알피오와 결혼한 사실을 알고 괴로워하다가, 자신을 위로해주는 처녀 산투차와 사랑하는 사이가 된다. 그러나 결혼한 롤라가 다시 유혹하자 투리두는 옛 사랑을 잊지 못해 다시 롤라와 밀회하기 시작한다.

이 사실을 알게 된 산투차는 투리두의 어머니 루치아에게 자신의 처지를 하소연하는 유명한 아리아 '어머니도 아시다시피'를 노래한다. 투리두의 집에서 기다리고 있던 산투차가 '간밤에 어디 갔었느냐'고 추궁하자 투리두는 '질투심 따위로 나를 잡아두지는 못할 것'이라며 오히려 화를 낸다. 소리 쳐도 간청해도 소용이 없자 분노를 참지 못하게 된 산투차는 롤라의 남편 알피오에게 롤라와 투리두의 관계를 폭로하고, 격분한 알피오는 투리두에게 복수할 것을 다짐한다.

부활절 미사를 마치고 광장에 나온 마을 사람들과 함께 포도주를 마시던 투리두는 그 자리에 나타난 알피오에게도 술을 권하지만, 알피오가 술을 거절하며 그를 모욕하자 알피오에게 달려들어 결투를 신청한다. 취한 채 집으로 돌아온 투리두는 어머니 루치아에게 산투차를 딸처럼 여겨달라고 부탁한 뒤 알피오와 결투를 하러 다시 나간다. 곧 마을사람들의 비명이 울려 퍼지고, 투리두는 알피오의 칼에 찔려 숨을 거둔다.

감상 포인트

1) 원작자 조반니 베르가

이탈리아 소설가, 극작가. 시칠리아에서 출생. 알렉상드르 뒤마 1세(『삼총사』,『몬테크리스토 백작』의 작가)를 모방한 소설로 출발, 20대에 피렌체에 진출하고 30대에는 밀라노에 정착했다. 프랑스 자연주의의 영향을 받았고, 고향 시칠리아를 무대로 하는 엄격하고 간결한 문체의 단편소설들을 썼다. 르포르타주 형식을 사용해 객관적 시점에서 진실을 묘사하려는 시도가 탁월하다.

2) 정신분석학과 베리스모

프랑스와 독일 자연주의의 영향으로 세기 말 이탈리아의 소설과 연극 분야에서 시작된 베리스모는 자연스럽게 오페라에도 영향을 미쳐, 1890~1910년 사이 약 20년간 오페라 무대를 지배한다. 작곡가 레온카발로의 <팔리아치>와 푸치니의 <외투>는 '치정살인'이라는 소재를 공통으로 지닌 베리스모의 탁월한 걸작들이다. 베리스모의 가장 중요한 토대가 되었다고 평가 받는 <카르멘>을 비롯해 대다수의 베리스모 오페라에는 치정(癡情. 남녀 간의 사랑으로 생기는 온갖 어지러운 정)이 등장한다. 왜 치정일까? 경제적 여유가 있고 주위에 사랑하는 가족과 친구들이 있고 제반 여건이 좋으면 대개 연애를 하더라도 상대방에게 극단적으로 집착하지 않는다. 그러나 빈곤층에 속하게 되면 이성 선택의 폭이 크지 않다. 그리고 사회적 고립감 속에서 더욱 상대방에게 집착하게 된다. 이들은 고통스러운 삶의 조건 속에서 현재와는 다른 삶을 꿈꾸다 흔히 배신과 치정으로 비극에 이른다. 평범한 행복을 꿈꾸지만 결코 그 행복에 도달할 수 없는 주인공들의 비극이다. 정신과 의사였던 지크문트 프로이트(Sigmund Freud, 1856-1939)가 정신분석학의 토대를 닦았고 <히스테리 연구>(Studien über Hysterie, 1895)를 출간했으며 여성의 참정권이 강화되었던 이 시대에 이런 베리스모 오페라가 등장한 것은 자연스러운 일이었다.

3) 시칠리아 섬과 '시칠리아나' 및 부활절 전통

이탈리아의 시칠리아 섬은 전통적으로 '피의 복수'가 일반화된 고장이다. 가족의 불명예는 반드시 피로 보복한다는 사고방식을 지니고 있다. 그와 동시에 가톨릭 신앙이 어느 지역보다도 보수적이고 완고하게 뿌리박은 지역이다. 부활절에는 성상(聖像)을 앞세운 사제들의 행렬예식이 거행된다. 연출가 프랑코 제피렐리는 그의 영화판 <카발레리아 루스티카나>에서 그런 종교적 전통을 사실주의적으로 보여주고 있다.

4) 아리아보다 극적인 대화

베르디나 푸치니 오페라가 극적이면서도 여전히 주인공의 아리아에 초점을 두고 있는 것과는 달리, 베리스모 오페라들은 아리아보다 두 사람 사이의 레치타티보 및 중창에 큰 비중을 둔다. 걸러지지 않은 분노와 증오의 감정을 그대로 표현하는 장면들이다. 합창 역시 효과적으로 활용된다.

5) 이탈리아 마피아의 기원

시칠리아의 고립된 지리적 조건으로 인해 수세기 동안 시칠리아가 무법상태에 있을 때, 시칠리아에 살지 않으면서 그곳에 토지를 보유한 부재지주들은 강도로부터 토지를 보호하기 위해 소규모

사병조직을 키웠고, 이들을 '마피에'(mafie)라고 불렀다. 18~19세기에 일부 사병조직이 자발적으로 세력을 키우고 지주의 곡식을 보호하는 대가로 지주로부터 큰돈을 갈취하는 등 시칠리아의 유일한 법으로 행세하게 되었다.

계속되는 외세의 지배 아래서도 마피아가 살아남을 수 있었던 이유는, 식민지 정부의 시칠리아 소외로 인해 시칠리아 주민들이 마피아의 특별한 사적 정의를 받아들였기 때문이다. 이 규칙은 오메르타(omertà), 즉 어떠한 상황에서도 법적 권위에 호소하지 않고 자신 또는 타인에게 일어난 범죄수사에 절대로 협력하지 않는다는 의무에 기초한다. 희생자와 그 가족들에게는 복수할 권리가 주어졌으며, 침묵의 규칙을 깨는 자에게는 마피아의 보복이 뒤따랐다. 마피아 현상은 1870년대 이탈리아 통일 직후부터 학문적으로 연구되었다. 그것을 시칠리아 인들의 독특한 도덕적, 문화적 가치로 보는 해석이 있었고, 마피아를 원초적인 형태의 사회적 저항으로 파악하는 사회적 해석도 있었다. 마피아에 대한 정치적 해석은 마피아가 정치권력과의 공모를 통해 지역 사회에 뿌리내린 '영토화 된' 범죄 권력이라는 점을 부각하고자 했다.

추천 영상물(투리두-산투차-알피오 순)

1) (DVD) 플라시도 도밍고, 엘레나 오브라초바, 레나토 브루손, 페도라 바르비에리 등, 조르주 프레트르 지휘, 라 스칼라 극장 오케스트라와 합창단, 프랑코 제피렐리 연출, 1985년 영화판(한글자막)

2) (Blu-ray) 브라이언 잭드, 아니타 라흐벨리쉬빌리, 로만 부르덴코 등, 로렌초 비오티 지휘, 네덜란드 필하모닉 오케스트라 및 네덜란드 국립오페라 합창단, 로버트 카슨 연출, 2019년 네덜란드 국립오페라 실황(한글자막)

4.3. 푸치니 〈토스카〉(Tosca, 1900): 외침과 절규의 음악화

작품 개요

작곡: 자코모 푸치니(Giacomo Puccini, 1858-1924)

대본: 루이지 일리카(Luigi Illica, 1857-1919) & 주세페 자코사(Giuseppe Giacosa, 1847-1906)

원작: 빅토리앙 사르두(Victorien Sardou, 1831-1908)의 희곡『토스카』(La Tosca, 1887)

초연: 1900년 1월 14일, 로마 코스탄치(Costanzi) 극장

배경: 1800년 6월 17일, 로마

주요 등장인물

플로리아 토스카(Floria Tosca. 소프라노): 오페라 가수

마리오 카바라도시(Mario Cavaradossi. 테너): 화가

스카르피아(Scarpia. 바리톤): 로마 경찰청장

체사레 안젤로티(Cesare Angelotti. 베이스): 공화국 영사

스폴레타(Spoletta. 테너): 스카르피아의 부하

성당지기(베이스): 성 안드레아 델라 발레 성당의 성당지기

주요 아리아와 중창

1) 카바라도시의 아리아 ‘오묘한 조화’(Recondita armonia)

2) 토스카와 카바라도시의 이중창 ‘내 말을 들어봐요’(Ora stammi a sentir)

3) 스카르피아의 아리아와 합창 ‘요원 세 명, 마차 한 대’(Tre sbirri, una carrozza)

4) 토스카의 아리아 ‘노래에 살고 사랑에 살고’(Vissi d'arte, vissi d'amore)

5) 카바라도시의 아리아 ‘별은 빛나건만’(E lucevan le stelle)

줄거리

1막 성 안드레아 델라 발레 성당(Sant'Andrea della Valle)

정치범으로 감옥에 갇혀있던 로마 공화국 영사 안젤로티가 탈옥해 성당 안의 기도실로 숨어든다. 안젤로티의 여동생은 도주에 필요한 변장용 옷을 이곳에 숨겨두기로 약속했다. 성당지기가 들어오고 곧 화가 카바라도시가 나타나 제대 배경화를 그리던 작업을 계속한다. 카바라도시가 그리고 있는 그림 속의 마리아 막달레나는 성당에 와서 날마다 기도하던 금발의 처녀가 모델이다. 그림

속 여성을 바라보며 연인 토스카를 떠올리는 카바라도시는 두 인물의 대조적인 아름다움을 비교하며 아리아 '오묘한 조화'를 노래한다.

성당지기가 떠나자 카바라도시 앞에 방금 탈옥한 공화파 동지 안젤로티가 나타난다. 그러나 곧 토스카가 나타나 카바라도시를 외쳐 부르자 안젤로티는 다시 기도실에 몸을 숨긴다. 토스카는 저녁 공연 후에 별장에서 밀회하자며 연인 카바라도시를 유혹한다. 카바라도시는 그러자며 토스카를 서둘러 내보낸 뒤, 안젤로티를 숨겨주기 위해 그를 데리고 자기 별장으로 향한다.

이들이 떠나자마자 성당 안에 경찰청장 스카르피아가 나타나 도주한 안젤로티의 흔적을 찾는다. 토스카는 갑자기 승전 축하연에 출연하게 되어 오늘 저녁에 만날 수 없게 되었다는 말을 카바라도시에게 전하려고 성당으로 다시 돌아온다. 카바라도시가 성당에 없어 실망한 토스카에게 스카르피아는 카바라도시에 대한 의심을 부추긴다. 그림 속의 여인이 카바라도시와 함께 별장에 갔다고 믿은 토스카는 서둘러 별장으로 떠나고, 스카르피아는 요원들을 풀어 토스카의 뒤를 밟게 한다.

2막 파르네제 궁(Palazzo Farnese)

안젤로티 사건을 이용해 카바라도시를 제거하고 토스카를 자기 여자로 만들려는 스카르피아는 집무실에서 식사를 하며 토스카에게 쪽지를 보낸다. 요원 스폴레타는 안젤로티를 잡으러 갔다가 실패하고 대신 카바라도시를 체포해 데려온다. 파르네제 궁에서 열린 승전 축하연에서 노래를 부른 뒤 토스카는 카바라도시가 위험에 처했다는 전갈을 받고 궁 안에 있는 스카르피아의 집무실에 찾아온다. 이곳에서 스카르피아는 고문기술자를 불러 카바라도시를 고문하면서, 토스카에게 안젤로티가 숨어있는 곳을 대라고 다그친다.

카바라도시를 살리기 위해 결국 토스카는 안젤로티의 은신처를 알려주고, 고문실에서 풀려나 그 사실을 알게 된 카바라도시는 토스카를 비난하며 괴로워한다. 그때 마렝고 전투에서 나폴레옹의 공화파 군대가 승리했다는 전갈이 오자 카바라도시는 '복수의 새벽이 왔다'며 기뻐하고, 분노한 스카르피아는 카바라도시를 감옥으로 보내며 내일 새벽에 그를 처형하라고 명령한다.

스카르피아는 토스카에게 한 번만 몸을 허락하면 카바라도시의 목숨을 살려주겠다고 제안한다. 새벽에 당장 연인을 잃게 된 토스카는 처절한 괴로움 속에서 아리아 '노래에 살고 사랑의 살고'를 노래한 뒤 어쩔 수 없이 그 제안을 받아들이고, 카바라도시와 함께 로마를 떠날 수 있는 통행증을 스카르피아에게 요구한다. 그리고 식탁에 놓인 칼을 집어 숨기고 있다가 스카르피아가 포옹하자 그 칼로 그를 찔러 죽인다.

3막 성 안젤로 성(Castello Sant'Angelo)

이른 새벽, 앳된 목동의 노랫소리가 들려온다. 사형수가 된 카바라도시는 감옥 옥상에서 별을 바라보며 토스카에게 마지막 인사를 남기려고 편지를 쓰려다가, 토스카와의 행복했던 날들을 돌이켜보는 아리아 '별은 빛나건만'을 절망적인 심경으로 노래한다. 그때 토스카가 나타나 카바라도시에게 '스카르피아를 죽였다'고 말하며, 처형은 거짓으로 집행될 거라고 알려준다. 총은 쏘되 총알은 장전되어 있지 않다는 것이다. 두 사람은 먼 곳으로 떠나 새로 시작할 행복한 삶을 함께 노래한다. 그러나 가짜 처형으로 살려주겠다는 말은 스카르피아의 거짓말이었다. 카바라도시는 총탄을 맞고 쓰러져 죽고, 스카르피아의 죽음을 알게 된 요원들이 토스카를 체포하러 달려오자 토스카는 안젤로 성 꼭대기에서 아래로 몸을 던져 삶을 마감한다.

감상 포인트

1) 오페라의 역사적 배경과 마렝고 전투

1798년에 나폴레옹은 이탈리아와의 첫 전투에서 승리를 거뒀고 그 결과로 로마 교황의 위신은 추락했다. 교황은 프랑스로 끌려가 이듬해 세상을 떠났다. 로마를 손에 넣은 프랑스는 로마를 공화국으로 선포한다. 1799년에 나폴레옹이 이집트 원정을 떠나자 오스트리아-러시아-영국 연합군은 로마를 공격했다. 당시 나폴리에서 왕위에 오른 페르디난도 4세와 왕비 마리아 카롤리나는 이해 9월에 로마까지 진격해 프랑스 군대를 몰아내고 로마공화국을 무너뜨렸고, 다시 권력을 잡은 군주제 옹호론자들은 공화파를 지지해온 자유주의자들과 계몽사상가들에게 보복과 박해를 가했다. 그러자 이탈리아의 공화파(혁명파) 세력은 지하로 은둔해 왕당파에 저항하는 투쟁을 시작한다. 이 오페라에 등장하는 주인공들은 가공의 인물이지만, 이들이 처한 정치적 배경은 로마가 당시 실제로 처했던 상황 그대로이다. 안젤로티와 카바라도시는 자유주의자이자 공화파의 동지이고, 스카르피아는 군주제를 옹호하는 편에 서 있다.

이집트 원정에서 돌아온 나폴레옹은 혼란스런 프랑스의 정치상황을 이용해 권력을 장악한다. 그런 다음 이탈리아 북부를 점령하고 있는 오스트리아를 치기로 마음먹는다. 전장인 마렝고(Marengo) 평원에 도착하기 위해 나폴레옹 군대는 알프스를 넘어야 했다. 1800년 6월 14일, 나폴레옹 혁명군과 멜라스 장군이 이끄는 오스트리아 군대는 마렝고 평원에서 격돌한다. 프랑스는 수적으로 열세여서 패색이 짙었으나 원군이 오면서 상황은 역전된다. <토스카>에 나오는 상황대로 처음에는 오스트리아군이 이기고 있었으나 전세가 뒤집혀 최종적으로 프랑스군이 전투에서 승리를 거뒀다. 이 상황을 스카르피아가 전달 받자 카바로도시는 기쁨에 넘쳐 '승리!'를 외치다 사형을 선고 받는다.

2) 푸치니와 원작자 사르두

프랑스 당대의 유명작가 빅토리앙 사르두(Victorien Sardou, 1831-1908)는 명배우 사라 베르나르를 위해 모두 7편의 희곡을 썼는데, 그 중 대표작인 이『토스카』를 토대로 이탈리아의 루이지 일리카와 주세페 자코사가 대본을 만들었다.『토스카』의 소재 자체는 중세부터 존재해왔고, 사르두 자신도 '16세기에 일어난 실화'라고 밝힌 바 있다. 사르두의 희곡 자체도 표절 시비에 말려 문제가 많았지만, 푸치니는 그에게 파격적인 원작료를 인세로 지불해야 했다.

3) 당대의 유행 '그랑 기뇰'의 도입

푸치니는 탁월한 무대 감각을 지닌 작곡가였고, 관객이 오페라극장에서 보고 듣고 싶어 하는 것이 무엇인가를 잘 알고 있었다. 그래서 당시에 파리에서 유행하던 공포괴기극 '그랑 기뇰'(Grand Guignol. '성인용 구경거리'라는 뜻으로, 살인, 고문, 자살, 엽기행각 등을 소재로 삼고 무시무시한 무대장치와 조명을 사용해 크게 인기를 끌었던 극의 장르) 기법을 <토스카>에 도입했고, 불협화음을 자주 사용해 극 전체의 불안과 공포를 더욱 생생하게 느끼도록 했다.

4) 로마에 실재하는 장소들이 오페라의 무대

1막의 성 안드레아 성당, 2막의 파르네제 궁, 3막의 성 안젤로 요새 등 로마의 명소이자 역사적인 장소들을 무대로 삼았다는 점도 관객의 흥미를 끄는 데 크게 도움이 되었다. 시간적 배경뿐만 아니라 장소까지 극적인 실감을 더했다. 3막에서 로마의 새벽이 열릴 때 들려오는 호른의 음색이나 목동의 서글픈 멜로디, 바티칸의 종소리를 음악으로 옮긴 성당 종소리 등은 이런 효과를 더욱 완벽하게 해주었다.

5) 토스카-카바라도시-스카르피아의 성격 분석

① 토스카: 무대에서 살아가는 오페라 가수답게 자부심과 자존감이 강하나 현실 감각이 부족하다. '노래에 살고 사랑에 살고'에서 자신이 남에게 해 끼치지 않고 늘 반듯하게 살아왔음을 강변하는 토스카의 태도는 이런 성격을 반영한다. 사랑에 빠진 여자 특유의 강렬한 소유욕과 질투심으로 인해 연인을 죽음으로 이끈다.

② 카바라도시: 능력을 인정받는 젊은 예술가(화가). 자신의 힘으로 세상을 변화시킬 수 있다고 믿는, 자신감에 찬 혁명가이자 무신론자. 혈기 넘치는 젊음의 오만으로 왕당파 비밀경찰들을 비웃었다가 화를 자초해 목숨까지 잃게 된다. 마지막 처형의 순간까지 연인과의 밀회를 회상하

2021년 대구국제오페라축제 〈토스카〉

는 낭만주의자이기도 하다.

③ 스카르피아: 원하는 것, 목표로 삼은 대상은 반드시 손에 넣는 집요하고 목표지향적인 성격. 원
　　래 하인의 아들로 태어났으나 가톨릭교회의 눈에 들면서 남작 작위와 경찰청장 지위를 얻어낸
　　입지전적 인물. 뇌물을 밝히며 호색한이어서 모두가 싫어하고 두려워하는 인물이다.

6) 드라마틱한 연기, 사고 많은 공연

극에 지나치게 몰입한 주역 가수들이 위험에 처하는 일도 종종 발생했다. 1965년 런던 코벤트가
든 로열오페라 공연 때는 2막 스카르피아의 집무실 장면의 책상 위에 있던 촛대에서 소프라노 마
리아 칼라스의 머리카락에 불이 옮겨 붙어, 당시 스카르피아 역을 맡았던 바리톤 티토 고비가 서
둘러 불을 꺼야 했다. 1920년대에 뉴욕 메트로폴리탄 극장에서 토스카 역을 노래하던 마리아 예
리차는 스카르피아에게 너무나 분노한 나머지 실제로 그의 배에 칼을 꽂아 상처를 입히기도 했다.

　　가장 위험한 장면은 역시 3막의 총살 장면. 이 장면을 더욱 사실적으로 만들기 위해 실제로
탄약을 사용하기도 하는데, 2005년 이탈리아 마체라타 극장에서는 카바라도시 역을 맡은 테너 파
비오 아르밀리아토가 공포탄에 다리를 맞아 의사가 무대 위로 뛰어올라왔고, 공연은 중단되었다.
심지어는 총살을 집행하는 연기자들이 무대 위에서 누구를 쏘아야 하는지 몰라 카바라도시 대신
토스카에게 총을 겨누는 일도 있었다. 또 여주인공이 성벽에서 뛰어내리는 마지막 장면에서 연습
때와는 다른 방향으로 뛰어내린 소프라노 가수가 골절상을 입는 경우도 있었다.

추천 영상물(토스카-카바라도시-스카르피아 순)

1) (Blu-ray) 크리스틴 오폴라이스, 조너선 테텔만, 가보르 브레츠 등, 마크 알브레히트 지휘, 빈 방
　　송교향악단 및 아르놀트 쇤베르크 합창단, 마틴 쿠셰이 연출, 2022년 빈 테아터 안 데어 빈 극
　　장 실황(한글자막)

2) (Blu-ray) 말린 비스트룀, 조슈아 게레로, 게보르크 하코비얀 등, 로렌초 비오티 지휘, 네덜란드
　　필하모닉 오케스트라 및 네덜란드 국립오페라 합창단, 배리 코스키 연출, 2022년 네덜란드 국
　　립오페라 실황(한글자막)

III. 오페라의 현재와 미래

(1900- 현재)

1. 낭만의 끝자락에서 혼돈의 시대로

19세기 후반 서구 음악계의 음악 청중은 그야말로 다양한 스펙트럼으로 분화되어갔다. 특히 오페라 분야에서는 통속적인 노래와 풍자적인 내용의 오페레타가 인기를 끌면서 카바레와 보드빌 등 가벼운 연극 연예 형태가 우후죽순 생겨나면서 새로운 오락거리를 즐기는 대중이 탄생되었다. 그럼에도 불구하고 진지한 내용의 전통적인 오페라 장르가 완전히 사라진 것은 아니었다. 오페라 장르의 형식과 양식 면에서 크나큰 변화를 가져왔던 바그너의 음악극 이후로 많은 작곡가들이 새로운 기법과 혁신적인 내용을 이 장르에 담기 시작했다. 19세기 후반에 이르러 전통적인 의미의 오페라 창작과 공연의 기세가 한풀 꺾인 것은 분명하나 많은 작곡가들은 여전히 이 장르와의 대결에서 자신의 개성을 드러냈으며, 20세기 초반까지 오페라 역사에서 주요 작품으로 꼽힐 만한 대작들이 발표되었다.

1900년을 기점으로 20세기 초반은 그야말로 혼돈의 시대였다. 문학, 회화, 조각, 건축, 음악 할 것 없이 모든 예술분야에서는 19세기까지 유럽 사회를 지배했던 왕정의 복고 문화가 그대로 유지됨과 동시에, 새로운 예술의 조류로 모더니즘이 꿈틀대기 시작했다. 특히 합스부르크 제국의 수도였던 도시 빈(Wien)에서 이러한 움직임이 가장 눈에 띄게 벌어졌는데, 이를 두고 역사문화학자 칼 쇼르스케(Carl Shorske, 1915-2015)는 '세기말 빈'(Fin de siecle Wien)이라 지칭했다.

20세기 초반 십여 년은 20세기보다 19세기 후반과 훨씬 더 강력하게 연결되어 있었다. 19세기를 강타했던 낭만주의는 세기 중후반에 등장한 이국주의 및 사실주의, 민족주의 등의 여파로 한풀 가라앉은 듯 했으나 20세기 초반까지 독일 및 오스트리아, 이탈리아 등지에서 여전히 강한 힘을 발휘했고, 프랑스에서는 프랑스적인 새로운 예술사조로 인상주의(impressionism)가 등장했으며, 스페인과 체코, 헝가리 등에서는 민족주의 경향이 강하게 남아있으나 낭만주의와 모던한 새로운 스타일의 오페라가 나왔다.

세기말적 데카당스 오페라를 구현한 R. 슈트라우스

19세기 말 예술에서는 당시 유럽의 시대 사회적 분위기를 반영하는 데카당스 경향이 나타났다. 세기 말의 종말론적 염세주의와 함께 로마 말기의 퇴폐적인 문화를 모델로 하는 데카당스는 성과 에로스에 대한 관능적 성향, 병적인 상태에 대한 탐닉과 기괴한 제재에 대한 흥미 등을 특징으로 한다. 독일의 대표적인 후기 낭만주의 작곡가 R. 슈트라우스(Richard Strauss, 1864-1949) 역시 이러한 유행을 작품에 담았다. 그의 오페라 <살로메>(Salome, 1905)는 오스카 와일드의 희곡을 바탕으로 한 것으로, 성경을 기초로 하지만 세례 요한에 대한 살로메의 비정상적인 집착, 피와 죽음, 시체에 대한 광기어린 욕망 등으로 인해 관능적이면서 퇴폐적이라는 평을 받았다. 규모와 길이 면에서 단막으로 된 그다지 크지 않은 작품이지만, 오페라 장르가 표현할 수 있는 주제와 내용 등의 확장이라는 점에서 맥시멀리즘(maximalism)의 징후로 읽을 수 있다. 이 작품으로 어마어마한 대중적 성공과 인기를 끌었던 R. 슈트라우스는 교향시(Symphonische Dichtung) 장르에서 터득한 표현력과 묘사력을 오페라에 전적으로 쏟아 부었다.

슈트라우스의 다음 오페라 <엘렉트라>(Ellektra, 1908)는 고대 그리스 비극인 소포클레스의 희곡을 빈의 극작가 후고 폰 호프만슈탈(Hugo von hofmannsthal, 1874-1929)이 각색한 대본으로 작곡되었다. 광적인 증오와 복수의 감정에 근친상간이라는 오래된 금기를 위반하는 줄거리를 더해 현대적으로 각색하여 이 역시 데카당스적 경향을 띠는 작품이다. 반면 <장미의 기사>(Rosenkavalier, 1909-1910)는 앞의 두 작품과 전혀 다른 세계로 안내한다. 18세기 빈의 귀족적인 분위기를 연상시키는 우아하고 양식화된 에로티시즘을 선보이는 이 작품은 음악적으로도 극단적인 불협화와 반음계주의 및 조성적 불안정성 대신 온음계적이고 매끄러운 선율과 세련된 관현악이 두드러진다. R. 슈트라우스의 오페라는 강렬한 등장인물들에 대한 묘사와 극적 전개를 음악이 수사적이면서 효과적으로 표현하게 했다.

반 바그너주의자(Anti-Wagnerian) 드뷔시의 인상주의 오페라

바그너 이후 프랑스에서는 독일 오스트리아 음악의 주도에 대항하여 '진정한 프랑스 예술'을 추구하고자 하는 움직임이 생겨났다. 독일에 대한 정치사회적 적대감과 동시대 문학과 회화로부터의 자극으로 인해, 19세기 말과 20세기 초 프랑스 음악은 강렬한 수사학적 표현을 축소하고 즉각적인 즐거움과 아름다움을 추구하는 등 독일과는 다른 방향으로 나아갔다. 특히 바그너에 대한 양가적인 태도가 두드러졌는데, 한편으로는 서양음악사에 크나큰 영향력을 미친 바그너의 라이트모티브 기법과 음악극 장르를 모방하고 숭배하는 동시에 다른 한편으로는 바그너를 풍자하고 조롱하며 분명한 선을 그었다.

R. 슈트라우스와 동시대를 살았던 프랑스 작곡가 드뷔시(Claude Debussy, 1862-1918)는 바그너식의 과장된 극적 전개와 과도한 음악적 표현에 대항하여, 우아한 감수성과 심미안, 절제와 같은 프랑스적 특성을 내세웠다. 인간 내면의 깊은 감정을 표현하고자 하거나 긴 이야기를 서사적으로 전개하는 낭만주의 음악과 달리, 드뷔시의 음악은 순간적 느낌이나 기분, 정취를 포착하는 방식으로 되어있다. 조성감은 모호하고 형식은 불분명하며 선율은 흐릿한 이러한 그의 음악적 특성으로 인하여 인상주의 회화와 연결되지만, 사실 그의 음악은 상징주의(symbolism) 시의 특성과 더 가깝다. 즉 표준적인 통사를 위반하면서 문법이나 의미보다 뉘앙스를 살리는 상징주의 시처럼, 드뷔시 역시 전통적인 구조와 형식이 아니라 음악의 표면, 즉 음색에 주목하게 한다.

드뷔시의 유일한 오페라 <펠레아스와 멜리장드>(Pelleas et Melisande, 1893-1902)는 바그너의 <트리스탄과 이졸데>와 명확한 연관성을 가진다. 바그너 작품에 대한 응답으로서 끊이지 않는 선율과 장면들을 이어주는 기악 간주는 바그너의 영향을 분명하게 보여주지만, 내용 전달에 있어서 희미한 암시와 차분한 음색, 억제된 표현성과 신비로운 분위기의 연출은 드뷔시의 개성을 돋보이게 한다.

낭만주의를 기반으로 현대성을 싹틔운 푸치니의 후기 오페라

푸치니의 후기 오페라로 일컫는 <서부의 아가씨>(La fanciulla del West, 1910), <론디네>(La rondine, 1916), <외투>(Il tabarro), <수녀 안젤리카>(Suor Angelica), <잔니 스키키>(Gianni Schicchi)로 구성된 <3부작>(Il tritico, 1918)은 확실히 그의 초기작이자 대표작인 <라 보엠>(La Bohème, 1896), <토스카>(Tosca, 1900), <나비부인>(Madama Butterfly, 1904) 등과 결이 다르다. 즉 그의 후기 오페라 작품들은 이전 작품들처럼 아름다운 아리아의 선율을 강조하는 대신, 극적인

전개에 따라 끊임없이 변화하는 음악적 표현에 주력한다. 그래서인지 극과 음악의 긴밀한 유기성이 돋보인다.

푸치니는 분명 19세기 이탈리아 오페라의 전통을 계승하는 작곡가이지만, 시대의 흐름에 따라 자연스럽게 변화하여 자신만의 고유한 개성적 양식을 확립하였다. 그의 오페라에서는 로시니에서 시작되어 베르디로 연결되어 나타나던 오페라의 표준화된 장면 구조가 나타나지 않는다. 즉 관현악 도입부와 레치타티보로 시작하여 느리고 서정적인 칸타빌레(cantabile)와 활기차고 화려한 카발레타(cabaletta)로 이어지는 전형적인 형태가 폐기되고, 상이한 템포와 특징을 지닌 부분들의 불안정한 연결로 대체되는 것이다. 이는 여러 다른 배경과 상황, 인물들이 부딪히는 극적인 줄거리에서 음악이 뽑아져 나오는 푸치니 특유의 작곡 방식에 기인한다.

거기에 레치타티보와 아리아의 구분은 더욱 모호해졌고 바그너의 라이트모티브 작법을 적극적으로 받아들였을 뿐 아니라 다양한 음악 양식들이 각각의 특색을 유지한 채 병치되어, 푸치니의 후기 오페라 작품들에서 음악은 극보다 앞서 극을 이끌어간다. 물론 여전히 서정적인 선율과 극 전반에 흐르는 음악의 낭만성은 포기되지 않으나, 여기에 20세기 초의 시대가 반영되면서 현대성이 더해졌다. 음악적으로도 한층 진일보한 현대적인 관현악법과 함께 온음음계나 삼온음 등을 활용하여 긴장감을 높였으며, 반주 부분에서는 선율에 맞지 않는 화음을 쓰거나 화성을 안정적으로 해결하지 않고 회피, 지연시키는 현대적인 어법을 썼다. 또한 푸치니는 후기 작품에 재즈와 민속음악적 요소 등을 더하기도 했다. 이로 인해 '전통주의자들의 입맛에는 낯설고 현대주의자들의 구미에는 충분히 현대적이지 못하다'는 평을 받기도 했으나, 전작에 비해 낯설고 새로운 면모의 그의 후기 오페라들은 낭만성을 기반으로 하되 20세기 초의 현대성의 싹을 틔운 예술작품으로 의의를 지닌다.

20세기로의 전환점, 서유럽 이외 국가들의 오페라

서양음악사에서 항상 변방의 위치에 있던 스페인은 19세기 말 이국주의의 열풍과 함께 많은 작곡가들의 관심의 대상이 되었다. 스페인적인 음악 요소들이 음악 작품에 빈번하게 사용되었다. 20세기 초 마침내 스페인을 대표하는 작곡가인 파야(Manuel de Falla, 1876-1946)가 등장하여, 민요를 채집하고 편곡하여 작품에 활용하고 스페인 대중음악의 선율을 차용하는 등 스페인 고유의 음악적 특성을 선보였다. 이러한 특성을 지닌 작품으로 오페라 <덧없는 인생>(La vida breve, 1904-1913)과 세르반테스의 소설 『돈키호테』의 에피소드를 바탕으로 스페인어 대본으로 작곡한 인형극 오페라 <페드로 주인님의 인형극>(El retablo de maese Pedro, 1919-1923)이 있다.

이 시기 오스트리아-헝가리 제국이나 러시아 제국의 지배를 받고 있던 동유럽 작곡가들의 오페라 작품도 눈에 띈다. '막강한 소수'라 불렸던 러시아 5인조 중 한 사람인 무소르그스키(Modest Musorgsky, 1839-1881)은 19세기 말에 이미 <보리스 고두노프>(Boris Godunov, 1868-69)로 러시아적 사실주의 경향을 선보였다. 같은 그룹에서 활동한 림스키코르사코프(Nikolai Rimsky-Korsakov, 1844-1908)는 오케스트라 작품으로 가장 잘 알려져 있지만, 오페라 작품 역시 상당한 의의가 있다. 그의 오페라는 역사 드라마(historical drama), 민속 오페라(folk operas), 동화와 전설(fairy tales and legends) 세 가지 카테고리로 분류되는데, 초기작 <사드코>(Sadko, 1898), 마지막 작품 <황금 수탉>(Solotoi petuschok, 1906-07) 등이 주요 작품으로 꼽힌다.

체코 출신의 야나체크(Leoš Janáček, 1854-1928)는 주로 오페라 장르에 몰두하고 공헌했던 작곡가로, 민족음악 양식을 추구하면서도 상당히 독자적인 개성을 드러냈다. 체코 중에서도 자신의 출생지인 모라비아의 민속음악을 활용한 오페라 <예누파>(Jenůfa, 1894-1903)로 명성을 얻었고, <죽은 자의 집으로부터>(Z mrtvého domu, 1927-28)는 러시아의 대문호 도스토예프스키(Fyodor Mikhailovich Dostoevskii, 1821-1881)의 소설을 작곡가가 직접 번역하고 각색하여 만들었다. 헝가리 작곡가 바르토크(Béla Bartók, 1881-1945) 역시 이 시기 중요한 작곡가 중 하나로, 민요의 단순함과 거친 직설적 표현 및 선법이나 5음음계, 8음음계 등 민속음악의 요소를 현대적 기법과 감성으로 풀어냈다. 단막 오페라 <푸른 수염의 성>(A kékszakállú herceg vára, 1911)은 헝가리 민속음악의 요소들과 드뷔시의 오페라로부터 받은 영향이 돋보인다.

1.1. 드뷔시 <펠레아스와 멜리장드>(Pelléas et Mélisande, 1902): 신비하고 모호한 음악으로 그려낸 사랑과 질투

작품 개요

작곡: 클로드 드뷔시(Claude Debussy, 1862-1918)

대본: 모리스 마테를링크(Maurice Maeterlinck, 1862-1949)의 희곡『펠리아스와 멜리장드』(Pelléas et Mélisande, 1892)에 기초하여 작곡가가 직접 각색

초연: 1902년 4월 30일, 파리 오페라 코미크 극장

구성: 5막 15장 (약 3시간 가량)

배경: 중세, 알르망드 지역의 왕국(가상 국가)

주요 등장인물

멜리장드(Mélisande, 소프라노)

펠레아스(Pelléas, 테너 혹은 바리톤): 아르켈의 손자이자 주느비에브의 작은 아들

아르켈(Arkel, 베이스): 알르망드의 왕

주느비에브(Geneviève, 알토): 아르켈의 며느리

골로(Golaud, 베이스): 아르켈의 손자이자 주느비에브의 큰 아들

이뇰드(Yniold, 보이소프라노): 골로의 아들

내과의사(베이스), 양치기(바리톤)

주요 아리아 및 장면

1) 1막, '다시는 이 숲에서 빠져나올 수 없을 것 같아'(Je ne pourrai plus sortir de cette foret): 골로와 멜리장드의 첫 만남

2) 3막, '오! 오! 내 머리가 탑을 내려오고 있어!'(Oh! Oh! Mes cheveaux descendent de la tour!): 멜리장드와 펠레아스가 부르는 탑의 이중창

3) 4막, '당신의 목소리가 봄날 바다에 떠 있는 것처럼 들립니다!'(On dirait que ta voix a passe sur

la mer au printemps!): 사랑의 이중창

줄거리

1막

숲. 알르망드 왕국의 아르켈 왕의 손자인 골로 왕자는 숲에서 사냥을 하다가 길을 잃는다. 우물가에서 자신의 왕관을 물속에 빠트려 울고 있는 요정 멜리장드를 만나 함께 가자고 청한다. 6개월이 지난 후 아르켈의 성. 주느비에브는 골로가 이복동생 펠레아스에게 보낸 편지를 읽는다. 골로는 할아버지인 아르케 왕의 허락 없이 요정 공주인 멜리장드와 결혼한 것에 대한 허락을 구하는데, 아르켈은 이를 허한다. 바다가 보이는 성 앞. 멜리장드는 음침한 성의 어두운 분위기를 두려워하고, 주느비에브는 펠레아스를 불러 멜리장드에게 성을 안내하라고 한다. 멀리서 멜리장드가 타고 왔던 배가 떠나는 소리가 들리고, 펠레아스는 가파른 길에서 넘어지지 않도록 멜리장드의 팔을 붙잡는다.

2막

정오. 펠레아스는 멜리장드를 '눈 먼 자의 샘'으로 인도하고, 멜리장드는 결혼반지를 가지고 장난치다 물속에 빠트리고 만다. 골로는 말에서 떨어져 침대에 누워있다. 멜리장드의 손에 반지가 없음을 갈게 된 골로는 반지를 찾아오라며 멜리장드를 펠레아스와 함께 보낸다. 동굴. 어두운 밤 덥수룩한 수염의 거지 세 명이 자고 있다. 멜리장드는 기겁을 하고 도망간다.

3막

탑의 창 가. 멜리장드가 달빛 속에 앉아 황금빛 머리카락을 빗으며 노래를 부른다. 펠레아스는 황홀경에 빠져 그녀의 머리카락에 키스를 퍼붓고, 골로는 불안감에 휩싸인다. 골로는 펠레아스를 성의 지하실로 끌고 가고, 펠레아스는 형을 이해한다. 골로는 멜리장드와 가까이 하지 말라고 경고하고, 그녀에게 간다. 이뇰드에게 둘을 감시하라고 했던 골로가 다그치자, 이뇰드는 두 사람이 서로 마주 앉아 침묵 속에 불빛만 보고 있다고 말하며 울먹인다.

4막

펠레아스는 멜리장드에게 마지막 작별을 위해 저녁 때 샘터에서 만나자고 한다. 아르켈 왕은 펠레아스의 부재에 대해 그녀를 위로하지만, 골로는 멜리장드의 머리채를 잡아끌며 질투심을 노골적으로 드러낸다. 해질 무렵 샘터. 펠레아스와 멜리장드는 뜨겁게 포옹하며 서로에 대한 깊은 애정을 확인한다. 이때 골로가 나타나 펠레아스를 칼로 찔러 죽이고, 멜리장드는 숲으로 달아난다.

5막

멜리장드는 딸을 낳은 후 열병에 걸려 죽어간다. 골로는 지난날을 후회하면서도, 진실을 알고싶어 한다. 그녀가 깨어나자 골로는 펠레아스를 사랑했는지 다그치고, 멜리장드는 사랑한 것은 사실이나 다른 일은 없었다고 대답한다. 골로는 그녀의 말을 믿지 않고, 멜리장드는 딸을 처음 본 후 죽음을 맞이한다.

감상 포인트

1) 마테를링크의 원작 희곡이 가지는 상징성

마테를링크의 상징주의 희곡은 1890년대 파리의 아방가르드 예술가들에게 엄청난 인기를 끌었다. 내용과 스타일 면에서 그의 희곡은 비슷한 시기 이탈리아에서 유행하던 베리스모의 사실주의와는 전혀 다른, 오히려 반자연주의적이었다. 즉 드라마의 개연성 보다 등장인물의 내면을 상징적으로 표현하는데 중점을 두었으며, 전혀 사실적이지 않은 꿈같은 분위기의 몽환적인 느낌을 준다. 특히 1892년에 발간된 희곡『펠레아스와 멜리장드』는 이듬해 연극무대에 올라 큰 반향을 일으켰으며, 이는 마테를링크의 명성을 국제적으로 알리는데 일조했다.

드라마의 주인공 멜리장드는 청순한 이미지의 물의 요정으로 신화 속 인물을 연상시킨다. 어린아이와 같은 순진함과 두려움, 보살핌을 요하면서도 상대를 유혹하여 파멸로 이끄는 이중적인 그녀의 속성은 멜리장드라는 인물이 가진 상징성을 보여준다. 멜리장드가 현실세계의 인물이 아니라 신화에 등장하는 정형화된 인물이라는 사실은 드뷔시의 음악에서 드러난다. 멜리장드의 모티브는 항상 변하지 않고 등장하는데, 이는 여성의 이중성을 상징하는 그녀의 캐릭터에 대한 드뷔시의 음악적 해석으로 여겨진다.

제목대로 펠레아스와 멜리장드는 주인공이긴 하나, 극을 이끌어가는 중심인물은 아니다. 펠레아스의 이복형이자 멜리장드의 남편인 골로야말로 이 드라마의 비극적 주인공이라 할 수 있다. 극이 끝날 때 펠레아스와 멜리장드는 죽지만 골로는 살아남는데, 그는 살아남은 것이 무색할 정도로 처절하게 무너진다. 이는 무한한 신비함과 모호함, 이성에 대한 접근불가능성 등 모든 것을 있는 그대로 받아들이지 못하는 골로로 대변되는 인간의 무능력 때문이다. 한편, 골로를 제외한 모든 등장인물들은 목적 없는 행동을 하고 극도의 수동성을 보인다. 어떤 면에서는 사유와 의지가 행동으로 이끈다는 근대적 인간상에 비해 훨씬 더 불안정하고 나약한 현대적 인간의 모습을 그린다 하겠다.

2) 드뷔시의 인상주의(impressionism) 음악

드뷔시는 마테를링크의 원작 희곡을 직접 각색하고 수정하는 방식을 택했다. 원작은 산문으로 된 희곡으로 지나치게 길고 거추장스러운 대사도 그렇고 아리아나 이중창이 미리 세팅되지 않았기 때문에 오페라 리브레토로서 적합한 것은 아니었다. 드뷔시는 마테를링크의 허락을 받고 원작에서 네 개의 장면을 삭제하고 불필요한 대사를 줄였으며, 의미를 파악하기 힘든 단어를 표현하기 위해 노력하는 등 텍스트를 깊이 탐구했다.

<펠레아스와 멜리장드>는 음악적인 면에서 전형적인 오페라와는 전혀 다르다. 일반적인 오페라에서는 레치타티보로 사건 진행을 전달하고, 아리아는 극적인 사건 진행이 갑자기 중단되면서 주인공의 감정 표출에 집중하게 하는 역할을 한다. 반면 이 작품에서 드뷔시는 감정을 드라마틱하게 표현하는 게 아니라, 오히려 매순간마다 미묘하게 변화되는 인물들의 감정을 음악이 포착하여 다채로운 음색으로 이를 섬세하게 그리고자 했다. 따라서 그는 텍스트와 음악의 관계를 고려하여 선율을 연속적이면서 유연하게 서정적인 칸틸레나(cantilena) 방식으로 처리했다.

이러한 드뷔시의 음악적 특성을 음악사에서는 주로 '인상주의'라는 용어로 설명하곤 한다. 조성체계를 벗어난 음계와 기능을 잃은 화성의 사용, 음악의 구조나 형식보다 분위기의 표현을 중시하여 색채감을 추구하는 등이 당시 유행했던 인상주의 화풍과 유사하기 때문이다. 그러나 사실 드뷔시는 상징주의 시인들과의 친분으로 그들의 영향을 받았으므로, 상징주의 문학의 특성과도 가깝다. 표준적 통사가 위반되는 것처럼 그의 음악에서 불협화음은 해결되지 않고, 하나의 음악적

아이디어는 발전되기보다 병렬되고 순환되며, 여러 악기들의 각기 다른 음색은 이제 단순한 표면적 색채가 아니라 음악적 내용의 본질이 되었다.

드뷔시는 <펠레아스와 멜리장드>에서 마테를링크의 상징주의 희곡이 주는 모호한 표현과 희미한 암시를 음악으로 극대화했다. 레시타티프는 프랑스어의 특성과 흐름을 살려 흐르는 듯 처리되어 있고, 말의 리듬에 가깝게 표현하여 레시타티프와 에어의 구분이 모호한 륄리와 라모 등의 프랑스 바로크 서정비극의 전통을 이었다. 장면과 장면을 이어주는 기악 간주 역시 자연스럽게 이어지게 처리됨으로써 극의 신비로운 효과를 더했다.

3) 매우 프랑스적인, 인상주의 드라마 리리크(drama lyrique)

<펠레아스와 멜리장드>는 드뷔시의 유일한 오페라 작품이다. 정확하게 말하자면, 작곡가의 의도로는 '드라마 리리크'(drame lyrique)로 구상되었다. 드뷔시는 오랫동안 무대를 위한 음악을 쓰고자 했으며, 이 작품 이전에 두 번이나 오페라를 썼지만 끝내 완성하지 못했는데, 기존의 오페라 장르의 형식적 틀에 갇히기보다 독특한 형식의 무대음악극을 시도했기 때문으로 보인다. 드디어 마음에 드는 대본을 손에 넣은 작곡가는 1893년부터 약 십여 년 간 이 작품의 작곡에 매달려 1902년 완성했으며, 이듬해 초연 후에는 사망 직전까지 악보를 수정하는 등 애정을 쏟았다.

드뷔시의 <펠리아스와 멜리장드>에 대해 논할 때, 빼놓을 수 없는 작품이 있다. 바로 바그너의 <트리스탄과 이졸데>(1865)이다. 드뷔시는 바그너가 오페라 장르 대신 종합예술작품(Gesamtkunstwerk)으로서 드라마와 음악이 유기적으로 연결되는 음악극을 구상하면서 들여왔던 라이트모티프 기법을 가져왔다. 그러나 바그너로부터 받는 영향의 위험성을 잘 알고 있었던 드뷔시는 <펠레아스와 멜리장드>에서 세 주인공 각각에 해당하는 라이트모티프를 두긴 하되, 보다 상징에 가깝게 우회하여 사용했다. 관현악을 사용하는 방식에서도 차이가 있는데, 드뷔시는 관현악이 주가 되는 바그너와 달리 텍스트를 부각하기 위해 조용한 음향으로 모호한 분위기를 만드는 데 주력했다. 이처럼 이 작품은 바그너에 대한 드뷔시의 양가적 태도, 즉 한편으로는 깊은 영향을, 다른 한편으로는 그로부터의 탈피를 드러낸다.

1) (Blu-ray) 코린 윈터스, 자크 임브릴로, 카일 캐텔슨 등

   알랭 알티노글루 지휘, 취리히 오케스트라, 드미트리 체르니아코프 연출, 2016년 취리히 오페라하우스 실황

2) (DVD) 나탈리 데세이, 스페탄 데구, 로랑 나오리 등

   베르트랑 드 빌리 지휘, 라디오-심포니 오케스트라 빈과 아놀트 쉰베르크 합창단, 로랑 펠리 연출, 2010년 빈 테아터 안 데어 빈 실황

1.2. R. 슈트라우스, 〈살로메〉(Salome, 1905): 세기말적 징후와 모던한 예술세계의 교차

작품 개요

작곡: 리하르트 슈트라우스(Richard Strauss, 1864-1949)

원작: 오스카 와일드(Oscar Wilde, 1854-1900), 『살로메』(Salome, 1891)

대본: 헤트비히 라흐만(Hedwig Lachmann, 1865-1918)의 독일어 번역본에 기초하여 작곡가가 직접 각색

초연: 1905년 12월 9일, 드레스덴 궁정 오페라극장

구성: 단막(4장)

배경: 기원 후 30년, 헤롯이 통치하는 유대 왕국의 궁전

주요 등장인물

헤롯(Herodes, 테너): 유대의 분봉왕

헤로디아(Herodias, 메조소프라노): 헤롯의 아내

살로메(Salome, 소프라노): 헤롯의 의붓딸

요카난(Jochanaan, 바리톤): 세례 요한

나라보트(Narraboth, 테너): 근위대장

주요 아리아 및 장면

1) 요한의 아리아 '나를 쳐다보는 이 여인이 누구인가?'(Wer ist dies Weib, das mich ansieht?)

2) 살로메의 아리아 '그대의 입술에 키스하고 싶어요, 요카난'(Ich will deinen Mund küssen, Jochanaan)

3) 살로메의 아리아 '나라보트, 당신은 나를 위해 이 일을 할 수 있으리'(Du wirst das für mich tun, Narraboth)

4) 살로메의 일곱베일의 춤(Salomes Tanz der sieben schleier)

줄거리

1장

헤롯 궁전의 연회장에서 축하 행사가 열린다. 테라스 밖 군인들은 경비를 서고 있는데, 시리아인 근위대장 나라보트는 살로메에 대한 불타는 사랑을 하소연한다. 헤로디아의 시녀는 그에게 열정을 추구하면 끔찍한 일이 일어날 수 있다고 경고한다. 이윽고 정원의 오래된 우물에서 "죄인은 회개하라"는 예언자 세례 요한의 목소리가 울려 퍼진다. 헤롯 왕의 아내 헤로디아가 헤롯과 결혼하기 위해 남편을 살해한 것을 비난하는 말이다.

2장

살로메는 욕정을 품고 끈질기게 추파를 던지는 계부 헤롯을 참을 수 없어 연회장을 떠나 테라스로 간다. 세례 요한의 예언이 들리자 살로메는 호기심이 생기고 그를 만나 대화하고 싶어 한다. 이를 위해 그녀는 자신에게 호감을 가지고 있는 나라보트를 설득하여 갇혀 있던 세례 요한을 바깥으로 나오게 한다. 누더기를 걸친 예언자의 모습이 달빛 속에 드러난다.

3장

살로메는 헤롯과 헤로디아를 저주하는 젊은 예언자 요한에게 매료된다. "나를 쳐다보는 이 여인이 누구인가?" 묻는 세례 요한에게 살로메는 음탕한 자태로 "그대의 입술에 키스하고 싶어요"라 응답한다. 나라보트는 그토록 흠모하던 여인의 타락한 모습에 놀라 스스로 목숨을 끊지만, 살로메는 나라보트의 시신을 거들떠보지도 않은 채 요한에게 관능적으로 다가간다. 요한은 그녀를 무시하고 감방으로 돌아가면서 "그대를 구할 단 한 사람이 여기 살아 있다"고 충고한다. 살로메는 예언자에게 앙심을 품는데, 그때 자신을 부르는 왕의 소리를 듣는다.

4장

살로메를 찾기 위해 헤롯과 헤로디아가 들어오고, 헤롯 왕은 살로메에게 자신을 위해 춤을 춰달라고 요구한다. 모든 소원을 다 들어주겠다는 왕의 약속을 받아낸 후 살로메는 그 유명한 "일곱 베일의 춤"을 추기 시작한다. 한 겹씩 베일을 벗어던지다 결국은 거의 나체가 된 채 왕의 발밑에 쓰러지는데, 그녀가 원한 것은 은쟁반에 받친 세례 요한의 머리였다. 그것만은 안 된다고 거절하던 헤롯 왕도 결국 요한의 목을 치고, 살로메는 잘린 세계 요한의 머리에 키스를 퍼부으며 광란에 휩싸인다. 살로메의 광기를 더는 참지 못한 헤롯이 그녀를 죽이라 명하자, 군인들이 달려와 방패로 살로메를 눌러 죽음에 이르게 한다.

감상 포인트

1) 데카당스 예술, 세기 말의 광기와 퇴폐적 분위기

19세기 말에서 20세기 초로 넘어가는 시기는 그야말로 혼돈의 시기였다. 모든 면에서 과거의 삶과 인식과는 다른 '현대'(modern) 예술이 본격적으로 시작되기 전, 20세기의 초반 10여 년은 한편으로는 19세기 후반과의 연속성을 강하게 지녀 '황금시대'(Bel Epoche)라 불리기도 했으나 다른 한편으로는 정치와 사회 시스템, 문화와 예술이 전반적으로 분열되고 파편화되거나 해체되는 양상을 맞이했다. 당대 문화의 복합성을 이해하기 위해 '세기 말 빈'(Fin de siecle Wien)이라는 용어가 등장하기도 했다.

이 시기에 '데카당스' 예술이 탄생한다. '데카당스'는 원래 '퇴폐' 혹은 '쇠락'이라는 의미의 단어이지만, 19세기 말 예술에 있어서는 삶에 대한 염세적 태도에서 출발하여 삶의 총체적인 면을 긍정하지 못하고 세기 말의 징후와 관련하여 반사회적 반도덕성을 모방하고 추악한 것에서 아름다움을 탐닉하는 경향을 일컫는다. 보들레르-랭보-엘리어트로 이어지는 계보에서 우리는 구시대의 습성이 깨지고 '현대' 문학으로 전환되는 방향을 읽을 수 있으며, 데카당스 예술의 속성을 발견한다. 당대 가장 유명한 화가였던 클림트의 작품은 '퇴폐적 에로티시즘'이라는 비판을 받기도 했지만, 다른 한편으로는 개인의 성과 자유를 억압하는 사회 분위기를 예술이 깨부순 적절한 예로서 데카당스 예술의 의의를 밝힌다.

아일랜드 출신의 극작가 오스카 와일드의 대본을 바탕으로 각색된 R. 슈트라우스의 오페라 <살로메>는 이 시기 음악 분야에서 대표적인 데카당스 예술의 하나로 손꼽힌다. 극작가 와일드는 예술 작품이 순수하게 아름다움 그 자체만을 추구한다는 '예술을 위한 예술'(L'art pour l'art)의 입장에서 소설, 시, 희곡 등 유미주의(aestheticism) 경향의 작품을 발표했다. 특유의 위트 있고 날카롭게 비트는 언어유희와 비유로 점철된 글과 함께 모순과 쾌락으로 점철된 그의 인생 자체는 데카당스 예술과 예술가의 전형적인 상을 보여주었다. 그의 대표적 희곡『살로메』(1893)는 성경에 등장하는 헤롯왕의 의붓딸 살로메에 관한 아주 단순한 기록을 바탕으로 와일드가 새롭게 창조한 이야기로, 희곡이 처음 세상에 나올 당시에는 팜므 파탈 여주인공의 부도덕함과 과도한 에로티시즘으로 비판받았다. R. 슈트라우스는 논란이 된 이 희곡을 라흐만이 독일어로 각색한 것을 가지고 3분의 1 가량을 잘라내고 재각색하여 오페라로 만들었다.

2) 19세기 말 오페라와 음악극의 특징: 라이트모티프와 대규모 오케스트레이션

<차라투스트라는 이렇게 말했다>(Also sprach Zarathustra, 1896)와 <돈키호테>(Don Quixote, 1897)를 비롯하여 교향시 장르에서 먼저 명성을 얻은 R.슈트라우스는 오페라 분야에서도 대단한 지위를 얻고자 했다. 1893년 <군트람>(Guntram)의 처참한 실패 이후 <불의 소멸>(Feuersnot, 1901)을 거쳐 1905년에 발표된 <살로메>는 실로 어마어마한 성공을 거두었다. 그 성공의 밑바탕에는 여러 가지 이유를 꼽을 수 있는데, 당대 유행한 관능미와 퇴폐적 성향의 반영과 함께 시대를 앞서 나간 그의 음악어법이 무엇보다 중요하다. R. 슈트라우스는 음악과 극의 유기적 통일성을 추구했던 바그너의 라이트모티프 기법을 계승하고자 했고, 후기 낭만주의의 끝자락에서 극도의 불협화음으로 조성의 경계를 탐색했으며, 교향시를 쓰면서 연마한 탁월한 오케스트레이션으로 음악의 표면을 화려하게 채색했다.

살로메를 상징하는 라이트모티프는 언뜻 c#단조의 으뜸화음으로 보이지만 f##과 a로 인해 흐려지고, 유동적인 리듬은 살로메의 혼란스럽고 변덕스러운 심정을 반영하는 것처럼 보인다. 반면 세례 요한의 라이트모티프는 증4도 하행 도약을 포함해서 도약진행이 심하고 강박을 강조하는 투박한 리듬은 그의 강직한 성품을 대변한다. <살로메>에서 등장인물의 라이트모티프는 고정되어 있지 않고 형태와 상징하는 바가 자주 바뀌는데다 때로는 모호하기까지 하다. 바로 여기서 R. 슈트라우스는 바그너의 작곡 기법을 계승하지만 동시에 한층 뛰어넘는다.

(좌) 살로메의 라이트모티프　　　　　　　　(우) 세례 요한의 라이트모티프

막스 틸케(Max Tilke)의 1910년 〈살로메〉 공연 포스터

조성적인 측면에서도 이 오페라는 특별하다. 개막 장면에서부터 이미 짧게 윙윙거리는 연주로 관습을 뛰어 넘으며, 관능적인 분위기를 표현하기 위해 확실한 조성감 대신 조성이 매우 짧은 주기로 자유롭게 전조되거나 복조성이 등장한다. 헤롯이 살로메의 요구를 들어주기로 한 직후에 나오는 패시지에서는 12개의 음이 반음계적으로 순차진행하고, 본질적으로 불협화 음정인 증4도(D-A♭)는 E♭으로 해결될 때까지 다른 여러 음들에 의해 연장되고 강화되는 한편, 장식적 감7화음과 증6화음 등을 사용하여 대단히 복잡하고 불협화적인 느낌을 만들어낸다. R.슈트라우스는 극단적인 반음계적 진행과 불협화음으로 등장인물들의 비틀린 성격을 포착하고 그들의 광기어린 감정을 효과적으로 표현했으며 이야기의 극적 진행을 가져왔다. 이러한 음악적 연유로 <살로메>는 '현대 오페라의 원형이자 신음악의 관문'으로 여겨지곤 한다.

3) 부르주아 사회의 규범 및 종교적 관념에 대한 도발

1905년에 발표된 오페라 <살로메>는 19세기 전반을 관통했던 낭만주의 예술관, 즉 인간의 이성 대신 감성을 중시하고 고향과 영원한 것을 열망하며 자연과 아름다움을 동경하는 태도와 세계관에서 완전히 벗어났음을 보여준다. 이야기에 관음증과 근친상간, 살인이 등장하고 독점적이고 퇴폐적인 사랑은 비상식적이다. R. 슈트라우스가 직접 밝힌 바대로 살로메와 헤롯왕을 비롯하여 세례 요한마저 등장인물은 모두 "변태적인 사람들"이다. 그런데 사실 이들은 동시에 비정상적으로 순진하다. 나라보트는 짝사랑하던 상대의 비이성적인 모습에 절망하여 자살하고, 살로메는 자신을 거부하는 요한에 대한 과도한 열망으로 스스로 파멸하며, 세례 요한 역시 순진한 신념을 고집하다 결국 사형 당한다.

살로메가 요부가 된 데에는 당시 여성의 권리 신장에 잇따른 남성의 여성에 대한 공포와 혐오가 혼재되어 있다는 해석이 있다. 원하는 것을 얻기 위해 거의 나체로 관능적인 춤을 추고 결국 원하는 남자의 머리를 자르는 살로메의 광기 어린 모습은 당시 오스트리아 합스부르크 제국의 보수적인 왕정 문화가 남아 있던 빈의 부르주아 사회의 규범에 경종을 울리는 것이었으며, 군건한 종교적 관념에 대한 대담한 도발이기도 했다.

추천 영상물(살로메-요카난- 헤롯-헤로디아 순)

1) (Blu-ray) 아스믹 그리고리안, 가보르 브레츠, 존 다삭, 안나 마리아 치우리 등

   프란츠 벨저-뫼스트 지휘, 빈 필하모닉 오케스트라, 로메오 카스텔루치 연출, 2019년 잘츠부르크 페스티벌 실황

2) (Blu-ray) 나디야 미카엘, 미카엘 폴, 토마스 모저, 미카엘라 슈스터 등

   필립 조르당 지휘, 로얄 오페라 하우스 오케스트라, 데이비드 맥비카 연출, 2008년 코벤트가든 실황

1.3. 푸치니, <일 트리티코>(Il trittico, 1918): 낭만주의와 사실주의의 결합

1. <외투>(Il tabarro)

작품 개요

작곡: 자코모 푸치니(Giacomo Puccini, 1858 - 1924)

대본: 주세페 아다미(Giuseppe Adami, 1878-1946)

원작: 디디에르 골드(Didier Gold)의 희곡 [외투](La houppelande)

초연: 1918년 12월 13일 미국 뉴욕, 메트로폴리탄 오페라 극장

배경: 1910년 경, 파리 센 강의 바지선

주요 등장인물

미켈레(Michele, 바리톤): 화물선 선주

조르제타(Giorgetta, 소프라노): 미켈레의 아내

루이지(Luigi, 테너): 하역 노동자, 조르제타의 연인

탈파(Talpa, 베이스): 선원

프루골라(Frugola, 메조 소프라노): 탈파의 아내

틴카(Tinca, 테너): 뱃짐 부리는 인부

주요 아리아 및 장면

1) 조르제타와 루이지의 이중창 '왜 루앙에서 내리려고 하나요?'(Dimmi, perche gli chiesto)

2) 미켈레의 모놀로그 '아무도 없고 소리도 없다'(Nulla, silenzio)

줄거리

나이가 많은 선장 미켈레의 젊은 아내 조르제타는 바지선에서 하역 작업을 하는 젊은 노동자 루이지와 내연의 관계이다. 조르제타와 루이지는 밤에 몰래 만나 함께 떠나기로 약속하는데, 미켈레는 관계가 소원해진 아내에게 다시 한 번 기회를 달라고 부탁한다. 조르제타는 피곤한 척 잠자리에 들고, 그녀를 의심한 미켈레는 바지선으로 간다. 루이지와 마주친 미켈레는 그를 죽이고 시신을 자신의 외투로 감싼다. 조르제타가 오자 외투를 열어 루이지의 시체를 보여주고, 조르제타는 울부짖으며 막이 내린다.

2. <수녀 안젤리카>(Suor Angelica)

작품 개요

작곡: 자코모 푸치니(Giacomo Puccini, 1858 - 1924)

대본: 조바키노 포르차노(Giovacchino Forzano, 1884-1970)의 희곡을 바탕으로 직접 각색

초연: 1918년 12월 13일 미국 뉴욕, 메트로폴리탄 오페라 극장

배경: 17세기 말, 이탈리아의 한 수녀원

주요 등장인물

안젤리카(Sour Angelica, 소프라노)

공작부인(La zia principessa, 콘트랄토): 안젤리카의 이모

수녀원장(La badessa, 메조 소프라노), 열혈수녀(La soura zelatrice, 메조 소프라노)

제노비에파(Sour Genovieffa, 소프라노), 오스미나(Sour Osmina, 소프라노), 돌치나(Sour Dolcina, 소프라노): 안젤리카와 같이 생활하는 수녀들, 간호사 수녀(La suora infermiera, 메조 소프라노), 수녀들(Chorus, 소프라노 및 메조소프라노)

주요 아리아 및 등장인물

1) 안젤리카의 아리아, '아기야, 너는 엄마도 없이 죽었구나'(Senza mamma, o bimbo, tu sei morto)
2) 인터메초와 안젤리카의 아리아, '안녕, 자매들이여, 안녕, 안녕'(Addio, buone sorelle, addio, addio)

줄거리

수녀원에서 미사가 끝난 후, 루칠라 수녀와 오스미나 수녀는 장난의 대가로 벌을 받는다. 안젤리카 수녀가 정원을 가꾸는 동안, 제노비에파 수녀가 지난해 죽은 비앙카 로사 수녀의 죽음을 기억하고 그녀의 묘에 물을 주자고 제안한다. 다른 수녀들도 비앙카의 소원이라며 동의한다. 모여있던 수녀들은 각자 소원이 무엇인지 얘기를 나누는데, 안젤리카만 아무 소원이 없다고 하자 모두 숙덕인다. 이때 안젤리카가 7년 동안 간절히 기다린 이모 공작부인이 면회를 온다는 소식을 듣는다. 공작부인은 안젤리카를 차갑고 냉담하게 대하면서, 부모의 재산권을 포기하라고 강요한다. 안젤리카는 수녀원에 들어오기 전 출생한 아이의 행방에 대해 간절히 묻고, 2년 전 죽었다는 사실을 알게 된다. 공작부인이 떠나고, 안젤리카는 아이를 그리워하며 독약을 마신다. 그녀는 자신의 행위가 죄악임을 깨닫고 자비를 구한다. 결국 하늘에서 빛이 내려와 성모가 아이를 안고 내려오는데, 결국 안젤리카는 숨을 거둔다.

3. <잔니 스키키>(Gianni Schicchi)

작품 개요

작곡: 자코모 푸치니(Giacomo Puccini, 1858 - 1924)

대본: 조바키노 포르차노(Giovacchino Forzano, 1884-1970)

원작: 단테 알리기에리(Dante Alighieri, 1265-1321)의 『신곡』(Commedia, 1307-1320) 중 한 에피소드

초연: 1918년 12월 13일 미국 뉴욕, 메트로폴리탄 오페라 극장

배경: 1299년 이탈리아 피렌체, 부오소 도나티의 집

주요 등장인물

잔니 스키키(Gianno Schicchi, 바리톤), 라우레타(Lauretta, 소프라노): 잔니 스키키의 딸

부오소 도나티의 친척들: 치타(Zita, 알토): 부오조의 사촌, 리누치오(Rinuccio, 테너): 치타의 조카, 게라르도(Gherardo, 테너): 부오조의 조카, 넬라(Bella, 소프라노): 게라르도의 아내, 게라르디노(Gheradino, 콘트랄토): 게라르도와 넬라의 아들, 베토 디 시냐(Betto di Signa, 베이스): 부오조의 처남, 시모네(Simone, 베이스): 부오소의 사촌, 마르코(Marco, 바리톤): 시모네의 아들, 치에스카(Ciesca, 메조 소프라노): 마르코의 아내

기타: 스피넬로초(Spinelloccio, 베이스): 의사, 아만티오 디 니콜라오 경(Amantio di Nicolao, 바리톤): 공증인, 피넬리노(Pinellino, 베이스): 구두방 주인, 구초(Guccio, 베이스): 염색집 주인

주요 아리아 및 장면

1) 라우레타의 아리아, '오, 나의 사랑하는 아버지'(O mio babbino caro)
2) 리누치오의 아리아, '피렌체는 꽃이 활짝 핀 나무와 같다'(Firenze e come un albero fiorito)

줄거리

피렌체의 부호, 부오소 도나티의 집에 친척들의 모여있다. 겉으로는 그의 임종을 지켜보고 죽음을 애도하는 듯 보이지만, 실은 유산 상속에 온 신경이 가있다. 그때 부오소의 전 재산이 수도원에 기증되었다는 소식을 듣고, 모두 유언장을 찾는데 혈안이다. 드디어 치타의 조카 리누치오가 금고 안에서 유언장을 찾고, 치타에게 넘겨주기 전에 라우레타와의 결혼 승낙을 구한다. 라우레타 역시 아버지에게 간절히 애원하고, 결국 잔니 스키키도 딸의 결혼을 위해 유산 분배에 개입한다. 잔니 스키키는 공증인과 함께 새 유언장을 작성하는데, 친척들에게는 기본적인 분배만 한 후, 고인의 가장 친한 친구인 자신에게 거의 모든 유산을 상속한다는 내용이다. 여기에 친척들은 격분하지만, 집 주인 잔니 스키키는 모두 쫓아낸다. 그는 사랑하는 딸과 그의 연인 리누치오에게 부오소의 재산을 더 좋은 목적으로 쓸 것과, 청중들에게 자신의 죄에 무죄 판결을 내려줄 것을 부탁한다.

1) 세 단막극이 하나의 극으로

푸치니의 <일 트리티코>은 단막으로 된 짧은 오페라 작품 세 개를 엮어 한 무대에 올려졌다. 당시로서는 상당히 파격적인 시도로서, 세 개의 작품 <외투>, <수녀 안젤리카>, <잔니 스키키>는 극의 내용과 음악 양식이 완전히 다른 것으로 처음부터 구상되었다. 푸치니는 각각의 작품에 장르별 성격별 차이를 두었는데, 이를 테면, <외투>는 비극적인 드라마의 베리스모 오페라로, <수녀 안젤리카>는 신비롭고 서정적인 도덕극으로, 그리고 <잔니 스키키>는 경쾌하고 유쾌한 코메디아 델라르떼의 전통을 따른 오페라 부파로 설정했다.

원래 푸치니는 단테의 『신곡』 중 지옥, 연옥, 천국에 해당하는 에피소드의 아이디어를 가져오고자 했으나, 최종적으로는 <잔니 스키키>만 『신곡』에서 서사의 중요한 내러티브를 빌려왔다. 그럼에도 불구하고, 그는 세 작품이 한 세트로 공연되어야 한다고 생각했으며, 그의 바람은 초연에서 실현되었다. 초연 이후로는 3부작 중 한두 편만 무대에 오르거나 혹은 그중 한 편이 다른 작곡가의 작품과 짝을 이루어 공연되기도 한다. 마지막 작품인 <잔니 스키키>가 가장 비평가들로부터 반응도 좋았고 대중적으로도 성공을 거두었으므로, 현재는 이 작품만 빈번하게 단독으로 공연된다.

2) 푸치니의 개성적 양식과 새로운 형식의 시도

베르디 이후 가장 성공적인 이탈리아 오페라 작곡가로 여겨지는 푸치니, 그는 스스로 "극장을 위해 태어난 사람"이라고 말할 정도로 평생 오페라 장르에 헌신했다. 그는 19세기 낭만주의 이탈리아 오페라의 전통을 계승하기도 했지만, 그가 활동했던 19세기 말의 시대적 흐름이 자연스럽게 변화함에 따라 자신만의 고유한 개성을 확립했다. 그의 오페라에서는 로시니에서 시작되어 베르디로 연결되어 나타나던 표준화된 장면 구조가 나타나지 않는다. 즉 관현악 도입부와 레치타티보로 시작하여 느리고 서정적인 칸타빌레와 활기차고 화려한 카발레타로 이어지는 전형적인 형태는 폐기되고, 상이한 템포와 특징을 지닌 부분들의 불안정한 연결로 대체되는 것이다. 이는 여러 다른 배경과 상황, 인물들이 부딪히는 극적인 줄거리에서 음악이 뽑아져 나오는 푸치니 특유의 작곡 방식에 기인한다.

<일 트리티코>에서 푸치니는 이러한 작곡 기법과 함께 장르와 형식에 실험적 시도를 했다. 첫 번째 작품 <외투>에서는 19세기 당시 유행했던 베리스모 경향을 따랐는데, 전통적인 오페라와 달리 동시대를 배경으로 하며 사실적인 상황 묘사와 인물들의 진실된 감정 표현에 주력했다. 반면 <수녀 안젤리카>는 17세기 수녀원을 배경으로 등장인물의 대부분이 수녀들인데다 종교적인 내용과 신비한 분위기가 돋보인다. 드라마틱한 내용 전개와 화려한 음악적 수사보다 단순하면서도 서정적인 강렬한 선율 위주로 진행된다. 마지막 <잔니 스키키>는 푸치니의 유일한 희극으로, 가벼운 내용으로 된 희극적인 성격의 18세기 오페라 부파를 겨냥한 작품이다. 유머와 해학이 가득한 극의 서사는 이탈리아 코메디아 델라르테의 전통을 따르고 있으며, 여기에 19세기 말 푸치니의 개성이 더해졌다.

3) 20세기 초에도 여전한 푸치니 음악의 매력

푸치니의 음악은 비교적 온화하고 혁신적이지 않은 스타일로, 말러(Gustav Mahler, 1860-1911)나 R. 슈트라우스(Richard Strauss, 1864-1949)의 맥시멀리즘(maximalism)과도 분명히 차이가 있으며, 20세기 초 모더니즘의 열풍과도 거리가 멀었다. 이는 당시 유럽에서 쇤베르크를 비롯한 제2빈악파 작곡가들이 무조성의 새로운 시도를 하던 '신음악(Neue Musik)'의 시기'임을 감안할 때 더욱 그렇다. <일 트리티코>의 전작인 <서부의 아가씨>(La fanciulla del West, 1910)에서 푸치니는 미국의 재즈나 대중음악, 멕시코 음악이나 아메리카 인디언들의 민요 등 민속 음악 등 여러 요소들을 자신의 음악에 잘 녹여내어 20세기 초 당시 미국 사회를 음악에 반영했다. 그의 음악은 19세기 이탈리아 오페라의 전통을 잇는 낭만적인 특성과 동시대를 반영하는 현대적인 어법, 대중음악과 민요 등으로 드러내는 민속적이면서 대중적인 성격의 독특한 조합으로 인하여 이 작품은 평론가들로부터 많은 찬사를 받았으며, 지금까지 주목받고 있다.

추천 영상물(잔니 스키키-조르제타-수녀 안젤리카 순)

1) (Blu-ray) 미샤 키리아, 아스믹 그리고리안, 미샤 키리아 등

　프란츠 벨저-뫼스트 지휘, 빈 필하모닉 오케스트라와 빈 슈타츠오퍼 합창단, 크리스토프 로이 연출, 2022년 잘츠부르크 페스티벌 실황

2) (Blu-ray) 루치오 갈로, 에바-마리아 웨스트브룩, 에르모넬라 야호 등

안토니오 파파노 지휘, 로열 오페라하우스 오케스트라와 로열 오페라 합창단, 리차드 존스 연

출, 2012년 로열 오페라하우스 실황

1918년 제1차 세계대전이 끝난 후, 오스트리아-헝가리 제국, 독일 제국, 러시아 제국, 오스만 제국이 종식되었고, 핀란드, 에스토니아, 라트비아, 폴란드, 체코슬로바키아, 헝가리 등 북유럽과 동유럽 일부 국가들이 독립했으며, 러시아를 중심으로 소비에트 연맹이 창설되는 등의 변화와 함께 유럽 사회는 여전히 정치적, 경제적 혼란에 빠져 있었다. 이러한 상황에서 음악은 다른 예술분야와 마찬가지로 시대사회적 갈등에 무방비하게 맞닥뜨린 인간의 불안과 번민, 우울과 두려움을 작품에 담았다. 오페라는 드라마와 음악 양 측면에서 크나큰 변화를 맞이했는데, 우선 프랑스와 독일 양식 간의 뚜렷한 차이가 사라지고 전반적으로 당시 시대상황과 사회적 현실과 대면하는 '현대 오페라'(modern opera)로의 변모가 가장 크게 눈에 띤다.

20세기 초 현대인들이 맞닥뜨린 변화는 그 강도가 이전 시대보다 훨씬 강력했다. 물론 전쟁의 여파도 있었지만, 서유럽 전역에 걸쳐 정치적-경제적 제도의 변화와 녹음, 사진, 영화, 텔레비전, 컴퓨터 등 새로운 테크놀로지로 인한 급격한 기술의 발전은 당시 사람들을 곤혹스럽게 했음이 분명하다. 이 시기는 이러한 기술 자원의 엄청난 확장과 함께 예술에 있어서 양식의 혁신이 가속화된 시기였는데, 가장 큰 사건으로 우리가 '모더니즘'이라 칭하는 예술의 탄생을 꼽을 수 있다. 모더니즘은 과거에 비해 현재의 새로운 모던한 예술을 우월하다고 여기는 의식에서부터 출발한 것으로 현대성(modernity)에 대한 긍정을 기반으로 한다.

20세기 초 시대사회를 반영하는 모던 오페라의 등장

모더니즘 음악의 중심지 빈(Wien)에서는 아르놀트 쉰베르크(Anold Schönberg, 1874-1951)를 중심으로 베베른(Anton Webern, 1883-1945)과 베르크(Alban Berg, 1885-1935)의 제2빈악파가 조성

에서 벗어난 무조음악을 표현주의와 연결시켰고, 전통적인 조성체계나 음악형식을 사용하지 않고서도 음악의 내적 동력을 얻을 수 있는 방안으로 12음기법을 탄생시켰다. 베르크의 <보체크>(Wozzeck, 1925)는 당대 유행했던 거의 모든 작곡 기법과 조성을 벗어난 현대적 체계로 된 것으로, 최초의 모던 오페라로 여겨지는 이 작품은 20세기 이후 오페라 역사에서 그 의미와 지위가 매우 막중하다.

이후 무조로 된 오페라가 있을 수 없다며 회의적인 태도를 취하던 쇤베르크가 오페라 부파라는 비교적 전통적인 장르의 형식을 채택하여 <오늘부터 내일까지>(Von Heute auf Morgen, 1930)를 발표했으며, 그가 1928년부터 작업하던 <모세와 아론>(Mosse und Aron, 1928-1937)은 결국 미완성 상태로 남았다. 1930년대 말에는 독일 극작가 베데킨트(Benjamin Franklin Wedekind, 1864-1918)의 원작을 바탕으로 보다 전위적인 성격의 오페라 <룰루>(Lulu, 1937)가 대본과 작곡을 동시에 맡은 베르크에 의해 무대에 올랐다.

20세기 초 급격한 사회 변화로 인한 현대인들의 정신적 갈등과 트라우마를 표출했던 모더니즘 오페라는 당시 사회의 인간소외에 대한 문제의식을 필연적으로 품고 있었다. 특히 베르크의 작품들이 그러한데, <보체크>는 계급갈등 및 가난과 범죄의 관계를 다루고 있으며 <룰루>는 당시 사회의 위선적 도덕과 성의식을 비판한다. 그러나 다른 한편으로 이들 작품은 근본적으로 현실 세계에 적극 개입하거나 사회적 행동으로 이어지지 못하고, 새로운 작곡 기법과 독창적 양식의 추구에만 종속되는 것으로 이해되면서 비판받기도 했다.

낭만주의와 인상주의에 대한 반작용, 프랑스의 신고전주의

프랑스 민족주의 음악가들은 프랑스 음악이 독일의 낭만주의와는 정반대로 본질적으로 고전적이라 주장했다. 이러한 맥락에서 등장한 신고전주의(neoclassicism)는 고전적 장르와 형식으로 회귀하고 조성에 입각한 화성을 사용하여 감정이 절제된 간결하고 명확한 음악 양식을 뜻한다. 드뷔시와 함께 20세기 초 프랑스를 대표하는 작곡가 라벨(Maurice Ravel, 1875-1937)은 단막으로 된 코메디 오페라 <스페인의 한 때>(L'Heure espagnole, 1911)과 오페라 <어린이와 주문>(L'Enfant et les Sortileges, 1925)를 썼다.

한편, 풀랑크(Francis Poulenc, 1899-1963), 미요(Daruis Mihaud, 1892-1974), 오네게르(Arthur

Honegger, 1892-1955), 오릭(Georges Auric, 1899-1983), 타유페르(Germaine Tailleferre, 1892-1983), 뒤레(Louis Durrey, 1888-1979)로 구성된 프랑스 6인조(Les Six)는 인상주의에 대항하여, 전통적 형식을 따르는 보다 단순하고 명료한 음악을 추구했다. 오페라에서 가장 많은 작품을 남긴 미요는 각기 다른 조의 두 선율선과 화성 영역이 동시에 제시되는 복조성(polytonality)을 즐겨 사용했는데, 오페라 <불쌍한 선원>(Le pauvre matelot, 1926)과 <크리스토퍼 콜럼버스>(Christophe Colomb, 1928) 등 많은 수의 작품을 남겼다.

러시아 작곡가지만 프랑스에서 오래 활동했던 스트라빈스키(Igor Stravinsky, 1882-1971)는 원시주의 사조의 초기 음악에서 벗어나 1920년 발레 음악 <풀치넬라>(Pulcinella)를 기점으로 신고전주의에 접어든다. 그는 자신의 음악이 작곡가의 개성보다 객관적이고 개성이 없는 음악 원래의 원형을 추구하는 보편성을 띠길 원했다. 특히 오페라 장르에서 신고전주의 경향이 강하게 나타났는데, 그의 <마브라>(Mavra, 1922), <오이디푸스 왕>(Oedipus rex, 1928), 그리고 멜로드라마 <페르세포네>(Perséphone, 1934)가 여기에 속한다.

사회문제에 대한 적극적 참여로서 독일 서사극과 오페라

바이마르 공화국(1919-1933) 시기 독일은 정치적 논쟁의 온상이었고, 이는 음악에도 반영되었다. 20세기 초를 강타했던 쇤베르크와 베르크의 표현주의에 대한 반대급부로, 1920년대 독일에서는 '새로운 객관성'이라는 의미에서 신즉물주의(Neue Sachlichkeit)가 대두되었다. 이 사조의 음악적 특성은 복잡성에 반대하여 친숙한 요소들을 사용하고, 고전주의나 바로크 음악의 요소들, 혹은 재즈나 팝음악의 요소들을 빌려오는 것 등이다.

이 시기에 일시적으로 유행했던 장르 '시대오페라'(Zeitoper)는 전통적인 형식과 현대적 내용의 아이러니한 결합으로 되어 있는데, 대표작으로는 체코 출신의 오스트리아 작곡가 크세넥(Ernst Krenek, 1900-1991)의 오페라 <조니가 연주한다>(Johnny spielt auf, 1927)를 들 수 있다. 흑인 재즈 뮤지션을 주인공으로 하는 이 오페라는 이미 고갈된 옛 문화를 대변하는 유럽의 전통과 재즈와 같은 새롭고 활기 넘치는 미국의 음악 사이의 이분법을 다룬다.

베를린 태생의 작곡가 쿠르트 바일(Kurt Weill, 1900-1950)은 신즉물주의 작곡가 중 하나로, 노래극(Songspiel)과 오페라, 뮤지컬과 영화음악 등 오로지 극음악 작곡에 집중했다. 정치적으로

III. 오페라의 현재와 미래(1900-현재)

좌파를 옹호했던 바일은 극작가 브레히트(Bertolt Brecht, 1898-1956)와의 협업으로 무대음악극을 통해 사회비평을 시도했다. 두 사람의 첫 협업작 <마하고니시의 번영과 몰락>(Aufstieg und Fall der Stadt Mahagonny, 1930)은 쾌락의 도시 마하고니를 건설한 사람들의 모습을 통해 자본주의 사회의 끔찍한 단면을 포착했다. 바로크 시대 영국의 발라드 오페라 존 게이의 <거지 오페라>를 바탕으로 하는 <서푼짜리 오페라>(Dreigroschenoper, 1928) 역시 폭력이 난무하는 빈민층과 부르주아 계급의 위선을 꼬집었다.

힌데미트(Paul Hindemith, 1895-1963)는 다작을 남긴 20세기 작곡가 중 하나로 손꼽힌다. 그는 20세기 초 모던한 음악에서 점점 멀어져가는 청중을 다시 되찾아오기 위해, 아마추어 연주자나 음악애호가들을 위한 모던 양식으로 된 높은 수준의 음악을 의미하는 실용음악(Gebrauchsmusik)을 작곡했다. 그의 초기 오페라 <누쉬-누스키>(Das Nusch-Nuschi, 1921)는 바그너의 <트리스탄과 이졸데>의 숭고함을 조롱하고 폄하하면서 전통적인 오페라 장르의 형식을 풍자한다. 이젠하임의 제단 장식화를 그린 화가 마티아스 그뤼네발트의 생애를 토대로 한 오페라 <화가 마티스>(Mathis der Maler, 1938)는 사회적 의무와 예술에 대한 추구의 갈등을 그린다.

한편, 공산주의 작곡가 아이슬러(Hanns Eisler, 1898-1962)는 브레히트와의 협업으로 교육극(Lehrstück)이라는 장르로 <조치>(Die Maßnahme, 1930)를 만들었다. "세상을 바꿔라. 그것이 필요하다"라는 공산주의 슬로건을 모토로 삼고 있으며, 노동자 합창단을 위해 아이슬러는 가시의 세팅을 엄격하게 단순화한 스타일을 선보였다. 이외에도 학교오페라(Schuloper) 등을 선보였고, 무대극음악 장르에서 많은 수의 작품을 남겼다.

민중의 삶과 사회를 문제적으로 그려낸 러시아 오페라

20세기 러시아의 음악과 예술은 정치와의 밀접한 연관성을 보여준다. 1917년 10월 러시아 혁명과 니콜라이 2세의 실각으로 인해 러시아 제국은 붕괴되었고 소비에트 연방공화국이 신설되었다. 1920년대 러시아의 정치 경제적 혼란 때문에 예술에 대한 국가 차원에서의 통제는 일시적으로 완화되었으며, 작곡가들은 모더니즘 예술을 추구하는 현대음악협회(The Association of Contemporary Music)와 사회주의 사상을 지향하는 러시아 프롤레타리아 음악인 협회(The Russian Association of Proletarian Musicians) 두 기구를 창설하였다. 그러나 1930년대 정권을 잡은 스탈린은 예술에 대한 강력한 통제 정책을 펼치면서, 사회주의 혁명 사상과 그 영웅을 찬양하고 인민들이 진보되어가는 자취를 예술이 보여줘야 한다는 '사회주의 리얼리즘'을 국가예술정책으로 공표했다.

1910년대 급진적 모더니즘 작곡가로 명성을 얻은 작곡가 프로코피에프(Sergey Prokofiev, 1891-1953)는 1918년 러시아를 떠나 미국으로 떠났고, 그곳에서 인상주의적 색채의 기괴하면서도 환상적인 희극적 오페라 <세 개의 오렌지에 대한 사랑>(The Love for Three Oranges, 1921)를 발표했다. 이후 어둡고 악마적인 세계를 그리는 오페라 <불의 천사>(The Flaming Angel, 1927)가 나왔고, 1936년 다시 러시아로 돌아온 프로코피에프는 톨스토이(Leo Tolstoi, 1828-1910)의 희곡을 원작으로 하는 대규모 오페라 <전쟁과 평화>(War and Peace, 1941)를 비롯한 여러 오페라 작품을 선보였다.

20세기 최고의 러시아 작곡가로 국제적 명성을 얻은 쇼스타코비치(Dmitri Shostakovich, 1906-1975)는 정작 조국을 한 번도 떠난 적이 없이 계속 러시아에 머물면서 작품 활동을 펼쳤다. 고골의 동명 소설을 바탕으로 한 3막의 오페라 <코>(The Nose, 1927-28)는 드라마의 부조리, 웃음과 분노의 폭발적인 혼합, 성악 선율의 익숙하지 않은 진행, 거친 악기 음색 등 모든 면에서 초기 쇼스타코비치의 실험정신이 돋보이는 작품이다. 이후 1934년 그는 <므젠스크의 맥베스 부인>을 레닌그라드와 모스크바 무대에 올렸는데, 평단과 관객 모두에게서 호평을 받았으며 해외에서도 공연되었다. 그러나 1936년 스탈린이 이 공연에 대한 비판적 의견을 밝히면서 상황은 급반전되었다. 정책지 『프라우다』에 실린 "음악이 아닌 혼돈"이라는 기사는 쇼스타코비치의 이 오페라에 대한 비평이 비록 익명이나 스탈린의 의견을 반영하는 것이었다. 쇼스타코비치는 일시적으로 지위를 잃었고 생명에 위협까지 느낀 그는 '정당한 비판에 대한 소비에트 예술가의 답변'이라는 부제를 단 교향곡 5번을 발표함으로써 복권되었다. 평생 동안 정권에 대한 순응과 저항으로 작품의 스타일과 사조가 달라졌던 쇼스타코비치는 정치와 예술의 밀접한 상관관계를 보여주는 대표적인 예라 할 수 있다.

2.1. 베르크 <보체크>(Wozzeck, 1922/25):
무조음악으로 표현된 현대인의 초상, 모던 오페라의 시작

작품 개요

작곡: 알반 베르크(Alban Berg, 1906-1975)

대본: 프란초스(Karl Emil Franzos, 1848-1904)의 판본(1879)을 바탕으로 베르크가 직접 각색

원작: 게오르그 뷔히너의 희곡『보이체크』(Woyzeck, 1836으로 추정)

초연: 1925년 12월 14일, 베를린 슈타츠오퍼 운터 덴 린덴

구성: 3막 15장 (1시간 30분 가량)

배경: 19세기 초, 군의 주둔지 작은 마을

주요 등장인물

보체크(Wozzeck, 바리톤): 가난한 군인

마리(Marie, 소프라노): 보체크의 동거녀

대위(Hauptmann, 부포 테너): 보체크를 종처럼 부리는 군대 상관

의사(Doktor, 부포 베이스): 보체크에게 완두콩 실험을 제안한 의사

군악대장(Tambourmajor, 헬덴테너): 마리를 유혹하고 정복한 후 보체크를 모욕하는 인물

안드레스(Andres, 리릭 테너): 보체크의 동료

마그레트(Margret, 콘트랄토): 마리의 이웃

보체크와 마리의 아들(Maries Knabe, 소프라노), 일등병 1(1. Handwerksbursch, 베이스), 일등병 2(2. Handwerkwbursch, 하이 바리톤), 군인 및 소년(Soldaten, Burschen, 6부 남성 합창단), 하녀 및 창녀(Mägde, Dirnen, 2부 여성 합창단), 어린이(Kinder, 1부 어린이 합창단) 등

주요 아리아 및 장면

1) 1막, '천천히, 보체크, 천천히 하게!'(Langsam, Wozzeck, langsam!): 대위가 보체크를 비난하는 장면

2) 2막, '오! 오! 안드레스! 나는 잠들 수 없어'(Oh! oh! Andres! Ich kann nicht schlafen): 보체크가 친구 안드레스에게 괴로움을 토로하는 장면

3) 3막, '거기서 왼쪽으로 마을로 들어가'(Dort links geht's in die Stadt): 보체크가 마리를 살해하기 전 두 사람의 장면

4) 3막, '칼이 어디에 있지?'(Das Messer? Wo ist das Messer?): 마리를 살해한 후 다시 호숫가로 돌아온 보체크의 익사 장면

줄거리

1막

1장(모음곡):보체크는 대위의 면도 시중을 든다. 대위는 미덕과 도덕에 대한 이야기로 사생아를 낳은 보체크를 조롱하고 비난한다. 보체크는 성경 구절을 언급하며 가난과 미덕은 양립할 수 없다고 말한다. "우리 불쌍한 사람들!" 2장(랩소디): 보체크는 동료 안드레스와 함께 일하고 있다. 안드레스가 사냥꾼의 노래로 긍정적인 동기를 부여하는 동안, 보체크는 인간 사회가 약자를 잔인하게 노출하고 왜곡한다고 비판하며, 정신착란을 일으킨다. "여긴 저주받은 곳이야!" 3장(행진곡): 마리는 군악대장이 이끄는 퍼레이드를 즐긴다. 그러나 이웃인 마그레트의 조롱으로, 자신의 상황을 떠올리며 분노한다. 보체크가 마리를 찾아오지만, 그는 정신이 혼미해져 알아보지 못한다. 4장(파사칼리아): 조금이라도 더 수입을 얻기 위해 시작한 의사의 실험에서 보체크는 정신착란 증세를 보이지만, 의사는 오히려 기뻐하며 실험의 성공을 자축한다. 5장(론도): 마리는 군악대장이 자신에게 관심을 보이는 것이 기쁘다. 그녀는 잠시 고민하는 듯 하더니, 결국 욕망에 굴복한다.

2막

1장(소나타-알레그로): 보체크는 군악대장이 마리에게 선물한 귀걸이를 보고 그녀를 의심한다. 2장(3개의 주제에 의한 환상곡과 푸가): 의사와 대위가 건강에 대한 대화를 하다가, 마침 지나가던 보체크를 보고 마리와 군악대장의 관계에 대해 조롱한다. 3장(라르고): 보체크는 자신의 의심을 부인하지 않는 마리에 분노하고, 그녀를 구타하려 한다. 마리는 격렬히 저항하며 보체크를 모욕한다. 4장(스케르초): 보체크는 군악대장과 함께 춤을 추는 마리를 본다. 이때 한 바보가 나타난 보체크

에게 피 냄새가 난다고 예언한다. 5장(론도): 막사에서 잠을 이루지 못한 보체크에게 군악대장이 들어와 모욕하고 싸움을 건다.

3막

1장(주제에 대한 인벤션): 마리는 보체크를 배신한 것을 후회하고, 성경에서 위안을 찾는다. 아이에게 동화를 들려주는데, 인간은 피난처 없이 세상에 홀로 남았다는 이야기이다. 2장(한 음에 대한 인벤션): 보체크와 마리가 호숫가 숲길을 걷고 있다. 보체크는 자신이 가질 수 없다면 다른 누구도 가질 수 없다며, 마리를 칼로 찔러 죽인다. 3장(리듬에 대한 인벤션): 마을 술집으로 돌아온 보체크는 마그레트와 춤을 춘다. 마그레트가 보체크의 몸에 묻은 피를 보고, 사람들은 모두 소리친다. 4장(6개의 음에 대한 인벤션): 보체크는 살인을 은폐하기 위해 다시 호숫가로 와 칼을 찾지만, 발견하지 못한다. 호수로 점점 깊이 들어간 보체크는 결국 익사하고, 이때 의사와 대위가 지나간다. 5장(8분음표에 대한 인벤션): 다음날 아침, 마리의 아이가 동네 아이들과 함께 있다. 아이들은 "네 엄마가 죽었다"는 것을 알려준 후 모두 떠나고, 마리의 아이만 혼자 남는다.

감상 포인트

1) 미완성 유고작인 뷔히너의 원작과 프란초스의 판본

1914년 빈의 캄머슈필레에서 뷔히너의 희곡을 기초로 한 연극 <보이체크>를 본 베르크는 곧장 이 작품을 오페라로 만들고자 했다. 베르크가 사용한 판본은 카를 에밀 프란초스가 각색한 것으로, 그는 뷔히너 원작의 장면 순서를 바꾸는 것 외에도 문장을 생략하고 변경하고 심지어 자유롭게 추가하기도 했다. 잘 알려져 있듯이, 작품 제목 <보체크> 역시 프란초스가 원작 『보이체크』의 철자를 잘못 해독한 결과이다. 1921년 경 보다 개선된 판본이 새롭게 출판되었으나, 베르크는 텍스트와 음악의 연관성 때문에 구 버전을 그대로 사용하면서 제목의 철자 또한 그대로 유지되었다. 1921년 10월 오페라 <보체크>가 완성된 후, 1925년 구스타프 말러의 미망인인 알마 말러-베르펠의 재정적 지원으로 출판되었으며, 1925년 12월 14일 베를린의 슈타츠오퍼 운터 덴 린덴에서 에리히 클라이버의 지휘로 초연되었다. 베르크의 스승이었던 쇤베르크는 이 오페라의 음악적 난해함에 대해 우려를 표한 바 있으나, 초연 이후 1933년까지 독일에서 17회, 해외에서 10회 이상 공연되며 국제적인 히트작이 되었다.

뷔히너의 『보이체크』는 형식적으로 매우 특이하다. 뷔히너는 고전적이고 전통적인 드라마의 폐쇄적 형식을 탈피하여 에피소드들 간의 느슨한 연결로 인해 개방형식(offene Form)의 전형을 보여준다. 따라서 이 드라마는 엄격한 인과관계에 의해 줄거리가 진행되지도 않고, 기승전결의 구조적 원리에도 벗어나 있다. 대신 각각의 장면들은 자율적이며 느슨한 병렬구조로 엮여져 있어 순서를 바꾸어도 크게 결말이 달라지지 않는다. 게다가 뷔히너는 다양한 사회적 지위와 상황을 배경으로 하는 등장인물들을 그리기 위해 구어체와 여러 지역의 사투리를 섞어 쓰는 등의 방식을 도입했다. 결과적으로 『보이체크』는 특별한 형식으로 "범죄의 가장 큰 원인은 빈곤에 있다"는 뷔히너의 사고를 드러내며, 한 개인의 실존과 당시 사회의 실상을 그린다.

2) 표현주의 무조음악으로 작곡된 최초의 오페라

20세기의 저명한 작곡가이자 지휘자인 피에르 불레즈(Pierre Boulez, 1925-2016)가 "베르크의 <보체크> 이후로 진정한 의미에서 '새로운' 오페라는 없다"고 선언한 바 있을 정도로, 이 작품은 놀라울 정도의 새로운 시도로 가득하다. 베르크는 오페라 <보체크>에서 무조성(atonal music)을 비롯한 당시 가능한 모든 음악적 수단을 수용하여 대단히 복잡하면서도 고도의 예술적 수준을 보여주었다. <보체크>의 음악은 조성감을 느낄 수 없는 무조로 되어 있지만 아직 완전한 12음기법이 구사되지는 않았으며, 1910-20년대 유행했던 표현주의(expressionism) 음악어법으로 인물들의 감정선을 과장되게 표현한다. 이를 위해 베르크는 몇몇 장면에서 말과 노래 사이의 형태라 할 수 있는 슈프레히슈팀메(Sprechstimme) 창법을 사용했다.

반면, 형식적인 면에 있어서 베르크는 오히려 보수적인 태도를 보였는데, 파사칼리아나 모음곡, 소나타 형식과 인벤션 등 바로크부터 후기 낭만주의 시대까지의 음악 형식을 두루 썼다. 이는 작곡가가 무조성과 표현주의에 대한 보충물로서 전통적인 형식을 선호한 것으로 이해할 수 있다. 즉 작곡의 기본 골격인 조성적 틀을 해체하고 탈피하여 무조성으로 향했으나, 청중의 이해를 위해 형식에 있어서는 전통적인 모델을 가져왔다고 보는 것이다. 그러나 베르크는 이 형식적 엄격함이 관객의 감상을 방해하지 않아야 한다고 강조하면서, 형식보다 작품 전반에 풍자와 해학을 곁들인 유머와 풍부한 표현으로 가득한 소리들을 전면에 내세웠다. 즉 군악대장과 마리가 술집에서 춤을 추는 장면에서는 왈츠와 함께 카바레 음악이 사용되기도 하고, 보체크가 다시 술집으로 되돌아오는 장면에서 폴카 리듬이 활용되는 등 민속춤이나 당시 유행했던 대중적인 곡조가 돋보인다.

베르크는 오페라 분야에서 탁월한 공헌을 했던 선배 작곡가 바그너의 라이트모티프 기법 역시 적극 수용했다. 1막 1장에서 대위의 모욕과 조롱에 자신을 변호하면서 "우리 가난한 사람들"(wir arme Leute, 일명 '가난 동기')이라 칭한다. 네 개의 음(d#-b-e-g)으로 된 이 짧은 동기(a)는 오페라 전체를 이끌어가는 주요 동기로 작동하는데, 사회에서 보체크를 대변하고 그의 신분을 나타내는데 주로 쓰인다. 또 다른 라이트모티프(b)는 보체크의 심리와 정서 등을 나타내며, 작품의 마지막 부분에 이르러서는 그를 "감정적으로 생동감 있고 자유로우며 강인한 사람"으로 표현한다. 베르크의 라이트모티프 기법은 작품 전체에 통일성과 일관성을 부여하며, 인물이나 상황에 직접적으로 연결되기보다 훨씬 미묘한 방식으로 사용된다.

3) 사회적 드라마의 오페라화

뷔히너의 『보이체크』는 오늘날 가장 자주 공연되고 영향력 있는 독일 희곡 중 하나로 여겨진다. 뷔히너는 1780년 라이프치히에서 질투심과 정신착란으로 연인을 칼로 찔러 살해한 보이체크의 실화를 접했으며, 이후에도 비슷한 사건이 여러 번 있었음을 깨닫고 작품의 모티브로 삼았다. 그러나 주인공 보이체크의 살인 동기를 질투로 한정해서는 이 작품을 이해하는데 충분하지 않다. 뷔히너의 사회적 드라마(soziales Drama)로서 이 작품은 가난한데다 보잘 것 없는 낮은 신분으로 다른 사회구성원들로부터 억압과 굴욕을 당하는 주인공에 초점을 맞춤으로써, 사회적 의미를 획득한다.

평소 지병이었던 심한 천식으로 군 생활을 고역으로 보냈던 베르크 역시 이 작품에 강한 공감을 느꼈다. 그는 지인에게 보낸 한 편지에서 "증오하는 사람들에게 의존하고, 묶여있고, 병들고, 자유롭지 못하고, 체념하고, 심지어 굴욕감을 느끼며 전쟁의 세월을 보냈기 때문에, 그 캐릭터(보체크)에게는 나의 일부가 있다. 군 복무가 없었다면 나는 예전처럼 건강했을 것이다."라고 쓴 바 있다. 뷔히너의 극작품을 오페라로 만들기로 결심한 베르크는 연극에서 의미와 메시지를 전달하는 것 보다 오페라가 표현할 수 있는 영역이 훨씬 넓다고 보면서, 관객을 비롯한 대중 전반에게 음악으로 인류애를 호소했다. 결과적으로 베르크의 오페라 <보체크>는 지금까지도 많은 사람들에게 공감을 받는 20세기 초 모더니즘 오페라를 대표하는 작품으로 자리 잡았다.

추천 영상물(보체크-군악대장-마리 순)

1) (Blu-ray) 마티아스 괴르네, 존 다삭, 아스믹 그리고리언 등

   블라디미르 유로프스키 지휘, 빈 필하모닉 오케스트라와 빈 슈타츠오퍼 합창단, 윌리엄 켄트리지 연출, 2017년 잘츠부르크 페스티벌 실황

2) (DVD) 크리스티안 게르하허, 브랜든 요바노비치, 군-브리트 바크민 등

   파비오 루이지 지휘, 취리히 필하모닉 오케스트라와 취리히 오페라 합창단, 안드레아스 호모키 연출, 2015년 취리히 오페라하우스 실황

2.2. 바일 <마하고니 시의 번영과 몰락>(Aufstieg und Fall der Stadt Mahagonny, 1930): 21세기 사회를 예견하는 서사극적 오페라

작품 개요

작곡: 쿠르트 바일(Kurt Weill, 1900 - 1950)

대본: 베르톨트 브레히트(Bertolt Brecht, 1898-1956)

초연: 1930년 3월 9일, 라이프치히 신극장(Neues Theater)

구성: 3막 20장 (2시간 30분 가량)

배경: 북미대륙 가상의 도시 마하고니

주요 등장인물

베그빅(Begbick, 알토/메조소프라노), 패티(Fatty, 테너), 삼위일체모세(Dreieinigkeitsmoses, 바리

톤): 도박, 매춘, 폭식과 폭음이 난무하는 도시 마하고니를 건설한 사기꾼 일당

제니(Jenny, 소프라노): 마하고니로 온 매춘여성

짐 마호니(Jim Mahoney, 테너): 일명 지미. 알래스카 벌목공

잭(Jack, 테너), 빌(Bill, 바리톤), 조(Joe, 베이스): 지미의 친구

토비 히긴스(Tobby Higgins, 테너)

마하고니의 여자들과 남자들

주요 아리아 및 장면

1) 1막, 제니와 여자들의 노래 '오, 길을 보여주세요'(Oh, show us the way): 일명 '알라바마 송'(Alabama Song)

2) 1막, 피아노 솔로 '영원한 예술'(Das ist die ewige Kunst): <소녀의 기도> 인용

3) 2막, '다음 차례는 사랑이야!'(Zweitens kommt die Liebe dran!): 태풍이 마하고니를 비껴난 후의 선정적 장면

4) 3막, '이 마을에는 위스키가 없어.'(There is no whisky in this town): '베나레스 송'(Benares Song) 으로 알려진 노래

줄거리

1막

베그빅과 패티, 삼위일체모세는 범죄를 저지르고 경찰들로부터 도망치다가, 차가 고장이 나 사막 가장자리에 멈춰선다. 그들은 이곳에 술집과 매춘 업소가 있는 마을을 세우기로 결심하고 '마하고니'(그물 마을이라는 뜻)라 이름 붙인다. 도시는 날로 성장하고, 알래스카에서 온 네 명의 벌목꾼 지미, 빌리, 조, 잭이 이곳에 도착한다. 지미는 창녀 제니와 사랑에 빠진다.

마하고니에 찾아온 위기. 물가는 떨어지고 사람들은 떠나며, 설상가상으로 허리케인이 다가온다. 지미는 인간의 만족을 위해서라면 그 어떤 것도 금지되어서는 안 된다고 말한다. 다만 금지된 유일한 것은 돈이 없는 것. 돈이 없으면 사형에 처해질 수 있다.

2막

허리케인은 마하고니에 도달하기 1분 전 기적처럼 비켜가고, 사람들은 이 도시에 존재했던 모든 금지사항을 해제한다. 이제 마하고니에서는 '모든 것을 하라!'가 기본법이 되었고, '배가 터지도록 먹고 여자와 놀고 권투를 즐기고 코가 비뚤어질 때까지 마시는 것'이 기본 규칙이 된다. 잭은 너무 많이 먹어 죽고, 조는 삼위일체모세와의 권투시합에서 숨진다. 지미는 제니와 어울리며 마하고니 사람들에게 위스키를 사주지만, 돈이 없어 체포된다.

3막

마하고니의 법원. 살인 혐의로 기소된 남성이 법원에 뇌물을 써서 무죄 석방된다. 돈이 없는 지미는 제니와 친구들로부터 돈을 빌리려 하지만 여의치 않고, 결국 사형선고를 받는다. 단돈 30달러를 갚지 못해 전기의자에 앉게 된 지미는 빚이야말로 마하고니에서 유일한 범죄라는 것을 깨닫는다. 마을 사람들이 피켓을 들고 각자 원하는 바를 말하며 시위하고 있다. 도시는 불타고, 짐의 관이 운반된다. 누군가 '아무도 우리를, 당신을, 누구도 도울 수 없다'고 선언하며, 오페라는 혼란 속에서 막을 내린다.

감상 포인트

1) 브레히트 서사극(Episches Theater), 오페라가 되다!

1920년대 서유럽에서 오페라는 가장 많은 비판을 받던 장르였다. 왜냐하면, 선율들이 무한히 이어지고 화성적인 해결을 최대한 지연시키는 등 청중의 이성과 감각을 마비시켜 완전히 도취 상태에 빠지도록 만드는 바그너의 음악극에 대한 반발의 움직임이 매우 거세게 일어났기 때문이다. 심지어 피아니스트 겸 작곡가인 부조니(Ferruccio Busoni, 1866-1924)는 『음악예술의 새로운 미학에 대한 구상』(1907)이라는 글에서, 19세기 오페라 관람자들을 무대 위에서 펼쳐지는 갈등을 보며 대리만족을 누리는 범죄자(kriminell)로 비유하였고, 브레히트 역시 오페라 청중들을 아무런 지적 노력을 기울이지 않고 단지 미식가적으로(kulinarisch) 즐기기만 한다고 비판하였다.

20세기 독일의 저명한 연출가이자 극작가인 브레히트의 여러 극작품들은 동시대 뛰어난 작곡가들을 만나, 현대 연극과 오페라의 새로운 전환점이 되었다. 이를 테면, 작곡가 힌데미트(Paul

Hindemith, 1895-1963)는 브레히트의 텍스트를 기반으로 한 교육용작품(Lehrstück)을 비롯하여 바일과 공동으로 <린드버그 비행>(Lindberghflug, 1929)이라는 제목의 청취극(Hörspiel)을 만들었으며, 한스 아이슬러(Hans Eisler, 1897-1968)는 <조치>(Die Maßnahme, 1930)를 포함하여 여러 극작품을 브레히트의 대본을 바탕으로 작업했다. 바일은 <마하고니시의 번영과 몰락> 이전에 이미 브레히트와 함께 <서푼짜리 오페라>를 만들어 큰 성공을 거둔 바 있다.

브레히트는 1924년 마하고니 노래(Mahagonnysong) 몇 편을 쓰면서 오페라로 만들 생각을 했는데, 이 구상은 1927년 작곡가 바일을 만나면서 구체화되었다. 바일은 이 노래들로 짧은 노래극(Songspiel)을 만들었고, 공연의 성공에 고무되어 의기투합한 브레히트와 바일은 이 노래극을 오페라로 확장시켜 1930년 라이프치히 노이에스 테아터 무대(Neues Theater)에 올렸다. 이렇게 두 예술가의 협업으로 만들어진 오페라 <마하고니시의 번영과 몰락>는 초연될 당시, 지휘자를 비롯한 공연 관계자와 관객들의 큰 저항에 부딪혔다. 아마도 당대의 현실을 적나라하게 반영하는 기괴한 내용과 그보다 더 낯선 극의 전개방식 때문이었을 테다. '서사극'이라 불리는 새로운 형태의 극 이론을 바탕으로 쓰인 이 작품은 전통적인 연극이 플롯을 중심으로 하는 하나의 완결된 구조로 이루어진 것과는 달리, 무대 위에서 벌어지는 사건들에 대해 다양한 방식으로 상이한 관점을 제시하는 양식으로 되어있다. 결과적으로 관객들이 극에 지나치게 몰입하는 것을 방해하고, 극중 사건에 대해 비판적인 성찰을 함으로써 스스로 극적 진실을 판단하도록 유도한다.

2) 바일의 음악으로 낯설게하기(Verfremdungseffekt)

<마하고니의 번영과 몰락>은 20개의 장면 및 노래로 된 번호오페라(Nummeroper)의 일종이며, 대본은 원래 독일어로 쓰여 졌지만 몇몇 노래들은 영어로 되어 있다. 음악적으로 보자면, 이 작품은 바흐나 모차르트식의 대위법과 이탈리아 및 독일 오페라의 전통 위에 유절형식으로 된 민요와 스윙이나 블루스, 폭스 트로트 등의 재즈가 얹히고 카바레에서 흔히 연주되던 대중음악이 사용되어 시대와 사회를 넘나드는 다양한 음악 양식들이 혼용되어 있다는 점이 흥미롭다.

이 작품에서 가장 유명한 곡을 꼽는다면, 아마도 모든 이들이 '알라바마 송'을 떠올릴 텐데, 이 곡은 '송'이라 불리는 만큼 선율의 스타일마저 기존 오페라의 복잡하고 기교적인 아리아가 아니라 단순한 유절형식으로 되어 있어 누구나 쉽게 따라 부를 수 있지만, 한편으로 오페라라는 장

르와 전혀 상관이 없어 보이는 노래의 스타일이 오페라를 사랑하는 청중들을 당혹시킨다. 가사는 어린 아가씨들이 남자와 술이 있는 위스키 바를 찾으러 속된 내용으로, 19세기 미국 신대륙의 삶을 직접 개척해 나가야 했던 노동자들의 힘겨운 일상과 성적 서비스를 제공해서라도 살아남아야 했던 여성들의 삶을 담아낸다. 어두운 내용의 가사와 지나치리만큼 경쾌하고 유머러스한 음악의 현격한 대조는, 일종의 브레히트 특유의 '낯설게 하기 효과'(Verfremdungseffekt)이다.

'알라바마 송'에서 바일은 도미솔로 이루어진 으뜸화음에 미♭, 파, 라♭ 음들을 집어넣어 색깔을 흐리기도 하고, 20세기에 들어서 비로소 사용되기 시작한 현대적인 화음들을 즐겨 사용하기도 하였다. 베이스 성부에서는 으뜸음(도)이 끊임없이 반복되는데, 선율은 이미 다른 화음으로 진행하는데 반해 의도적으로 화성법의 규칙에 벗어난 잘못된 음을 베이스 성부에 둠으로써, 무언가 불편한 느낌을 준다. 이러한 음악적 장치들은 관객들로 하여금 극과 음악의 진행에 함몰되지 않고 오히려 중단하는 역할을 한다.

1막의 끝부분 9번 노래에 이르면, 우리에게 매우 친근한 음악이 들린다. 바로, 바다르체프스카(Tekla Badarzewska-Baranowska, 1834-1861)의 <소녀의 기도>(A Maiden's Prayer)인데, 익숙한 선율은 재즈적 요소가 가미되는 편곡으로 인하여 곧바로 낯설게 느껴진다. 그리고 음악이 흐르는 동안, 등장인물 중 하나인 잭(Jack)은 이렇게 외친다. "이것이야말로 영원한 예술이야." 사실 이 곡은 당시 유럽 전역에서 피아노 악보로서는 최고의 판매량을 기록할 정도로 어마어마한 인기를 끌었다. 바일은 이 곡을 일부러 가져와, 당시 중산계급의 문화적·음악적 허영을 꼬집는데 사용한 것이다. 관객들을 작품이 도취되지 않도록 하는 것이 목표인 바일의 음악적 의도를 여기서도 엿볼 수 있다.

<마하고니시의 번영과 몰락>의 오케스트라 편성은 기존과는 조금 다르다. 전통적인 오케스트라의 구성이긴 하지만 훨씬 규모가 작은 소편성으로 되어 있다. 원작에서는 7명의 연주자로 구성된 작은 앙상블로 되어 있으나, 공연되는 장소에 따라 현재는 그 인원수를 늘려 확장된 규모로 구성된다. 그리고 바이올린과 같은 현악기가 주요 선율을 연주하는 관습에서 벗어나 목관이나 금관 악기들이 주가 되고, 이마저도 재즈 밴드에서나 볼 수 있는 색소폰이나 트럼펫 등이 전체를 지배한다. 그 결과, 통상적으로 아름답다고 여겨지는 소리와는 거리가 먼 냉정하고 차가운 음향이 만들어지며, 군악대나 댄스 홀 등에서 울리던 서민적인 사운드가 재생된다. 게다가 반도네온이나

치터 등 기존의 오케스트라 구성에 속하지 않는 악기들이 나와 새로운 음색을 더한다. 이처럼 바일은 재즈를 예술음악의 범주에 포함시키려 하였고 어느 정도는 성공을 거둔 것으로 보인다. <마하고니시의 번영과 몰락>에서도 느껴지는 거친 사운드와 단순한 리듬의 재즈적인 요소들은 청중들을 보다 감각적인 세계로 이끈다.

3) 극과 음악 모두 21세기 사회를 예견하다!

마하고니는 소돔과 고모라의 이야기에 비유되곤 한다. 모든 것이 돈을 주고 살 수 있는 '상품'으로서의 가치만을 가지고 있는 도시 마하고니는『구약성서』'창세기' 편에 기록되어 있는 퇴폐의 도시 소돔과 고모라 못지않다. 인간보다 자본이 중시되고, 더 많이 가지려는 인간의 욕망이 바탕이 되어 자본의 증식을 위해 무한 경쟁체제에 돌입한 21세기 현대 사회를 그대로 반영하는 듯하다. 어쩌면 이 작품은 이러한 '비인간적' 사회를 미리 예견한 브레히트와 바일의 예술적 경고로 해석 가능하다.

브레히트와 바일은 20세기 초 당시 시대의 요구에 맞추어 새로운 사고와 혁신적 시도로 오페라 장르의 의미를 바꾸었다. 특히 바일은 당대 유행했던 최신의 음악작법을 따르는 대신 오히려 너무 전통적이어서 진부한 음악 단편을 활용하거나 오페라에 쓰이지 않았을 대중 곡조를 가져옴으로써 현실에 대한 풍자와 해학을 유머스러운 분위기로 유지하고자 했다. 이로 인해 작곡가로서 바일은 '진지하고 어려운' 음악 스타일이 각광받던 당시에 비평가들로부터 혹평을 받기도 했지만, 귀에 쏙쏙 들어오는 음악으로 작품이 창작된 당시부터 지금까지 관객의 변함없는 사랑을 받고 있다.

추천 영상물(베그빅-제니-짐 순)

1) (Blu-ray) 제인 헨셀, 미샤 브르거고스만, 미카엘 쾨니히 등

    파블로 에라스-카사도 지휘, 마드리드 신포니카 오케스트라와 마드리드 왕립 가극장 합창단, 파비오 루이지 지휘, 취리히 필하모닉 오케스트라와 취리히 오페라 합창단, 안드레아스 호모키 연출, 2010년 마드리드 왕립 가극장 프로덕션

2) (DVD) 기네스 존스, 캐서린 말피타노, 제리 하들리 등

데니스 러셀 데이비스 지휘, 빈 라디오 심포니 오케스트라와 빈 슈타츠오퍼합창단, 피터 자덱

연출, 1998년 잘츠부르크 페스티벌 실황

2.3. 쇼스타코비치 <므젠스크의 맥베스 부인>(Lady Macbeth of Mtsensk, 1934): 러시아 사회의 극적-음악적 반영

작품 개요

작곡: 드미트리 쇼스타코비치(Dmitri Dmitrijewitsch Schostakowitsch, 1906-1975)

대본: 알렉산더 프레이스(Alexander Preys, 1905-1942) & 쇼스타코비치

원작: 니콜라이 레스코프(Nikolai Leskov, 1831-1895)의 소설 『므첸스크의 맥베스 부인』(Lady Macbeth of the Mtsensk District)

초연: 1934년 1월 22일, 레닌그라드(현, 상트 페테르부르크), 말리 극장(Maly Theater)

구성: 4막 9장 (약 2시간 30분)

배경: 1865년 러시아제국, 오룔 주에 위치한 도시 므젠스크

주요 등장인물

카테리나 이즈마일로프(소프라노): 보리스의 며느리이자 지노비의 아내

보리스 이즈마일로프(바리톤): 부유한 상인

지노비 이즈마일로프(테너): 보리스의 아들이자 카테리나의 남편

세르게이(테너): 이즈마일로프 가에 고용된 일꾼

악시냐(말하는 역): 이즈마일로프 가의 하녀

술에 취한 농부(테너): 이즈마일로프 가에 고용된 일꾼

집사(베이스) / 짐꾼(베이스) / 일꾼 1(테너) & 일꾼 2(테너) / 성직자(베이스) / 경찰 조사관(베이스) / 늙은 죄수(베이스) / 소네츠카(소프라노): 여죄수 등

주요 아리아 및 장면

1) 1막 첫 장면, 카테리나의 아리오소 '아, 침을 뱉었네요.'(Akh, nye spitsa ból'she, popróbuyu)

2) 1막, 카테리나와 세르게이의 이중창 '이건 누구, 저건 누구?'(Kto éto, kto, kto stuchit?)

3) 2막, 보리스의 죽음

4) 4막 마지막 장면, 소네츠카와 함께 호수로 빠지는 카테리나

줄거리

1막

지노비와 결혼한 카테리나는 사랑 없는 결혼 생활이 따분하고 지루하다. 시아버지 보리스는 아들을 낳지 못한다며 카테리나를 구박한다. 남편 지노비가 저 건너 농장의 댐을 수리하기 위해 자리를 비운 사이, 건장하고 젊은 청년 세르게이가 일꾼으로 들어온다. 카테리나와 세르게이는 서로 눈이 맞아 힘 겨루기를 빌미로 서로 뒹굴 때 보리스가 들어와 큰 소리로 꾸짖으며 카테리나를 집으로 들여보낸다. 밤이 깊어지고 세르게이는 핑계를 대며 카테리나를 찾아와 유혹하고, 두 사람은 사랑을 나눈다.

2막

두 사람의 사이를 의심하던 보리스는 세르게이를 붙잡아 거의 죽을 때까지 구타한다. 카테리나는 시아버지에게 독약을 섞은 음식을 주고, 보리스는 극심한 고통에 시달리다 사망한다. 두 사람은 함께 지내는데, 보리스의 망령이 나타나 카테리나를 괴롭힌다. 지노비가 집에 돌아왔을 때 세르게이는 얼른 커튼 뒤로 숨지만, 지노비는 카테리나를 의심하고 가죽 벨트를 집어 때리기 시작한다. 숨어 있던 세르게이가 지노비에게 달려들어 목 졸라 살해한다. 두 사람은 시체를 지하실에 파묻는다.

3막

지노비가 실종된 후, 카테리나와 세르게이는 결혼식을 준비한다. 술에 취한 농부가 지하실에서 지노비의 시신을 발견하고 경찰에 신고한다. 하객 모두 취해 있는 결혼식. 카테리나는 지하실이 열

려있는 것을 보고 세르게이와 함께 탈출을 시도하지만, 경찰이 들이닥쳐 둘을 체포하고 평생 강제
노동형을 선고한다.

4막

시베리아의 강제 노동수용소로 이송되는 동안, 카테리나는 경비병에게 뇌물을 주고 세르게이를
만나게 해달라고 부탁한다. 세르게이는 모든 것을 그녀 탓으로 돌리며, 어린 여죄수 소네츠카를
유혹한다. 세르게이는 카테리나를 속이고, 소네츠카와 다른 죄수들을 카테리나는 조롱한다. 카테
리나는 소네츠카를 다리에서 밀어 강에 빠트리고, 자신 역시 강물에 뛰어든다. 그들을 휩쓸려가고
죄수들을 실은 열차는 계속 이동한다.

감상 포인트

1) 19세기 후반 러시아의 사회상을 사실적으로 그려낸 레스코프의 원작

"가장 러시아적인 작가"라는 평을 받는 레스코프는 19세기 러시아의 대문호 톨스토이나 도스토예
프스키와 비슷한 시기에 활동했다. 러시아 전역을 돌아다니며 사람들과 사회, 풍속에 대한 깊은
지식을 쌓았던 레스코프는 제정 러시아 시기 민중의 삶과 사회를 사실적으로 그려내는데 탁월함
을 보였다. 초기에는 의도적으로 당시 러시아 사회를 비난하는 사회운동적 성격의 작품을 발표하
였으나, 정치문제에 대한 관심을 끊은 후에 발표한 소설들로 명성을 얻었다.

1865년에 발표한 소설『므첸스크의 맥베스 부인』은 19세기 차르 시대 러시아 상류층 여인에
게 기대되는 여러 도덕적 가치에 대한 작가의 문제제기를 포함하고 있다. 그는 오르졸(Orjol) 마을
의 범죄 기록에서 어떤 한 사건을 읽고, 이를 바탕으로 소설을 썼다. 당시 러시아에는 상류층의 가
정, 사회, 정치, 종교 생활을 규제하는 법규인 도모스트로이가 시행되고 있었는데, 그 결과 여성은
집안의 남성의 권력에 종속되었고 여성의 성은 출산으로 축소되고 말았다. 레스코프의 소설은 이
러한 당대 사회 현실을 적나라하게 반영한다.

대본가 알렉산더 프레이스는 레스코프의 소설『므첸스크의 맥베스 부인』을 바탕으로 오페라
대본을 완성했다. 당시 레스코프는 소비에트 당국에 의해 부르조아 작가로 간주되었지만, 이 소설
만은 허용되었다. 당국의 검열에도 불구하고 1930년 이 이야기는 무대에 올려졌는데, "거칠고 에

로틱하며 범죄적인 공포 연극"이라는 평을 얻었다. 대본가 프레이스와 함께 쇼스타코비치는 너무 잔인하다고 여겨졌던 카테리나의 어린 조카를 살해하는 장면을 삭제하고, 경찰서에서의 오프닝 장면을 추가했으며, 3막에서는 죄수들의 고통을 더 명확히 하여 그들의 내면에 더 깊이 공감하도록 했다.

2) '카테리나'에 대한 새로운 해석을 담은 쇼스타코비치의 음악

쇼스타코비치의 오페라 <므젠스크의 맥베스부인>은 1934년 레닌그라드와 모스크바에서 초연되어 큰 성공을 거두었고, 이후 소련과 해외에서 여러 번 공연되었다. 전작인 오페라 <코>(The Nose, 1927)가 난해한 극적 내용과 풍자적 성격, 전위적이고 혁신적인 음악적 시도로 상당히 이해하기 어려웠던 반면, 이 작품은 당시 사회상을 반영하고 있는데다 섹스와 폭력 등 감각적으로 강렬한 면모로 인하여 대중들의 전폭적인 지지와 사랑을 받았다.

이 작품의 초연 당시 발간한 에세이에서 작곡가는 "레스코프의 내러티브의 힘을 온전히 유지하면서 비판적이고 현대적인 관점에서 이 소재를 해석하고자 했다"고 밝힌 바 있다. 이는 여주

볼로냐 극장, 모스크바 헬리콘 오페라(Helikon Opera) 〈므첸스크의 멕베스 부인〉

인공 카테리나를 어떻게 해석하느냐의 문제를 의미했는데, 그는 살인을 저지른 범죄자의 면모를 강조하기보다 강렬한 에로티시즘을 발산하되 여전히 '레이디'로서의 품위를 잃지 않는 모습으로 그려 관객들로 하여금 긍정적인 인상이 남도록 하고자 했다. 따라서 이 작품 속 카테리나는 다른 등장인물과 달리 유일하게 감정을 지니고 이를 표현하는 인물이며, 카테리나의 음악은 전통적인 오페라에서처럼 역동적이고 클라이맥스를 취하는 등 감정적인 '생명력'을 드러낸다. 쇼스타코비치는 훗날 회고록에서 아내가 되는 니나 바르사르(Nina Warsar)를 처음 만났을 때를 기록하고 있는데, 그녀를 새로운 여성상 즉 "자신감 넘치는 여성"으로 묘사했다. 이는 이 오페라와 무관해보이지 않다. 그는 이 작품을 분명 사랑에 관한 작품이라 밝히며 부인에게 헌정했다.

<므젠스크의 맥베스부인>은 여타의 오페라와 달리, 서곡으로 시작하지 않는다. 통상적인 관습을 깨고 여주인공 카테리나의 아리오소로 시작하는데, 이는 노래라기보다 독백에 가깝다. 19세기 중반 부유한 상인의 아내로 경제적 어려움은 없으나 사랑 없는 결혼생활에 살아갈 의미를 잃고 삶의 무료함을 견디는 인물 카테리나의 심정을 음악으로 그려낸다. 이 곡에서는 지루함을 의미하는 '스쿠카'(skuka)라는 단어가 핵심인데, 곡이 진행될수록 더 자주 등장하여 그녀의 우울과 슬픔을 강조한다. 반면, 작품의 끝부분인 4막 9장 카테리나의 마지막 아리오소에서 그녀는 자신의 인생에 대해 독백한다. 여기서 '스쿠카'는 고통을 의미하는 '무카'로 바뀐다.

<므젠스크의 맥베스 부인>은 거칠고 에로틱한 면을 적나라하게 드러내어 "포르노포니"(pornophny)라는 혹평을 받기도 했지만, 여주인공 카테리나를 단순한 범죄자가 아닌 당시 억압적인 러시아의 사회적 상황의 희생자로 그려냈다는 해석이 힘을 얻었다. 쇼스타코비치의 생애 말년의 구술을 음악학자이자 저널리스트인 솔로몬 볼코프가 편집한 책 『증언』에 따르면, 이 작품에 대한 쇼스타코비치의 애정은 지극했다. "이 오페라는 주위에 악이 없다면 사랑이 어떻게 존재할 수 있는지에 대한 이야기이기도 합니다. 사랑은 이 모든 악 때문에 멸망합니다. 법, 소유욕, 돈에 대한 탐욕, 경찰의 기계 같은 것들요. 조건이 달랐다면 사랑도 달랐을 것입니다."

3) 정치권력에 대한 저항으로서 작품의 의의

작곡가로서 쇼스타코비치의 명성은 소련에서 전적으로 형성되어 세계적으로 퍼졌다. 그의 작품은 소련 문화 성취의 상징이자 사회주의 리얼리즘 이론을 예술로 입증하는 것으로 간주되었으며, 정권에 의해 적극적으로 홍보되었다. 그러나 때로는 정부 당국과 거친 마찰과 의견 충돌을 보였으며, 쇼스타코비치는 작품 활동을 위해 고통을 감내하고 어쩔 수 없이 타협하기도 했다. 따라서 그의 음악세계는 정치권력과의 관계에서 '저항'과 '순응'의 양면성을 보이며, 그는 정치적 통제를 직접적으로 받는 예술가의 곤경을 상징하는 인물로 여겨진다.

이 오페라는 무엇보다 정치와의 관련 속에서 쇼스타코비치의 태도와 입장을 잘 보여준다. 1936년 1월 모스크바 소비에트 음악 축제의 <므젠스크의 맥베스 부인> 공연에 스탈린이 측근과 함께 참석했다. 다음 날 당국의 정책지 『프라우다』에 "음악이 아니라 혼란"이라는 제목의 이 공연에 대한 비평이 실렸는데, 쇼스타코비치의 음악을 불협화음과 혼란스러운 음향, 삐걱거림과 끽끽거리는 고함이라고 평하면서 싸구려 어릿광대 짓과 같은 쁘티 부르주아의 '형식주의적 시도'라 폄하했다. 비록 익명으로 실린 기사였지만, 스탈린의 의견임을 충분히 짐작할 수 있었다. 쇼스타코비치는 이 사건으로 작곡가로서의 지위에 위협을 받았지만, "소비에트 당국의 정당한 비판에 대한 한 예술가의 실질적이고 창조적인 응답"이라는 부제를 붙인 고전주의 형식의 틀로 작곡한 교향곡 5번으로 명성을 되찾았다.

[원전 읽기]

"1936년 1월 28일, 우리[쇼스타코비치와 첼리스트 쿠바츠키]는 프라우다 신간을 사려고 정거장으로 나갔다. 신문을 펴서 죽죽 넘기며 보는데 거기에 그 기사「음악이 아니라 혼돈」이 있었다. 나는 그 날을 도저히 잊을 수 없다. 아마 내 생애에서 가장 잊지 못할 날일 것이다. 프라우다의 세 번째 페이지에 있던 그 기사는 내 인생을 통째로 바꾸어 놓았다. 기사는 논설인 것처럼 무기명으로 인쇄되어 있었다. 이는 곧 그것이 당의 의견임을 뜻하는 것이었다. 정확하게 말하면 그건 스탈린의 의견임을 표시한 것이며, 이는 훨씬 더 중요한 문제였다. … 좋다. 오페라는 무대에서 쫓겨났다. 모든 사람의 머리에 '혼돈'을 두들겨 넣기 위한 회의가 소집되었다. 모든 사람이 나를 피했다. 그 기사에는 이런 구절도 있었다. "이런 일은 아주 나쁜 결말을 가져올 수 있다". 다들 그 나쁜 결말이 일어날 때까지 대기 상태에 들어간 것이다. 이런 일이 악몽처럼 계속 되었다." - 솔로몬 볼코프, 『증언』

"처음부터 청자는 고의적인 불협화음과 혼란스러운 음향에 충격을 받는다. 악구의 시작부분인 선율의 단편들을 없어졌다 다시 나타나며, 삐걱거림과 끽끽거리는 고함 속에서 다시 사라진다. 이 '음악'을 따라가는 것은 매우 어려운 일이며, 그것을 기억하기란 불가능하다. 사실상 오페라 전체가 이러하다. […] 대중을 감화시키는 좋은 음악의 힘은 싸구려 어릿광대 짓을 통해 독창성을 창조해 내려는 쁘티 부르주아의 '형식주의적' 시도에 의해 희생되었다. […]" – "음악이 아니라 혼돈", 『프라우다』

추천 영상물(카테리나-세르게이-지노비 순)

1) (Blu-ray) 에바-마리아 베스트브룩, 크리스토퍼 벤트리스, 블라디미르 바네브 등
   마리스 얀손스 지휘, 로열 콘서트헤보 오케스트라와 마르틴 쿠셰이 연출, 2006년 암스테르담 헤트 무지크테아터 실황

3. 20세기 후반: 오페라의 다양한 변주들

1945년 제2차 세계대전이 연합군의 승리로 끝이 났다. 전쟁은 종료되었지만 그 희생이 너무 커서 유럽의 많은 지역들이 폐허가 되었고, 유럽 문화예술의 상당수가 파괴되었다. 종전의 결과로 표면적으로는 전 세계가 평화를 찾은 듯 했지만, 내부적으로는 다시금 이념의 전쟁을 의미하는 냉전(cold war)이 찾아왔다. 공산주의 동구권과 서방의 자유민주주의로 나뉘어 정치적으로 치열하게 대립했으며, 이러한 냉전의 가열은 문화예술 분야에도 영향을 미쳤다. 전쟁의 피해를 상대적으로 덜 입은 미국은 빠른 경제 성장을 이뤘고, 정부와 개인의 예술 후원은 관객을 다시 연주회장이나 오페라 하우스로 불러 들였으며, LP레코드와 휴대용 라디오, 테이프 녹음기 등의 기술 발달은 음악의 생산과 향유를 더욱 용이하게 했다. 이러한 상황에서 오페라 장르에서도 새로운 레퍼토리가 더 많이 필요해졌다.

제2차 세계대전이 끝나고 불과 1년 만인 1946년, 독일에서는 다름슈타트 국제하계강좌(Die Internationalen Ferienkurse für Neie Musik Darmstadt)가 개최되었다. 이 행사는 12음 기법을 비롯한 당대 최신의 작곡기법을 공유하고 국제적으로 확산시키는데 큰 공헌을 했으며, 참가한 젊은 작곡가들은 실험적이고 전위적인 시도를 마음껏 펼쳐보였다. 1967년 작곡가 불레즈(Pierre Boulez, 1025-2016)가 "오페라 극장을 폭파하라"라고 선언했을 만큼, 당시 오페라 작품과 공연 문화는 작곡가와 관객 모두에게 큰 호응을 받지 못하는 유행에 뒤쳐진 구식의 것이었다. 그러나 1970년대에 형식과 내용 두 측면에서 모두 여러 갈래의 다양한 시도들로 된 많은 작품들이 나오면서, 비록 전통적인 오페라 장르의 입지는 더욱 위기에 처해졌으나 실험적인 '음악극'(Musiktheater)이 중요한 장르로 대두되었다.

1950-60년대, 정신적이거나 실존적인 오페라

제2차 세계대전 이후 한동안은 새로운 오페라 작품이 뜸했다. 전쟁의 상흔이 희미해지고 상처가 어느 정도 치유된 후 종교적이고 사색적인 오페라가 나왔다. 이탈리아 작곡가 달라피콜라(Luigi Dallapiccola, 1904-1975)는 12음기법 및 음렬을 사용하여 <포로>(Il Prigioniero, 1950)를 작곡했는데, 이 작품은 자유에 대한 열망과 억압에 대한 증오의 음악적 표현이었다. 현대음악의 최신 기법과 다소 거리를 둔 프랑스 작곡가 풀랑은 그의 두 번째 오페라 <카르멜 수녀의 대화>(Dialoges des carmélites, 1957)를 발표하면서, 단순한 음악 언어로 간결한 서정성과 깊은 신앙심을 표현했다. 역시 전통적인 조성을 고수했던 독일 작곡가 힌데미트는 오페라 <화가 마티스> 이후 정신적인 세계에 더욱 몰두하게 되면서 <우주의 조화>(Die Harmonie der Welt, 1957)를 발표했다.

1950년대 오페라 계에서 젊은 작곡가 그룹에 속한 이들로는 헨체(Hans Werner Henze, 1926-2012), 노노(Luigi Nono, 1924-1990), 침머만(Bernd Alois Zimmermann, 1918-1970) 등을 들 수 있다. 헨체는 스스로 '서정적 드라마'(Lyrishces Drama)라 일컬은 오페라 <외로운 거리>(Boulevard Solitude, 1951)에서 전쟁 이후 사람들이 느끼는 근본적인 외로움을 묘사했다. 비슷한 시기 노노는 무대극(Azione scenica)이라 칭한 <불관용>(Intolleranza, 1960)을 내놓았는데, 사르트르, 브레히트 등의 텍스트를 인용하여 편견과 억압, 인간 존엄성을 침해하는 체제에 대한 항의를 담았다. 침머만은 과거, 현재, 미래의 연속성을 바탕으로 한 시간에 대한 그의 특별한 사유를 담은 오페라 <군인들>(Die Soldaten 1965)에서 극적-음악적 실험을 통해 어두운 사회의 단면을 표출했다.

1970-80년대, 실험적 음악극(Musiktheater)

1970-80년대 오페라는 보다 실험적이고 전위적인 방향으로 그 외연을 확장해 나갔다. 1960년대 초 부터 노노는 현 시기 오페라는 현대인들의 삶의 인간적이면서 사회적인 조건을 향상시키는 투쟁극이자 사상극이어야 한다고 입장을 분명히 했고, '새로운 음악극을 위해'라는 부제를 단 무대극 <사랑이 충만한 위대한 태양 속에서>(Al Grand Sole Carico d'Amore, 1975)를 내놓았다. 이 작품은 그람시, 마르크스, 고르키, 브레히트, 체 게바라 등의 텍스트를 사용하여 여러 여성의 운명을 통해 공산주의와 계급투쟁에 대한 이야기를 들려준다. 헨체 역시 1968년 급진적 사회주의자들의 투

III. 오페라의 현재와 미래(1900-현재)

쟁에 직접적으로 참여하게 되면서, 그의 작품들은 '혁명적 음악극' 및 참여 음악극으로 변모했다. 이는 4명의 연주자를 위한 작은 극 <엘 치마론>(El Cimarrón, 1970)을 시작으로 <나타샤 웅게호이어의 집으로 가는 길>(Der langweilige Weg in die Wohnung der Natascha Ungeheuer, 1971), <우리는 강에 도달한다>(We come to the River, 1974-76) 등으로 이어졌다.

아르헨티나 출신의 독일 작곡가 카겔(Mauricio Kagel, 1931-2008)은 신체의 몸짓, 행동, 표정 등 시각적 요소를 소리와 같은 청각으로 전환하는 '도구극'(instrumentales Theater)을 선보였는데, <국립극장>(Staatstheater, 1970)이 대표작이다. 루마니아 태생으로 오스트리아에서 활동한 리게티(György Ligeti, 1923-2006)는 1960년대 말 <모험과 새로운 모험>(Aventures et Nouvelles Avantures, 1966)에서 언어가 아닌 언어로서 단어의 의미 대신 목소리에 담긴 다양한 감정을 유머스럽게 전달하여 부조리극을 연상시키는 방식을 고안했다. 반면 그의 오페라 <위대한 죽음>(Le grand maccabre, 1974-77)는 당시 실험적 무대음악 창작 경향과 거리를 두겠다는 입장으로써 '반-반-오페라'(Anti-anti-Oper)로 지칭되었다. '새로운 단순성'(Neue Einfachheit) 경향으로 주목받았던 독일 작곡가 볼프강 림(Wolfgang Rihm, 1952-)은 실내 오페라 <야콥 렌츠>(Jakob Lenz, 1977-78)로 큰 성공을 거둔 후, <햄릿머쉰>(Die Hamletmaschine, 1983-86), 소포클레스의 희곡을 바탕으로 한 <오이디푸스>(Oedipus, 1986-98)를 연달아 성공시켰다.

베리오(Luciano Berio, 1925-2003)는 오케스트라와 8명의 증폭된 목소리를 위한 <신포니아>(Sinfonia, 1968)에서 언어의 의미 대신 음성학적 요소만을 활용한 예를 보여주었으며, '음악적 액션'(azione musicale)이라 적힌 오페라 <왕이 듣는다>(Un re in ascolto, 1984)는 스토리 라인이 없는 초현실적 내용으로 현실과 허구를 구분하기 어려운 신화 속 왕에 관한 이야기를 특유의 음악적 실험에 녹여냈다. 작곡가로서 뿐만 아니라 교육자로서도 20세기 후반의 음악에 큰 영향을 미친 메시앙(Olivier Messiaen, 1908-1992)은 오페라 <아시시의 성 프란체스코>(Saint François d'Assise, 1984)의 주제로 독실한 종교적 신앙을 가져왔다. 1977년부터 시작하여 2003년까지 이어진 대규모 연작 시리즈, 슈톡하우젠(Karl Heinz Stockhausen, 1928-2007)의 <빛>(Das Licht, 1984-2003)은 일주일의 요일 이름을 따서 지어진 것으로, <월요일>(Montag, 1984-88)부터 <일요일>(Sonntag, 1998-2003)까지 총 7개의 작품으로 되어 있다. 다양한 종교와 신화를 절충적으로 차용하였으며, 음악과 극적인 측면 모두에서 혁신적인 면모를 보여준다.

대륙 유럽과는 다른 경향의 영미권 오페라

영국은 서유럽과 그 음악적 성향이 다른데, 오페라 분야에서도 그렇다. 현대적인 어법보다 전통적인 오페라의 장르적 특징과 형식을 살리며, 조성에 기반한 체계를 토대로 작곡되었다. 20세기 후반 가장 잘 알려진 오페라 작곡가라 할 수 있는 브리튼(Benjamin Britten, 1913-1976)은 20세기 중반 당시 아방가르드한 작곡 경향에 치중하기보다 음악을 수용하는 관객과의 소통에 치중했다. 그의 초기 오페라 <피터 그라임스>(Peter Grimes, 1945)는 바로크 시대 영국 작곡가 퍼셀 이후 국제적인 레퍼토리에 들어간 첫 영국 오페라라 여겨졌으며, 이어진 작품들 <나사의 회전>(The Turn of the Screw, 1954), <한여름 밤의 꿈>(A Midnight Summer,), <베니스에서의 죽음>(Death in Venice, 1973) 등은 조성을 바탕으로 하면서 박애주의와 평화주의에 대한 이상이 분명하게 드러나 청중의 호응을 얻었다. 윌리엄 월튼(William Walton, 1902-1983)과 마이클 티펫(Michael Tippett, 1905-1998) 역시 20세기 후반 영국 오페라에 공헌을 세웠다.

20세기 후반에 들어서 미국은 음악사에 본격적으로 등장한다. 오페라 분야에서는 1930년대 재즈 피아니스트이자 작곡가 조지 거쉰(George Gershwin, 1898-1937)의 <포기와 베스>(Porgy and Bess, 1935)가 이미 세계적인 주목을 끌었다. 미국 남부의 빈민가를 배경으로 흑인을 주인공으로 내세운 이 작품은 재즈와 흑인 영성음악 등 대중음악과 민속적 요소를 전통적인 서양 오페라 장르의 문법과 결합시켰다. 이후 1950년대에 미국을 대표하는 지휘자이자 작곡가 번스타인(Leonard Bernstein, 1918-1990)은 재즈와 클래식음악, 댄스 등의 요소를 결합하여 오페라와 오페레타, 뮤지컬의 경계를 넘나드는 대중 친화적 작품 <캔디드>(Candide, 1956)와 <웨스트사이드 스토리>(West Side story, 1957)를 선보였다.

1960년대 말부터 미국에서는 회화에서 먼저 시작된 '미니멀리즘'(minimalism) 사조가 음악에서도 유행하기 시작했다. 초기 '미니멀 음악'의 특징으로는 음악적 재료를 최소한으로 축소하고 진행을 단순화시키는 방법에 의존하는 것을 들 수 있으며, 라 몬테 영(La Monte Yong, 1935-), 테리 라일리(Terry Riley, 1935-) 등이 선구자로 손꼽힌다. 그러나 '미니멀 음악'은 점점 규모도 커지고 영상이나 다른 매체와 결합되는 데다 작품에 내러티브와 메시지를 담으면서 초창기 형태를 벗어났으며, 1970년대에는 오페라 장르에 미니멀리즘 작곡기법이 결합된 방식이 널리 통용되었다.

필립 글래스(Philip Glass, 1937-)는 멜로디, 리듬, 화성의 진행에 있어서 반복을 엄격하게 사

  III. 오페라의 현재와 미래(1900-현재)

용했는데, 단막 오페라 <해변의 아인슈타인>(Einstein on the Beach, 1976)은 인지 가능한 내러티브도 없고 인물들의 무의미한 동작이 이어지며 음악은 대부분 3화음의 분산화음 형태가 반복되는 음형들로 구성된다. 존 애덤스(John Adams, 1947-)는 미니멀리즘 기법을 다양한 매체 및 형식 등과 결합했다. 그의 오페라 <닉슨 인 차이나>(Nixon in China, 1987)는 실제 있었던 역사적 사건을 소재로 미니멀리즘 기법과 연결하여, 대중들이 보다 쉽고 익숙하게 받아들일 수 있도록 하였다. 이처럼 20세기 중후반 오페라 장르는 여러 다양한 특성들로 세분화되었으며, 새롭고 독창적인 시도로 다양하게 변주되었다.

3.1. 브리튼 <한여름 밤의 꿈>(A Midsummer Night's Dream, 1960): 조성과 다채로운 음색으로 표현되는 환상적 세계

작품 개요

작곡: 벤자민 브리튼(Benjamin Britten, 1913-1976)

원작: 셰익스피어, 희곡『한여름 밤의 꿈』(A Midsimmer Night's Dream, 1595-96)

대본: 피터 피어스(Peter Pears, 1910-1986) & 벤자민 브리튼

초연: 1960년 6월 11일, 올드버러 페스티벌(Aldeburgh Festival) 주빌리 홀(Jubilee Hall)

구성: 3막 (2시간 30분 가량)

배경: 아테네와 근교의 숲

주요 등장인물

오베론(Oberon, 카운터테너): 요정들의 왕

티타니아(Tytania, 콜로라투라 소프라노); 요정들의 왕비

펙(Puck, 대사 역할): 요정

라이샌더(Lysander, 테너), 드미트리어스(Demetrius, 바리톤), 헤르미아(Hermia, 메조소프라노), 헬레나(Helena, 소프라노): 아테네의 젊은 청년들

테세우스(Thesseus, 베이스): 아테네의 공작

히폴리타(Hippolyta, 콘트랄토): 테세우스의 약혼녀

보텀(Bottom, 베이스바리톤), 퀸스(Quince, 베이스), 플루트(Flute, 테너), 스너그(Snug, 베이스), 스나우트(Snout, 테너), 스타블링(Starveling, 바리톤): 여섯 명의 장인

주요 아리아 및 장면

1) 1막, 요정들의 합창 '자, 이제 둘러서서 춤을 추고 요정의 노래를 불러라'(Come, now a roundel and a fairy song)

2) 1막, 오베론의 아리아 '나는 백리향이 불어오는 벤치를 알고 있네'(I know a bank where the wild thyme blows)

3) 2막, 티타니아의 아리아 '친절하고 예의 바르게'(Be kind and courteous)

4) 2막, 헬레나의 아리아 '해로운 헤르미아'(Injurious Hermia)

5) 3막, 보텀의 아리아 '내 신호가 오면, 나를 불러줘'(When my cue comes, call me)

줄거리

1막

날이 어두워질 때, 숲속 요정들이 등장한다. 오베론과 티타니아는 한 인간 소년을 두고 갈등을 빚고 있다. 오베론은 아내의 눈에 사랑의 묘약을 떨어뜨려 눈을 뜨고 처음 보는 생명체에게 사랑에 빠지도록 계획하고, 요정 퍽에게 약초를 구해 오라 명한다. 한편, 라이샌더와 헤르미아는 아테네에서 멀리 떨어진 곳으로 가 결혼하기로 약속한다. 드미트리어스는 헤르미아를 사랑하고, 헬레나는 이런 드미트리어스를 짝사랑한다. 이 모습을 본 오베론은 퍽에게 이들에게도 사랑의 묘약을 뿌리라 지시하고, 퍽은 실수로 라이샌더에게 묘약을 떨어뜨려 헬레나와 사랑에 빠지게 한다. 다른 곳에서는 여섯 명의 장인들이 테세우스 공작의 결혼식에서 공연할 <피라무스와 시스비>를 연습한다.

2막

헤르미아는 헬레나에게 구애하는 라이샌더를 보지만 그는 그녀를 못 본 척 하고, 헤르미아는 분노하지만 라이샌더는 끝내 그녀를 거부한다. 한편, 여섯 명의 장인들은 조용한 숲속에서 연극 연습을 하는데, 퍽은 그 중 보텀의 머리를 당나귀로 바꿔버린다. 티타니아는 사랑의 묘약 덕택에 당나귀 머리를 한 보텀에게 반해 지극정성으로 대한다. 라이샌더가 여전히 헬레나에게 구애하는 것을 본 오베론은 퍽이 실수했다는 것을 깨닫고, 드미트리어스에게도 사랑의 묘약을 뿌려 헬레나를 사랑하도록 한다. 결국 라이샌더와 드미트리어스는 헬레나를 두고 결투를 벌이고, 이 소동을 본 오베론은 마법에 걸린 모두를 한 곳에 모아 재우도록 한다.

3막

새벽이 되어 모두 깨어난다. 티타니아는 당나귀를 사랑했던 이상한 꿈을 꾸었다고 오베론에게 말하고 서로 화해한다. 라이샌더와 헤르미아, 드미트리어스와 헬레나 역시 서로의 소중함을 느낀다. 모두 테세우스와 히폴리타의 결혼식에 참석하여 연극 공연을 즐긴다. 테세우스는 이들에게 모든 혼란 끝에 '올바른' 별자리에서 서로를 찾았다며 축복을 내리고, 퍽은 이 모든 일이 한 여름밤의 꿈이었다고 말하며 이야기를 끝낸다.

감상 포인트

1) 셰익스피어와 브리튼의 유머와 위트가 가득한 작품

희곡 <한여름 밤의 꿈>((A Midsimmer Night's Dream, 1595-96)은 코미디다. 셰익스피어의 작품이라니! 잘 상상이 가지 않는다. 셰익스피어는 우리에게 『로미오와 줄리엣』(Romeo and Juliet, 1595), 『햄릿』(Halmet, 1603), 『오텔로』(Othello, 1604) 등 비극으로 잘 알려져 있기 때문일 테다. 그런데 의외로 그는 희극을 꽤 많이 썼다. 『한여름 밤의 꿈』을 비롯하여 『베니스의 상인』(Merchant of Venice, 1596-98), 『열 이틀째 밤』(Twelfth Night, 1601-02), 『당신 뜻대로 하세요』(As You Like It, 1603) 등 그 수가 무려 열 여섯편에 이르며, 삶의 밝고 행복한 면과 함께 어두운 단면을 그려내고 있다는 점에서 대부분 호평을 받았다. 작곡가 벤자민 브리튼(Benjamin Britten, 1913-1976) 역시 마찬가지다. <피터 그라임스>(Peter Grimes, 1945)와 <루크레티아의 능욕>(The Rape of

Lucretia, 1946) 등 비극적 내용의 오페라로 명성을 쌓았으나, <한여름 밤의 꿈>을 비롯하여 <앨버트 헤링>(Albert Herring, 1947) 같은 희극 오페라의 창작에도 일가견이 있었다.

브리튼은 셰익스피어의 희곡 <한여름 밤의 꿈>을 오페라 대본으로 직접 각색했다. 그의 삶과 음악 모두의 동반자인 피터 피어스와 함께 작업하는 과정에서 5막의 원작을 보다 간결하게 3막으로 각색했으며, 몇몇 장면에서 변화를 두었다. 이를 테면, 등장인물의 소개와 내용의 전개가 대부분인 원작의 1막을 많은 부분 생략하고 대신 단 한 줄의 대사로 이를 보완했다. 이렇게 원작에 손을 대며 각색했음에도 불구하고, 브리튼의 오페라는 원작을 충실히 따랐다는 평가를 받았다. 등장인물과 스토리라인 및 셰익스피어 희곡의 본질을 살리면서 오페라라는 장르에 걸맞게 바꿨기 때문일 테다.

희곡 <한여름 밤의 꿈>의 구조는 상당히 복잡하다. 헤르미아와 라이샌더, 헬레나와 드미트리어스, 이들 젊은 연인들의 사랑을 둘러싸고 얽히고 얽히는 관계, 요정의 왕 오베론과 여왕 티타니아의 갈등, 마을 남자들의 극중극 <피라머스와 시스비>(Pyramus and Thisbe) 등이 얼핏 보면 서로 관련이 없는 채로 펼쳐지는 듯하다. 이중에서 극중극은 작품의 메인플롯과는 동떨어진 것으로 보이나 밀접한 관련을 맺으며, 관객들에게 혼란을 야기시키면서도 극에 적극적으로 참여를 유도하는 역할을 한다. 오페라 <한여름 밤의 꿈>에서 이 극중극은 코믹한 성격으로 그려지면서 19세기 이탈리아 오페라의 전통을 패러디한다.

<한여름 밤의 꿈>의 모든 이야기를 끌고 가는 이는 바로 요정 퍽(Puck). 퍽이 이끄는 대로 모든 등장인물들은 현실과 환상의 세계를 오가고 이성적인 판단과 어리석은 장난을 넘나든다. 브리튼의 오페라에 추가된 퍽의 에필로그는 혼란스럽고 복잡한 이야기를 극적으로 그리고 음악적으로 잘 마무리한다.

2) 환상처럼 반짝이는 브리튼의 음악

작곡가 브리튼은 20세기 초에 태어나 중후반에 활동했던 작곡가로, 그 시대에 무엇보다 청중과의 소통에 관심을 가졌다. 평화주의적 성향에 박애적 관심이 그의 음악 전반에 드러나는데, 이는 어린이와 아마추어를 위한 음악의 작곡에도 이어졌으며 전쟁에 대한 양식적 반대의 표명인 합창곡 <전쟁 레퀴엠>과도 연결된다. 그의 작품으로는 실내악과 오케스트라곡도 있지만, 무엇보다 오페라와 합창곡, 가곡 등 성악음악이 주력 장르로 꼽히며, 그중에서도 <한여름 밤의 꿈>을 비롯한 몇몇 오페라 작품이야말로 대표작으로 꼽을 수 있다.

음악적으로 보면, 브리튼은 상당히 보수적인 작곡가이다. 그의 음악에는 20세기 중반 당시 유행했던 모던한 양식, 즉 불협화음과 무조성 혹은 12음기법이 거의 등장하지 않는다. 브리튼은 현대적인 작곡기법이나 당대의 경향을 따르지 않고, 오히려 당시로서는 파격적으로 여전히 조성 체계에 기반한 온건한 스타일의 음악을 추구했다. 드라마가 중요한 오페라에서 그의 보수적인 음악 양식이 더 빛을 발한다. 그러니 이 작품이 현대의 오페라라고 해서 미리 겁먹을 필요는 없다.

오페라 <한여름 밤의 꿈>에서 음악은 세 개의 층으로 뚜렷이 구분된다. 소박하고 단순한 '민속적'인 스타일로 된 마을사람들의 음악, 현악기와 관악기로 표현되는 로맨틱한 사운드의 서로 사랑하는 연인을 위한 음악, 마지막으로 하프와 첼레스타, 글로켄슈필, 트라이앵글 등 금속성 악기로 구현되는 환상적이고 몽환적인 요정들의 음악이 그것이다. 요정 퍽이 등장할 때 포르타멘토(어떤 음에서 다른 음으로 매끄럽게 옮겨가는 것)로 연주되는 현악기와 트럼펫, 스네어 드럼의 조합으로 반주되는 것도 퍽의 성격을 음악적으로 보여주는 듯해서 흥미롭다. 이렇듯 브리튼은 이렇게 조금은 생소한 악기들의 음색을 활용하여 비현실적인 요정의 세계를 청각적으로 재현하고자 했다. 다채로운 음색이 자아내는 미묘한 분위기가 돋보이며, 바로 이러한 점이 브리튼의 개성 있는 사운드 세계를 드러낸다고 할 수 있다.

작곡가는 인물들의 음역대와 성격 역시 세심하게 고려했다. 요정의 왕 오베론은 카운터테너가 맡게 했는데, 오페라에서 남자 주역을 카운터테너가 맡는 일은 극히 드문 일이었다. 카스트라토를 연상시키는 음역대와 음색 때문인지 "이 오페라의 음악에는 바로크 판타지의 분위기가 있다"는 평을 받기도 했다. 여왕 티타니아는 콜로라투라 소프라노가, 요정들은 보이 소프라노가 맡았으며, 이들 모두 음역대가 높고 밝은 음색을 내는 배역들이므로 이들을 반주하는 금속성의 악기 및 하프 소리와 조화를 이루어 환상적인 요정의 세계를 그려냈다. 요정들의 음악의 리듬과 박자 또한 예측하기 힘들 정도로 불규칙적인데, 이러한 특성 역시 요정세계의 신비함과 기괴함을 상징적으로 표현한다.

3) 현대사회 인간의 소외를 대면하는 브리튼의 음악

브리튼은 무엇보다 소통에 관심을 가지고 능했던 작곡가이다. 1930년대 후반 영화음악 작곡가로서 활동한 경험은 그의 음악세계를 단순하면서도 명확하고 보편적인 호소력이 있는 방향으로 이끌었다. 또한 전쟁을 반대하는 평화주의자로서의 정치 성향과 동성애적 성향 등 여러 면에서 사회적으로 소외된 정체성을 보였던 브리튼은 예술가의 사회적 책임에 대해 강하게 공감했다. 그 결과 그의 작품들은 삶의 현장에 뿌리를 둔 실증적 면모를 보이며, '고급문화' 혹은 '모더니즘'이나 '아방가르드' 음악처럼 예술적 독창성만 추구하기보다 이해하기 쉬운 예술, 예술을 통한 소통 가능성에 초점을 둔다. 브리튼의 오페라 <한여름 밤의 꿈>은 셰익스피어 원작의 내러티브와 분위기를 음악으로 충실히 재현했을 뿐 아니라, 브리튼 특유의 섬세하고 화려한 음향으로 누구나 쉽게 접하고 공감할 수 있는 몇 안 되는 20세기 오페라 작품 중 하나이다.

[공연리뷰]

셰익스피어 웃음코드 현대음악과 통하다… 오페라 '한여름밤의 꿈' (이용숙 객원기자, 2024-04-12 연합뉴스)

https://www.yna.co.kr/view/AKR20240412037100005?input=1195m

1막부터 촘촘히 박힌 웃음 코드에 키득거리던 관객들은 휴식시간 뒤 3막이 시작되자 아예 폭소를 터트렸다.

지난 11일 국립오페라단이 한국 초연으로 예술의전당 오페라극장 무대에 올린 벤자민 브리튼(1913~1976)의 오페라 '한여름 밤의 꿈'은 현대오페라를 두려워하는 관객들의 우려를 가볍게 날려줬다. 귀에 익숙한 스타일은 아니어도 재미있게 즐길 수 있는 음악, 그리고 연출의 빈틈없는 디테일로 원작보다 훨씬 풍성해진 희극성 덕분이다. 장난스러운 요정이 뿌린 마법의 꽃즙 때문에 사랑이 어긋나고 관계가 얽히는 혼란을 겪는 남녀 주인공들은 한바탕 소동 뒤에 모두 제자리를 찾고, 군주의 결혼식 축하 공연을 열심히 준비한 직공들은 관객의 열렬한 호응으로 보상을 얻는다.

[이하 생략]

추천 영상물(오베론-보텀-티타니아 순)

1) (DVD) 제임스 보우먼, 커트 아펠그렌, 일레나 코트루바스 등

　　베르나르트 하이팅크 지휘, 런던 필하모닉 오케스트라, 피터 홀 연출, 1981년 글라인드본 페스티벌 실황, 2023년 발매

3.2. 침머만 <군인들>(Die Soldaten, 1965): 새로운 형식으로 시도되는 현대 오페라

작품 개요

작곡: 베른트 알로이스 침머만(Bernd Alois Zimmermann, 1918-1970)

원작: 미하엘 라인홀트 렌츠(Jakob Michael Reinhold Lenz, 1751-1792)의 희곡『군인들』(Die Soldaten, 1776)

대본: 베른트 알로이스 침머만(Bernd Alois Zimmermann, 1918-1970)

초연: 1965년 2월 15일 쾰른대학교 / 쾰른 오페라 극장

구성: 4막 16장, 약 2시간 가량

배경: 프랑스의 도시 릴과 플랑드르의 아르망티에 인근지역, '어제, 오늘, 내일'

주요 등장인물

베제너(Wesener, 바리톤): 릴(lille)의 상인

마리(Marie, 드라마틱 콜라라투라 소프라노): 베제너의 딸

샬로테(Charlotte, 메조소프라노): 베제너의 딸, 마리의 여동생

베제너의 늙은 어머니(Weseners alte Mutter, 알토)

슈톨치우스(Stolzius, 높은 바리톤): 아르망티에르의 비단상인

슈톨치우스의 어머니(Mutter des Stolzius, 콘트랄토)

오브리스트(Obrist, 베이스): 대령, 슈판하임 백작

데포르트(Desportes, 테너): 프랑스의 귀족

오디 대위(Hauptmann Haudy, 바리톤), 마리 대위(Hauptmann Mary, 바리톤), 피르첼 대위(Hauptmann Pirzel, 테너)

아이젠하르트 목사(Eisenhardt, 바리톤): 군종 목사

라 로슈 백작부인(Gräfin de la Roche, 메조소프라노): 카페 주인

줄거리

1막

1장: 베제너는 마리와 샬로테 두 딸과 함께 릴로 이사한다. 마리는 약혼자 슈톨치우스의 어머니에게 편지를 쓰고, 샬로테는 바느질로 바쁘다. 2장: 아르망티에르의 비단상인 슈톨치우스는 어머니가 건네준 마리의 편지를 보고 기뻐한다. 그러나 어머니는 대령이 연대를 위해 주문한 천을 측정하라고 촉구한다. 3장: 베제너의 집. 프랑스 군대에 복무하는 데포르트는 마리에게 구애하는데, 베제너는 마리에게 군인과 교제하는 것이 평판에 손상을 가져올 수 있다고 경고한다. 4장: 군목인 아이젠하르트는 다른 장교들과 함께 비극과 희극, 도덕에 대해 토론한다. 그는 "한 여인이 창녀 짓을 하지 않으면 결코 창녀가 되는 법은 없다"고 설교한다. 5장: 베제너는 데포르트가 자신의 딸 마리를 사랑한다는 것을 알고 마리에게 약혼자 슈톨치우스와의 결혼을 연기하라고 조언한다.

2막

1장: 아르망티에르의 카페. 장교들과 기병들은 지루해 하면서 카드놀이를 하거나 신문을 읽는다. 그들은 슈톨치우스가 들어오자 마리와 데포르트의 관계에 대해 모호하게 언급하면서 그를 조롱한다. 2장: 다양한 장면이 동시에 펼쳐진다. 릴에 있는 베제너의 집. 마리는 슈톨치우스의 편지를 읽으며 울고 있는데, 데포르트는 슈톨치우스를 모욕하는 편지를 쓰라고 하면서 마리를 유혹한다. 동시에 베제너의 늙은 어머니가 뜨개질 하면서 기도하고 노래 부르고 있다. 3장: 슈톨치우스의 집. 슈톨치우스는 낙담한 듯 마리의 편지를 읽고, 그의 어머니는 마리를 군인 창녀라고 비난한다. 슈톨치우스는 에포르트에 대한 복수를 계획한다.

3막

1장: 아르망티에에 있는 Stadtgraben. 아이젠하르트와 피르첼 대위는 산책을 하면서 군인과 여성의 유혹에 대해 이야기한다. 2장: 릴에 있는 마리의 아파트. 슈톨치우스는 데포르트 남작에게 접근하고자 그의 친구 마리(Mary) 백작의 하인이 되기 위해 군복을 입고 군인으로 지원한다. 3장: 베제너의 집. 샬로테는 군인의 여자가 되려는 마리를 비난한다. 데포르트가 마리를 떠나 버리자, 그녀는 데포르트의 친구 마리와 교제하기 시작한다. 샬로테와 마리는 하인 "카스파"로 변장한 슈톨치

III. 오페라의 현재와 미래(1900-현재)

우스를 알아보지 못한다. 4장: 라 로슈 백작부인의 집. 마리 백작은 마리를 좋은 여자라 칭하지만, 백작부인은 평판이 좋지 않다며 반대한다. 그녀는 마리에게 허황된 꿈에서 벗어나라고 타이른다. 5장: 베제너의 집. 샬로테와 마리는 다른 여자와 바람을 핀 젊은 백작 마리에 대해 이야기한다. 샬로테는 백작이 이미 다른 여성과 약혼했다고 경고하고, 백작 부인은 마리에게 자신의 집에 하녀로 들어오길 제안한다.

4막

1장: 12개의 세부적인 장면이 동시에 진행된다. 2장: 마리의 아파트. 데포르트는 마리를 처음부터 창녀였다고 조롱하고, 마리는 그의 부하에게 성폭행 당한다. 슈톨치우스는 데포르트를 독살하고 스스로 독을 먹고 자살하며 울부짖는다. "마리는 내 신부였다. 여성을 비참하게 만들지 않고는 살 수 없다면, 신은 나를 비난할 수 없다." 3장: 창녀가 된 마리는 거리에서 산책하는 베제너를 아버지인 줄 모르고 유혹한다. 베제너도 딸을 몰라보지만, 잃어버린 딸을 생각하고 돈을 준다. 무대가 어두워지면서 행군하는 병사들의 발소리가 들리고 비명과 함께 오케스트라의 굉음으로 끝난다.

감상 포인트

1) 렌츠의 희곡 <군인들>의 개방형식

오페라 <군인들>은 18세기 중후반 독일 작가 미하엘 라인홀트 렌츠(Jakob Michael Reinhold Lenz, 1751-1792)의 동명의 희곡을 바탕으로 한 작품이다. 질풍노도(Strum und Drang)의 문학 경향에 속하는 이 작품에 렌츠는 "코미디"(Komödie)라는 용어를 붙였는데, 이 장르에 대해 "인간 사회를 적나라하게 그리고 있어 웃음을 유발하지만, 그것이 심각해지면 웃을 수 없다"고 정의하였다.

오페라 <군인들>의 시간적 배경은 원작에서와 같이 "어제, 오늘, 내일"이라고 되어 있다. 특정한 시기와 시간을 지정하지 않고 어제와 오늘, 내일이 상호 침투하여 이야기가 펼쳐짐을 암시한다. 이는 장소와 시간, 행위의 일치를 중시하는 고전적인 극작법에서 탈피한 것으로, 동시대의 작품들과 비교했을 때 전례가 없는 방식이었다. 종종 "어두운 괴테"라 불렸던 렌츠는 동시대 작가인 괴테나 헤르더의 작품에서 사용된 고전적 폐쇄형식 대신, 여러 사건을 시공간적 흐름과 무관하게 전개하는 개방형식을 사용하였다. 개방형식의 작품에서 감상자는 순차적으로 진행되는 이야기에 따라 사건을 이해하는 것이 아니라, 순차적이면서도 동시적으로 전개되는 사건들 사이의 관계를 이해하기 위해 각 사건을 과거, 현재, 미래의 순서로 분류하고 그것을 재조합하여 하나의 사건으로 재구성하는 과정을 거치게 된다. 침머만은 렌츠의 희곡에 오랫동안 관심을 가져왔으며, 그의 극작법을 고전적인 시간, 공간, 행위의 세 단위가 중단되고 오히려 "내적 행위의 통일성"(Einheit der inneren Handlung)이 강조된 것이라 보았다.

2) 침머만의 "공 모양의 시간"(Kugelgestalt der Zeit)

침머만의 음악철학적 사고의 중심은 '시간' 개념이다. 그는 동시대 철학가들인 베르그송(Henri Bergson, 1859-1941)과 후설(Edmund Husserl, 1859-1938)로부터 많은 영향을 받았으며, 이에 대해 여러 번 글로 표현한 바 있다. 시간에 대한 현상학적 접근으로 말미암아, 침머만은 음악에서 시간 역시 물리적으로 흘러가는 객관적인 시간 대신 신체와 연관된 지극히 주관적인 것, "내적이고 독자적인 시간"(innerliche und eigentliche Zeit)으로 받아들이기 시작하였다. 그는 이러한 의식적인 시간에 대한 사유가 아우구스티누스(Aurelius Augustinus, 354-430)의 철학에서 처음 제시되었으며, 이후 칸트(Immanuel Kant, 1724-1804), 베르그송, 후설, 하이데거(Martin Heidegger, 1889-1976)의 이론으로 전개되었다고 봤다.

침머만은 과거와 동시대의 철학가들로부터 자양분을 흡수하여 시간에 대한 사고를 음악에 끌어들였다. 그는 자신의 독특한 시간 개념을 은유적 비유를 통해 "공 모양의 시간"이라 칭했다. 이는 과거, 현재, 미래가 일직선상에서 시간의 순서대로 흐르는 게 아니라, 공 모양의 형태로 서로 결합된다는 흥미로운 개념이다. 침머만은 이 개념을 통해 음악의 진행에 있어서 분리된 부분과 순간들을 내부에서 강하게 응집시키고자 했고, 시간의 측면을 넘어 다양한 시대의 다양한 작곡기법과 양식을 한 작품으로 가져오는 기술로 확장시켰다.

3) <군인들>에 나타난 시간성

<군인들>은 침머만의 "공 모양의 시간" 개념이 가장 잘 드러나는 작품이다. 작곡가는 다양한 방식으로 시간성을 실험하였는데, 원 줄거리와 상관없는 텍스트의 인용, 다양한 음악단편들의 인용, 서로 다른 박자와 빠르기로 시간층을 중첩시키는 방법 등이 그것이다. 먼저 원 줄거리와 상관없는

렌츠의 시 세 편을 인용한 것을 들 수 있다. 이 세 개의 시는 각각 1막 1장, 2막 1장, 3막 5장에 인용되는데, 줄거리에 직접적으로 개입한다기보다 관찰자의 시선에서 객관적으로 코멘트한다.

시간성을 활용하는 보다 대담한 방식은 2막 1장과 2장 사이 '인터메초'에서 볼 수 있다. 이 장면은 다양한 출처를 가진 음악 단편들, 즉 그레고리안 성가 <진노의 날>(Dies Irae), 바흐의 코랄, 행진곡 등이 인용된다. 즉 침머만은 음악을 통해 극적 전개에서 벗어나 여러 장면과 상황들을 동시에 재현하고자 했으며, "공 모양의 시간"을 효과적으로 드러냈다. 마지막은 서로 다른 박자와 빠르기를 사용함으로써 다층성(Vielsichtigkeit)을 나타내는 방식이다. 인터메조의 시작 부분에서는 관악기군과 무대 위 음악, 타악기와 클라비어가 서로 다른 빠르기(8분음표 기준 90과 107, 비율상 9:8)로 되어 있는데, 여러 가지 시간층을 상징한다. 하나의 시간 단위 내에 비동시적으로 흘러가는 시간층의 중첩인 것이다. 이 시간의 비율은 비단 박자와 빠르기에 그치지 않고 음고와 음정관계까지 확대된다.

침머만이 여러 번 글과 작품을 통해 드러낸 "다원적 작곡"(pluralistische Komponieren)과 "다원적 오페라"(die pluralistische Oper)를 향한 시도는 서로 차이 나는 소리 재료들의 동시성으로 이끌고, 서로 다르게 진행되는 시간층을 구성하며, 인용과 콜라주의 연합기술, 몽타주라는 수단을 통해 서로 연결된다. 이는 결과적으로 작곡 재료와 기술에서의 다원주의를 넘어 여러 층위의 다면적 다원주의로 확대된다. 그리고 이 침머만의 다원주의는 극적-음악적 형식과 양식, 매체를 통합할 뿐 아니라 시간의 통합에 이른다.

추천 영상물(마리-베제너-슈톨치우스 순)

1) (blu ray) 라우라 아이킨, 알프레드 무프, 토카스 코니츠니 등

잉고 메츠마허 지휘, 빈 필하모닉 오케스트라, 알비스 헤르마니스 연출, 2012년 잘츠부르크 페스티벌 실황

2) (DVD) 낸시 쉐이드, 마크 멍키트릭, 미카엘 에베케 등

베른하르트 콘타르스키 지휘, 슈투트가르트 슈타츠오퍼 오케스트라와 합창단, 하리 쿠퍼 연출, 1989년 슈투트가르트 오페라 프로덕션

작품 개요

작곡: 존 아담스(John Adams, 1947-)

대본: 앨리스 굿맨(Alich Goodman, 1958-)

연출: 피터 셀라스(Peter Sellars, 1957-)

초연: 1987년 10월 22일 미국 뉴욕, 휴스턴 그랜드 오페라

배경: 1972년 베이징, 미국 대통령 리차드 닉슨의 중국 방문

주요 등장인물

리처드 닉슨(Richard Nixon, 바리톤): 미합중국의 대통령

팻 닉슨(Pat Nixon, 소프라노): 닉슨의 부인이자 미국 영부인

마오쩌둥(Mao Tse-Tung, 테너): 중화인민공화국의 초대 주석

장칭(Chiang Ch'ing, 콜로라투라 소프라노): 마오의 아내

헨리 키신저(Henry Kissinger, 베이스): 닉슨 정권의 국가안보보좌관

낸시 탕(Nancy Tang, 메조 소프라노): 마오의 첫 번째 비서

마오의 두 번째 비서(알토)와 세 번째 비서(콘트랄토) / 군인들, 베이징 시민(합창단), 댄서들

주요 아리아 및 장면

1) 1막, 합창 '사람들은 영웅이야'(The People are the heroes now)

2) 1막, 닉슨의 아리아 '뉴스에는 일종의 신비가 있다'(News has a kind of Mystery)

3) 2막, 팻의 아리아 '이것은 예언이다'(This is Prophetic)

4) 2막, 장칭의 아리아 '나는 마오쩌둥의 아내'(I am the wife of Mao Tse-Tung)

5) 3막, 마오의 아리아 '나는 늙어서 잠이 오지 않는다'(I am old and I cannot sleep)

줄거리

1막

북경 공항. 중국군부대가 미국 대통령 전용기 '스피릿 오브 76'의 도착을 기다리고 있다. 군대 합창단이 '3대 규율'과 '8가지 주의 사항'을 노래한다. 착륙 후, 닉슨은 부인 팻 닉슨, 헨리 키신저와 함께 등장한다. 닉슨은 이번 방문의 역사적 의미와 만남에 대한 기대에 대해 이야기한다. 마오 주석의 서재. 닉슨과 키신저가 들어와 대화를 시작하는데, 마오쩌둥의 난해한 발언에 닉슨 일행은 혼란스러워 한다. 저녁 연회장. 마오의 건배 제의에 닉슨이 응한다.

2막

팻 닉슨이 가이드와 함께 학교, 농장, 공장 등 도시를 둘러보며, 세계의 평화로운 미래를 상상한다. 저녁에는 마오쩌둥의 부인 장칭의 초대로, 정치 발레 오페라 <여성의 붉은 분리> 공연을 관람한다. 이 작품은 파렴치한 집주인이 용감한 여성 혁명가에 의해 몰락하는 과정을 그리는데, 장칭은 여성 혁명가의 모습으로 분해 직접 무대에 서고 팻은 채찍에 맞아 죽어가는 것으로 보이는 한 농민 소녀를 돕기 위해 무대로 달려간다. 공연을 이해하지 못한 팻에 화가 난 장칭은 문화대혁명을 찬양하고 자신의 역할을 미화한다.

3막

방문 마지막 날 저녁, 마오와 닉슨은 각자 침대에 누워 각자 초현실적인 대화를 통해 자신의 개인사를 회상한다. 닉슨과 팻은 젊은 시절의 고난을, 마오는 혁명 초기를 기억하고, 장칭은 "혁명은 끝나지 않아야 한다"고 단언한다. 오페라는 "나는 늙어서 잠이 오지 않는다"는 마오의 아리아로 끝을 맺는다. "우리가 한 일이 얼마나 좋은 일이었는가?" 되물으면서…

감상 포인트

1) 당대 역사적 사건을 소재로 사회적 메시지의 전달

오페라 <닉슨 인 차이나>는 1972년 리처드 닉슨이 미국 대통령으로서 최초로 중화인민공화국을 국빈 방문한 사건을 소재로 한다. 이 역사적 사건은 TV를 통해 방영되어 많은 미국인들이 지켜봤으며, 닉슨의 재임 기간 동안 주요 외교적 성과로 간주된다. 미국의 제37대 대통령으로 당선된 닉슨은 중국 방문을 계기로 1970년대 냉전 양극체제의 완화를 뜻하는 데탕트(Détente)를 가져오고 인종 차별 폐지에 힘썼으며 아폴로 11호의 달 착륙으로 우주 경쟁에서 미국의 승리를 가져오는 등 긍정적인 평가를 받았지만, 한편으로는 민주당 불법 침입과 도청, 이를 은폐하려는 시도로 말미암은 정치적 스캔들인 워터게이트 사건으로 불명에 사임했다.

1983년 연출가이자 예술감독인 피터 셀라스는 작곡가 존 아담스에게 이를 소재로 하여 오페라를 제작할 것을 제안했다. 닉슨에 대해 매우 비판적이었던 작곡가는 처음에 부정적인 반응을 보였지만, "어둠의 공산주의 심장부로 직접 걸어 들어가 현지인들에게 악수를 건넨 대담한 제스처"라고 이 사건을 재평가하며 수락했다. 시인이자 작가인 앨리스 굿맨의 영입으로 대본이 완성되었고, 그녀의 대본은 등장인물의 특유의 말투와 말하는 방식, 제스처와 수사학까지 담고 있어 성공적인 오페라 작품을 위한 발판이 되었다.

당대의 핫이슈가 되었던 역사적 사건을 오페라에 담는 것은 혁신적 시도였다. 이 작품은 현재까지 꽤 자주 특히 미국에서 무대에 올려 지는데, 많은 비평가들이 초연된 당시부터 현재까지

2011년 뉴욕 메트로폴리탄 오페라 〈닉슨 인 차이나〉

다양한 의견을 내놓았다. 도널드 헤나한은 "실체가 없는 눈요깃거리"라 평한 바 있으며, 토마스 메이는 이 작품이 뉴스의 보도 장면과 같다며 'CNN 오페라'라 비꼬았다. 반면, 알렉스 로스는 이 작품을 "<포기와 베스> 이후 가장 위대한 미국 오페라"로 꼽았으며, 클라우스 움바흐 역시 "모차르트와 R. 슈트라우스의 오페라 및 미국 음악 전통의 모든 무기고로 결코 단순하지 않다"고 호평했다. 여러 비평만큼이나 이 작품은 다채로운 매력을 지녔다. 대본가 굿맨과 작곡가 아담스는 등장인물에 대한 선입견을 지우고 극적인 해석을 덧붙여 19세기 서양 오페라의 '영웅 오페라'처럼 이해되길 바랐다.

2) 포스트미니멀리즘 오페라의 대표작

미니멀리즘 오페라로 알려진 <닉슨 인 차이나>는 더 정확히 말하자면 미니멀 음악의 일부를 포함하고 있다고 정정해야 할지도 모른다. 1960년대 미국 뉴욕을 중심으로 시작된 미니멀 음악은 음악의 요소나 선율의 발전적 전개 대신, 한 화음이나 음형을 끊임없이 반복하거나 순환되는 어법을 뜻한다. 이 작품 역시 동일한 리듬 패턴을 반복하고 가사에서 한 단어를 계속 반복적으로 말하는 등 미니멀 음악의 요소와 기법을 사용하고 있지만, 전통적인 오페라 장르의 틀 속에서 여러 음악 양식과 재료를 혼합하고 분명한 극적 내러티브를 설득력 있게 음악으로 구현하며 감정적 제스처의 표현 역시 깊고 뚜렷하다는 점에서 초기 미니멀 음악과는 다르다. 바로 이 작품이 '포스트미니멀리즘 오페라'로 불리는 이유이다.

작곡가 아담스는 미니멀리즘 기법을 바탕으로 하되, 팝음악과 클래식 음악의 요소를 모두 받아들였다. <닉슨 인 차이나>의 음악은 미니멀리즘 기법을 기본으로 하는데, 특히 1막 1장에서 닉슨 일행을 태운 전용기(The Sprit of 76)가 등장할 때 끊임없이 지속되는 듯한 페달포인트와 8분음표로 된 짧고 힘찬 펄스를 가진 음형은 단순하면서도 반복을 특징으로 하는 미니멀 음악의 전형이다. 닉슨의 소위 '뉴스 아리아' 역시 그렇다. '뉴스'(news)와 같은 특정 단어들을 단순한 음형의 반복으로 강조된다. 그 외에도 서정적인 노래에서부터 화려한 장식의 콜로라투라 노래, 슈트라우스 풍의 왈츠, 재즈를 비롯한 대중음악 등 다양한 음악 스타일이 사용된다. 또한 오페라의 주제라 할 수 있는 미국과 중국의 동서양의 관점의 차이는 음악에도 반영되는데, 미국을 표현하는 음악으로는 1930년대 스윙 시대의 백인 빅 밴드를 연상시키는 음악과 관악기 위주의 악기들이 사용되고 중국을 나타내는 음악은 보다 경직된 작곡 스타일로 되어 있다.

3) 20세기 후반 미국사회를 반영하는 가장 미국적인 오페라

<닉슨 인 차이나>는 역사에서 실제 벌어졌던 정치적 사건을 소재로 한다는 점, 그리고 미국 작곡가들이 선도했던 미니멀리즘 기법을 음악적 바탕에 두었다는 점에서 20세기 후반 미국사회와 강력한 연관성을 시사한다. 게다가 이 작품은 내용과 형식적인 측면 모두에서 텔레비전 뉴스를 연상시키는 독특한 지점을 가지고 있다는 점에서도 특별하다. 미디어에 의해 경도된 현실을 비판적으로 반영하는 이 작품은 미디어의 역할과 기능 뿐 아니라 그로 인해 빠르게 변화하는 현실과 우리의 삶을 돌아보게 한다는 점에서 21세기 현대사회와 우리의 모습까지 연결되는 현대성을 획득한다.

추천 영상물(마오쩌둥-리처드 닉슨-장칭-팻 닉슨 순)

1) (blu ray) 로버트 브루베이커, 제임스 마달레나, 캐슬린 김, 제니스 켈리 등

   존 아담스 지휘, 뉴욕 메트로폴리탄 오케스트라와 합창단 및 발레, 피터 셀라스 연출, 2011년 메트로폴리탄 오페라 실황

4. 21세기 초반: 오페라의 변화와 확장

21세기에 접어들면서 정치와 체제, 경제와 제도 등 사회의 많은 것들이 변했다. 산업사회의 끝자락으로 세계경제와 국가 체제에 대한 불신과 우려가 확산되었으며, 전 세계적으로는 여전히 크고 작은 전쟁과 테러가 자행되고 있다. 1980년대 이후 교통과 통신 수단의 발달은 국가의 틀을 넘어 전 지구가 하나의 생활권이 되게 하였다. 2000년대에 들어서는 이러한 세계화(Globalization)에 대항하여 다시금 지역의 독자성을 회복하고자 하는 글로컬(glocal)이 대두된다. 문화예술 분야 역시 이러한 변화에 발맞추어, 음악에서도 국제적인 아방가르드의 한계를 넘어 개별 문화의 독자적 문화적 정체성을 반영하기 시작했다.

또한 21세기는 무엇보다 디지털 기술이 비약적으로 발전하면서 대중화되었고, 이는 사람들의 삶에 큰 변화를 가져왔다. 기술 발전에 따라 단순히 인간의 생활이 이전보다 편해지거나 예술 표현의 수단이 새롭고 다양해지는 것을 넘어, 21세기의 '디지털 혁명'은 인간의 인식 체계와 사고, 감각 체계와 감정을 모두 바꾸어 놓은 것이다. 사회가 변화됨에 따라 예술은 이러한 시대사회적 변화의 추이와 양상을 필연적으로 담기 마련이다. 이러한 시대사회적 맥락에서 동시대 음악, 동시대 오페라를 들여다본다는 것은 무엇을 의미하는가? 21세기 현대사회와 현대인을 담은 오페라를 통해 우리 자신을 보다 자세히 알게 되는 게 아닐까?

오페라의 외연과 내면, 변화와 확장

20세기 중반부터 시작된 오페라 장르의 혁신은 여러 가지 갈래의 방향으로 나아갔다. 이제 '오페라' 대신 '음악극'이라는 용어가 훨씬 많이 더 자주 쓰이며, 관객들에게도 자연스럽게 받아들여지고 있다. 21세기 현 시대의 다양한 요구에 발맞춰 기존에는 오페라의 소재와 주제로는 상상도 못할 것들이 심심찮게 채택되며, 형식적으로는 '과연 이것이 오페라인가?' 질문을 던지게 할 만큼 독창적이고 세밀하게 변화되고 확장되었다.

반박의 여지없이 '현대음악의 거장' 중 하나로 손꼽히는 외트뵈시(Péter Eötvös, 1944-2024)는 오페라를 통해 명성을 얻었다. <세 자매>(Tri sestry, 1996-97)는 1990년대 말 가장 중요한 오페라 작품으로 손꼽히고, <발코니>(Le Balcon, 2001-02)는 프랑스와 벨기에, 독일, 체코 등지에서 유수의 상을 받으며 각광을 받았으며, <사라시나 부인>(Lady Sarashina, 2007)는 일본어 텍스트와 시 형식을 차용한 독특함으로 주목받았다.

21세기 오스트리아를 대표하는 작곡가 푸러(Beat Furrer, 1954-)는 빈 국립오페라단의 위촉으로 첫 번째 오페라 <맹인>(DIe Blinden, 1889-90)을 작곡했고, 2001년에는 소리의 움직임을 무용과 음악, 무대세트를 통해 보여주는 총체극 <열망>(Begehren)을 무대에 올렸다. 2005년 도나우싱엔 음악제에서는 청취극 <파마>(FAMA)를, 2010년에는 바젤에서 상실에 대한 두려움과 실존에 대한 불안함을 그린 음악극 <사막책>(Wüstenbuch)을 선보였으며, 비교적 최근인 2019년에는 베를린 국립오페라단의 위촉으로 오페라 혹은 무대음악극이라 할 수 있는 <보라 눈>(Violetter Schnee)을 무대에 올려 센세이션을 일으켰다.

핀란드 작곡가 사리아호(Kaija Saariaho, 1952-2023)는 오페라 <멀리서 온 사랑>(L'Amour de loin)으로 2000년에 큰 성공을 거두었으며, 이를 바탕으로 이후 다수의 오페라를 남겼다. 덴마크 로열 코펜하겐 오페라의 의뢰로 제작된 한스 아브라함센(Hans Abrahamsen, 1952-)의 오페라 <눈의 여왕 Snow Queen>(2019)은 고요하고 정갈한 눈의 이미지와 어둡고 우울한 황량한 겨울 풍경이 담겨져 있다. 독일 작곡가 림은 1970년대부터 시작한 오페라 작곡을 이어가, 2010년에는 철학가 니체(Friedrich Wilhelm Nietzsche, 1844-1900)의 『디오니소스 찬가』(Dionysos-Dithyramben, 1889)를 기초로 한 오페라 판타지(opera fantasy) <디오니소스>(Dionysos)를 내놓았다.

우리 시대의 비교적 젊은 작곡가로 2000년대 이후 특히 주목받고 있는 이로는 토마스 아데스(Thomas Adès, 1971-)와 마티아스 핀처(Matthias Pintscher, 1971-)를 꼽을 수 있다. 작곡가이자 지휘자이면서 피아니스트인 아데스는 1997년 관현악곡 <아쉴라>(Asyla)로 국제무대에 널리 알려지게 되었으며, 피아노곡에 남다른 두각을 나타냈다. 오페라 분야에서는 첫 작품인 2막의 실내오페라 <그녀의 얼굴에 분칠을>(Powder her face, 1995)의 성공에 힘입어, 로열 오페라 코벤트가든의 위촉으로 제작된 두 번째 오페라 <템페스트>(Tempest, 2004)도 성공을 거두었다. 이 작품은 셰익스피어의 희곡을 기반으로 만든 3막의 오페라로, 조성을 기반으로 하면서도 현대적으로 보이는 "직접적이면서 소통가능한" 음악언어로 되어 있으면서도 바로크의 라멘토와 매너리즘 스타일, 벨칸토의 전통과 현대음악의 실험적인 기법을 효과적으로 결합시켰다.

핀처 역시 지휘자와 작곡가 양쪽 모두를 오가며 활발하게 활동하고 있는 음악가이다. 그에게 국제적 명성을 안겨준 곡은 <다섯 개의 관현악곡>(1997)으로, 관악기군과 현악기군의 음색이 절묘하게 중첩되는데다 느리고 차분한 정적인 움직임과 빠르고 거친 역동적인 진행이 극명하게 대조되어 음색의 농밀한 변화를 감지할 수 있는 곡이다. 오페라 혹은 음악극 장르에서 핀처는 세 작품을 남겼는데, 두 번째 오페라 <마지막 공간>(L'espace dernier, 2002-03)은 2004년 파리 바스티유에서 초연되었으며 아서 림보의 작품과 생애에 관한 텍스트와 이미지를 신체의 움직임, 빛의 투영 등을 통해 공간에 반영한다.

최근 들어서는 AI 인공지능과 디지털 테크놀로지의 양상을 오페라에 담으려는 시도들이 늘어나고 있다. 이는 현 인류가 디지털 테크놀로지의 급격한 발전에 따라 기술과의 밀접한 상호 연관관계 속에 놓여있음을 반증한다. 네덜란드 작곡가 미셸 판 데르 아(Michel van der Aa, 1970)는 멀티미디어와 디지털 기술을 활용하여 전통 오페라에서 구현하기 어려웠던 현대인의 심리를 그린다. 사운드 트랙과 영상 등이 사용된 실내오페라 <원>(one, 2002)과 <블랭크 아웃>(Blank Out, 2015-16)을 비롯하여 다수의 작품이 있으며, 최근에는 모션 캡쳐(motion capture)가 활용된 오페라 <업로드>(Upload, 2021)와 현악4중주와 사운드트랙, 배우들의 연기와 내레이션, 라이브 일렉트로닉스 등이 유연하게 뒤섞여 분열된 자아, 트라우마, 강박증 등 현대인의 병적인 심리를 묘사한 <북 오브 워터>(The Book of Water, 2021-22)가 무대에 올랐다.

동서양의 융합이 돋보이는 오페라, 아시아 작곡가들의 활약

1950년대 파리를 거쳐 베를린에 정착한 한국 작곡가 윤이상(Isang Yun, 1917-1995)은 1950년대 말부터 다름슈타트 국제 하계강좌를 비롯하여 도나우싱엔 음악제 등에서 그의 작품이 소개되는 등 괄약할 만한 활동을 펼쳤다. 예술적인 영감을 얻기 위해 북한을 방문한 것을 두고 간첩으로 몰아 다른 예술가 및 유학생들과 함께 사형을 선고 받은 정치적 스캔들인 동백림 사건으로 한

동안 고초를 겪다가 풀려났다. 옥중에서 오페라 <나비의 미망인>(Die Witwe des Schmetterlings, 1967/68)을 작곡했으며, 그의 마지막 오페라 <심청>(Sim Tjong, 1971-72)은 음향복합체(cluster) 기법을 기반으로 하되 다채로운 음색이 더해졌다.

중국 작곡가 탄둔(Tan Dun, 1957)은 미국 컬럼비아 대학에서 서양과 중국, 동아시아의 재료와 사고를 통합하고자 했다. 폴 그리피스(Paul Griffiths, 1947-)의 대본을 바탕으로 한 오페라 <마르코 폴로>(Marco Polo, 1996)는 문학과 음악의 다양한 인물들의 텍스트를 가져와 북경 오페라 스타일로 만들었으며, 비교적 최근작인 <진시황>(The First Emperor, 2006)은 중국 고대음악과 경극 등을 오페라 장르에 활용하여 진나라 초대 황제의 중국 통일을 향한 바람을 담았다. 브라이트 쉥(Bright Ahent, 1955-)은 일찍이 오페라 <은강>(The Silver River, 1997)로 주목 받았으며, <홍루몽>(Dream of Red Chamber, 2016)은 18세기 중국 고전 소설가 조슈친(Can Xueqin, 1710-1765)의 소설을 바탕으로 한 영어 오페라로 인기를 끌었다.

호소카와 토시오(Hosokawa Toshio, 1955-)는 독일에서 윤이상으로부터 가르침을 받은 후 일본으로 돌아와, 일본 전통음악의 요소를 서양의 고전 장르와 형식에 결합했다. 그의 첫 번째 오페라 <비전 오브 리어>(Vision of Lear, 1998)부터 다음 작품인 <한죠>(Hanjo, 2004), <마츠카제>(Marsukaze, 2011)에 이르기까지 일본 전통극 노(Noh)에서 영감을 얻었다. 한국 작곡가로 독일에서 활동 중인 진은숙(Unsuk Chin, 1961-)은 특정 시대나 악파, 작법과 장르, 서구와 동양 문화 어디에도 완전히 속하지 않은 열린 태도를 취하며, 특별히 특정 문화의 정체성에 국한되지 않는다. 그의 오페라 <이상한 나라의 앨리스>(Alice in wonderland, 2007)는 표면적으로 느껴지는 다채로운 소리의 음색으로 청중의 무한한 상상력을 자극하는 작품으로 관객과 평단 모두에게 호평을 받았다.

한국 창작오페라, 그 70여 년의 역사

17세기 초 이탈리아에서 탄생한 오페라는 20세기 중반 한국에 수용되었다. 19세기 말 서양음악이 본격적으로 전해졌는데, 음악 뿐 아니라 드라마와 극, 무대에 이르기까지 많은 요소가 복합적으로 활용되는 오페라의 창작과 공연은 해방 이후 비교적 늦게 시작되었다. 초창기 한국식 오페라를 만들고자 하는 시도로 안기영(1900-1980)의 향토가극 <콩쥐팥쥐>(1940)을 들 수 있다. 1950년에는 드디어 한국 최초의 창작오페라 현제명(1902-1906)의 <춘향전>이 탄생되었다. 설화에서 출발하여 판소리와 창극으로 변모하면서 널리 알려진 원본을 토대로, 조선시대 신분제도에 대한 비판과 신분을 뛰어넘는 사랑 이야기 한국적 정서와 전통으로 그려냈다. 이후 한동안 한국 창작오페라는 김대현의 <콩쥐팥쥐>(1951), 장일남의 <왕자 호동>(1962), 김달성의 <자명고>(1969) 등 한국의 고전 설화를 내러티브로 하되 오페라라는 틀과 조성 체계를 활용하는 양상을 띠었다.

1970-80년대 한국 창작오페라의 소재와 주제는 훨씬 다양해졌고, 작곡기법과 음악어법, 구조와 형식 면에서도 그 폭과 양식이 다채로워졌다. 박재훈의 <에스더>(1972), 홍연택의 <논개>(1975), 김동진의 <심청전>(1978), 공석준의 <결혼>(1985), 박준상의 <춘향전>(1986), 홍연택의 <시집가는 날>(1986), 백병동의 실내오페라 <이화부부>(1986), 이영조의 <처용>(1987) 등을 대표작으로 꼽을 수 있다.

1990년대 20세기 말에 이르러, 한국 창작오페라는 보다 전문화되었다. 이전에 비해 다양한 양식의 오페라가 창작되었는데, 대표적인 작품으로는 장일남의 <견우직녀>, 윤이상의 <꿈>(1994), 이종구의 <구드래>, 강석희의 <초월>(1997), 김동진의 <춘향전>(1997), 백병동의 <사랑의 빛>(1998), 정회갑의 <산불>(1999), 이영조의 <황진이>(1999) 등이 있다. 이 시기에는 서양 오페라를 보다 정통적으로 수용하려는 움직임과 함께, 한국 사회 현실을 반영하고 한국인들의 사유와 감정을 담아내는 '한국적 음악극'의 추구의 두 가지 양상이 뚜렷하게 나타났다.

2000년 이후 한국 창작오페라는 양과 질 모든 측면에서 눈부신 성과를 보였다. 2019년 자료에 따르면 150여 편이 작곡되었으며, 2024년 현재까지는 추정치로 약 200여 편에 이를 것으로 예상된다. 창작오페라의 소재로는 한국의 구비 문학이나 고전 문학, 역사적 종교적 영웅 이야기에 한정되지 않고, 당대 사회문제와 개인의 실존에 이르기까지 전폭적으로 확대되었다. 음악의 장르와 형식에 있어서도 대규모 오페라에서부터 소극장을 위한 작은 규모의 오페라까지, 전통적인 오페라에서 독창적이고 전위적인 실험적 음악극에 이르기까지 다양하게 확장되었다.

2000년대 중견작곡가 이건용의 <동승>(2004)과 임준희의 <천생연분>(2006/2014) 등의 창작오페라 작품이 청중의 공감을 샀다. 최우정의 <달이 물로 걸어오듯>(2014)은 한국 현대사회의 어두운 현실과 인간의 욕망을 조성과 무조성, 예술음악과 대중음악 등 음악적 경계를 넘나들면서 표현했으며, <1945>(2019)는 트로트와 민요 등을 정통 오페라의 틀 속에 가져와 해방 직후 중국

만주에 있었던 이들의 사랑과 우정, 연민과 연대를 담았다. 최근 들어서는 1970년대 한국 부동산을 둘러싼 사회현실을 반영한 나실인의 오페라 <빨간 바지>(2020)과 안데르센의 동화를 21세기 한국 사회와 연결한 전예은의 오페라 <레드 슈즈>(2020) 등이 주목을 받았으며, 오예승의 <김부장의 죽음>(2020)은 소극장 오페라의 새로운 가능성을 보여주었다. 이처럼 한국 창작오페라는 다양한 주제와 형식으로 변모하고 확장되는 중임을 확인할 수 있다.

4.1. 사리아호 <멀리서 온 사랑>(L'amour de loin, 2000): 사랑에 대한 21세기 현대오페라의 고찰

작품 개요

작곡: 카야 사리아호(Kaija Saariaho, 1952-)

원작: 조프레 뤼델의『짧은 인생』(La vida Breve) 및 자크 루보(Jacques Roubaud)가 편집한 프로방스 트루바두르에 대한 선집의 전기에 관한 메모

대본: 아민 말로프(Amin Maalouf, 1949-), 프랑스어 대본

초연: 2000년 8월 15일 오스트리아 잘츠부르크 Felsenreitschule(잘츠부르크 페스티벌 장소)

구성: 5막 (약 2시간가량)

배경: 12세기, 남서부 프랑스의 블레이와 중동의 트리폴리(Tripolis)

주요 등장인물

조프레 뤼델(Jaufré Rudel, 바리톤): 블레이의 왕자이자 최초의 위대한 트루바두르 중 한 명

클레망스(Clémence, 리릭 소프라노): 트리폴리의 백작 부인

순례자(The Pilgri, , 드라마틱 메조소프라노): 두 나라 사이에서 메시지를 전달하는 역할

조프레의 동료들(Chorus, 합창)

1) 1막, '첫 번째 장면: 조프레 뤼델'(Premier tableau: Jaufré Rudel)

2) 2막, '두 번째 장면: 멀리서 온 사랑'(Deuxième tableau: l'amour de loin)

3) 4막, '세 번째 장면: 폭풍우'(Troisième tableau: Tempête)

4) 5막, '세 번째 장면: 나는 여전히 희망합니다'(Troisième tableau: j'espère encore)

줄거리

1막

블레이의 왕자 조프레 뤼델은 같은 계급의 젊은이들이 누리는 삶의 쾌락에 지쳐있다. 그는 저 멀리 있는 다른 사랑을 갈망하지만, 결코 실현될 수 없다고 체념한다. 트루바두르의 일원이었던 그의 옛 동료들은 그가 노래하는 여인은 존재하지 않는다며 비웃는다. 하지만 해외에서 온 한 순례자는 그런 여자가 실제로 존재하며 자신은 그녀를 만났다고 주장한다. 이때부터 조프레는 그녀만 생각한다.

2막

트리폴리로 돌아온 순례자는 백작 부인 클레망스를 만나고, 프랑스의 한 왕자이자 음유시인이 그녀를 "멀리서 온 사랑"이라 부르며 노래로 찬양했다고 전한다. 처음에는 기분이 상했지만 클레망스는 이 낯설고 먼 연인을 꿈꾸기 시작한다. 그러면서 그런 헌신을 받을 자격이 있는지 스스로에게 묻는다.

3막

블레이로 다시 온 순례자는 조프레를 만나 그가 클레망스에 대해 노래하는 것을 그녀가 알고 있다고 말한다. 이에 조프레는 그녀를 만나러 가기로 결심한다. 순례자는 조프레에게 클레망스의 이름을 알려주고 떠난다. 클레망스는 두 사람의 관계가 멀리 떨어져 있어서 다행이라 생각한다. 기다리며 살고 싶지도 고통 받으며 살고 싶지도 않기 때문이다.

4막

바다로 떠난 조프레는 "멀리 있는 사랑"을 만나고 싶어 조바심을 내지만, 동시에 이 만남이 두렵기도 하다. 그는 충동적으로 떠난 것을 후회하고 고뇌가 심해져 심한 병에 걸리는데, 트리폴리에 가까워질수록 병은 더욱 악화된다. 거의 죽어가는 와중에 그곳에 도착한다.

5막

배가 정박하자 순례자는 서둘러 조프레가 도착했고 죽음이 임박했으며 그녀를 만나고 싶어한다고 클레망스에게 알린다. 조프레는 들것에 실려 의식을 잃은 채 트리폴리 성채로 옮겨진다. 그가 노래했던 여인 클레망스 앞에서 그는 서서히 감각을 회복한다. 죽음이 다가오자 두 사람은 서로를 끌어안고 열정적으로 사랑을 고백한다. 조프레가 자신의 품에서 죽자, 하늘에 분노한 클레망스는 이 비극에 대한 책임이 자신에게 있다고 여기며 수녀원에 들어가기로 결심한다. 클레망스는 무릎을 꿇고 누군가에게 기도하는데, 멀리 있는 신 혹은 "멀리서 온 사랑" 중 누구를 위해 기도하는지 명확하지 않다.

감상 포인트

1) 동양과 서양을 오가며 사랑의 허무함을 쫓는 인물들

<멀리서 온 사랑>은 12세기 실존인물 조프레 뤼델의 생애에 기초하고 있다. 초기 트루바두르(troubadour)의 전설적인 인물 중 하나로 알려진 그에 대해서는 알려진 바가 거의 없으며 이 작품의 기초가 된 그의 생애 이야기는 거의 허구이다. 대본은 레바논 출신으로 프랑스에 살고 있는 작가이자 저널리스트인 아민 말루프가 썼는데, 1971년 자크 루보가 출판한 프로방스 트루바두르 선집의 전기적 메모를 바탕으로 직접 구상했다.

<멀리서 온 사랑>의 대본에 대해서는 극단적으로 평가가 갈린다. 즉 일부에서는 이 작품의 줄거리가 단순히 옛 이야기의 변형일 뿐이라는 혹평을, 다른 일부에서는 매우 단순한 이야기를 복잡하게 만든 대본가의 솜씨가 돋보이며 압축적이면서 우아한 시적 대사가 오페라 대본으로 적합하다는 호평을 내놓았던 것이다.

주인공 조프레는 '멀리 있는 사랑'을 찾아 서양에서 동양으로 목숨을 걸고 모험을 떠난다. 순

레자는 이 두 세계를 상시적으로 왔다 갔다 하며, 대본가 말루프 역시 오페라 속 인물들처럼 자신의 원래 고향 레바논과 현재 거주지인 프랑스 사이 어디쯤에 있다. 이 인물들은 동양과 서양의 거리만큼이나 낯설고 극단적인 두 세계인 현실과 환상 사이를 오가고, 상대에 대한 집착과 헌신을 오가며, 결국 사랑은 환상임을 깨닫지만 그 허무함을 쫓는다. 이 작품은 결국 예술가의 고독과 사랑의 허무함이라는 주제로 귀결된다.

2) 낭만적이면서도 현대적인 사리아호의 음악

<멀리서 온 사랑>은 핀란드 작곡가 카야 사리아호의 첫 번째 오페라이다. 그는 1992년 잘츠부르크 페스티벌에서 올리비에 메시앙의 오페라 <아시시의 성 프란치스코>를 보고 영감을 받아, 오페라 작곡에 착수하게 되었다. 이 작품의 롤모델로 사리아호는 바그너의 <트리스탄과 이졸데>와 드뷔시의 <펠레아스와 멜리장드>를 꼽았는데, 이 두 작품들에서처럼 <멀리서 온 사랑>의 주인공들 역시 행위나 행동보다 자기 내면의 성찰에 주력하는 것이 특징적이다.

또한 끊어지지 않는 음악의 연속성 역시 두 작품의 영향으로 볼 수 있다. 사리아호가 '집합체'(Aggregat)라 칭한 중심 화음이 이 작품 전체의 기초를 형성하는데, 이 화음을 분해하여 얻은 파생물로 음악이 구성된다. 이 작품에서 음색은 특별히 중요하며, 각각의 기본 음색을 통해 소리가 흐르고, 일시적으로 만들어지는 개별음색에는 특별한 의미가 부여된다. 오페라 평론가 로버트 마슈카는 이를 두고 "분할된 소리가 아니라 미세하게 혼합된 색채가 돋보이는 신인상주의 음색"이라 평한 바 있다.

이외에도 이 작품에는 다양한 타악기의 효과와 전자음악 작법 등이 쓰였다. 타악기로 내는 소리들은 오케스트라의 색채를 보완하고, 오케스트라와 주인공들 사이의 연결고리 역할을 한다. 테이프에서 재생되는 전자 사운드의 일부는 오케스트라의 음향에 완전히 통합된다. 불협화음과 배음의 혼합, 날카로운 전자적 사운드가 아주 가끔 등장하는데, 이러한 요소는 사랑의 여정에서 고통을 암시하는 것으로 효과적으로 쓰인다.

때로 가사그리기(tone painting) 기법도 사용된다. 바다의 물결치는 모습이나 폭풍우치는 날씨를 음악적으로 묘사한다던지 고음 현악기들로 조프레의 맥박을 묘사하면서 죽음을 암시한다던가 하는 장면이 그렇다. 이와 달리, 완전히 고풍스러운 중세 시대의 분위기를 불러오는 음악도 등장하는데, 조프레의 동료들의 음악은 음유시인의 음악을 연상시키며, 2막에서 순례자가 부르는 노래는 음악의 장엄함을 강조한다. 또한 비록 등장인물들의 노래는 조성을 벗어나 무조로 되어 있지만, 충분히 낭만적이고 서정적이다. 바로 이 점이 사리아호의 개성이자 이 작품에서 이룬 음악적 성취라 하겠다.

3) 사랑에 대한 음악적 이해

오페라 <멀리서 온 사랑>은 2000년 초연으로 평단과 대중으로부터 호평을 받았으며, 이후 현재까지 열 개가 넘는 새로운 프로덕션으로 제작되었다. 2019년에는 가디언 지의 비평가 설문 조사에서 21세기 6번째 위대한 클래식 음악 작품으로 선정된 바 있다. 사리아호는 이 작품으로 2003년 그라베마이어상을 수상했다.

<멀리서 온 사랑>에는 '사랑'에 대한 사리아호의 이해가 함축되어 있다. 그에 따르면, 사랑은 인간이 타인과 맺는 관계, 혹은 세계나 신과 맺는 관계에서 영적으로 승화되는 과정이라는 것이다. 모호하지만 분명한, 헌신적이지만 집착적이기도 한, 현실과 환상의 경계에 있는 사랑의 허무함을 사리아호의 음악은 놀랍도록 치밀하고 풍성하게 그려낸다.

추천 영상물(조프레 루델-클레망스-순례자 순)
1) (DVD) 제럴드 핀리, 다운 업쇼, 모니카 그루프 등
에사-페카 살로넨 지휘, 핀란드 국립 오페라 오케스트라와 합창단, 피터 셀라스 연출, 2004년 핀란드 국립 오페라 실황

4.2. 진은숙 <이상한 나라의 앨리스>(Alice in Wonderland, 2007): 복잡한 21세기 현대 사회에서 자아 정체성 찾기

작품 개요

작곡: 진은숙(Unsuk Chin, 1961-)

원작: 루이스 캐럴(Lewis Carroll, 1832-1898),『이상한 나라의 앨리스』(Alice in Wonderland, 1865)

대본: 헨리 황(David Henry Hwang, 1957-)

초연: 2007년 6월 30일 독일 뮌헨 바이에른 국립오페라극장(뮌헨 오페라 페스티벌 개막작)

구성: 일곱 개의 장면과 피날레, 두 개의 간주곡 (약 2시간가량)

주요 등장인물

앨리스(Alice, 소프라노):

고양이(Cheshire Cat, 소프라노)

미친 모자장인(Mad Hatter) & 오리(Duck, 바리톤)

흰 토끼(White Rabbit) & 오소리(Badger), March Hare, 카운터테너

쥐(Mouse), Pat, Cook, Dormouse, Invisible Man, 테너

못생긴 공작부인(Ugly Duchess) & 부엉이(Owl) & 숫자 2(Two, 메조소프라노)

하트의 퀸(Queen of Hearts, 드라마틱 소프라노)

하트의 킹(King of Hearts) & 늙은 남자 2(Old Man 2) & 가재(Crab, 베이스)

Frog-Footman & 숫자 7(Seven) & 도도새(Dodo)

Caterpillar

독수리(Eaglet) & 늙은 남자 1(Old Man 1) & Executioner & Fish-Footman / 숫자 오(Five, 테너)

주요 장면들

1) 오프닝 장면. 꿈 1(Opening scene. Dream 1)

2) 막간극 1. 애벌레의 조언(advice from a caterpillar)

3) 장면 5. 미친 티파티(Scene 5. A Mad Tea-Party)

4) 피날레. 꿈 2(Finale. Dream 2)

줄거리

앨리스가 도서관에서 책을 펼치자 그곳은 보물창고로 변한다. 그곳에서 앨리스는 미라가 된 고양

이를 안고 있는 소년과 보물창고의 문이 닫히기 전에 도망치라는 두 노인을 만난다(장면 1. 꿈 1). 흰 토끼를 따라 땅 속 구멍으로 들어가 이상한 나라에 가게 된 앨리스는 그곳에서 여러 개의 잠긴 문을 발견하지만, 문이 너무 작아 들어갈 수 없다. 앨리스는 "나를 마셔줘"라고 적힌 병의 물을 마시고 몸이 작아졌다가, "날 먹어"라고 적힌 상자의 케이크를 먹고 커진다. 눈물을 흘리며 연못에 빠진 앨리스, 지나가던 생쥐가 괴롭히는데 앨리스가 고양이 이야기를 하자 모든 동물들이 도망친다(장면 2. 눈물의 웅덩이). 앨리스는 장갑과 부채를 찾아 흰 토끼의 집 안으로 들어간다. 흰 토끼가 사랑 노래를 부르는 동안 앨리스의 몸은 점점 커진다(장면 3. 흰 토끼의 집에서). 앨리스는 애벌레와 변화의 이점에 대한 삶의 지혜를 포함하여 혼란스러운 대화를 나눈다(막간극 1). 앨리스는 아기, 요리사, 체셔 고양이와 함께 공작부인을 비롯해 물고기와 개구리 부족을 만나게 된다. 공작부인과 요리사가 아기를 학대하는 모습에 놀란 앨리스는 돼지로 변한 아기에게 자장가를 불러준다. 목적지 없이 계속 사라지는 체셔 고양이에게 앨리스는 길을 물어보고 3월의 토끼로 가는 길을 안내받는다(장면 4. 공작부인의 집에서 만난 돼지와 후추). 앨리스는 시간이 멈춰버려 여러 수리공의 도움을 받을 수 없는 3월 토끼, 도무스, 미친 모자 장인을 만나는데, 그러나 티 파티에 참석할 수 없다(장면 5. 미친 티 파티). 앨리스는 하트의 여왕을 위해 흰 장미를 붉은 장미로 바꾸려는 정원사 세 명을 만난다. 하트의 여왕이 악명 높은 크로켓 시합에 초대하지만, 결국 혼돈 속에 끝난다. 여왕의 명령에 따라 사형 집행인이 고양이를 참수한다(장면 6. 크로켓 그라운드). 앨리스는 여왕에 의해 철학에 빠진 공작부인으로부터 구출되어 거북이 수프에 끌려가고, 병사들은 법정 회의를 소집한다(막간극 2). 앨리스는 전형적인 재판처럼 보이는 법정에 서 있는데, 실은 타르트의 행방에 대한 재판이다. 미친 모자장인과 요리사에 이어 앨리스가 세 번째 증인으로 불려가지만, 법정과 하트의 여왕이 우스꽝스러운 카드놀이에 불과하다는 것을 깨달은 앨리스는 두려워하지 않는다. 판사는 중요하지 않은 세부사항을 검토하느라 어떤 판결도 내리지 못한다(장면 7. 재판 또는 누가 컵케이크를 훔쳤나?). 앨리스는 투명인간의 부탁을 받고 정원의 죽은 검은 흙 속에서 씨앗을 찾는데, 노력이 무색하게 투명인간이 손에 씨앗을 쥐어준다. 앨리스는 씨앗을 심고, 이윽고 꽃을 피우는데 꽃은 찬란한 빛으로 변한다(피날레. 꿈 2).

III. 오페라의 현재와 미래(1900-현재)

1) 유머와 패러디, 비틀기와 뒤틀림의 묘미, 루이스 캐럴의 원작과 오페라 대본

루이스 캐럴의 원작처럼 오페라의 줄거리 역시 앨리스가 자신의 정체성을 찾으려는 시도를 중심으로 전개된다. 이상한 나라에서의 경험을 통해 앨리스는 현실, 진실, 사랑에 대한 생각이 모두 뒤집히며, 모든 것을 겪은 후 변화된 현실로 되돌아오는 과정까지를 그린다. 오페라 대본의 문체는 앨리스와 인물들의 모호한 정체성을 감성적으로 묘사하는 것에서부터 사회와 체제의 잔인함이나 부조리에 대한 상대적으로 거칠고 불안한 묘사에 이르기까지 넓은 폭을 넘나든다.

몇몇 세부 장면을 살펴보자. 장면 2에서 앨리스는 자아 정체성을 잃고 내적으로 혼란스러워하는데, 이를 '눈물의 웅덩이'라는 우화를 통해 보여준다. 장면 4에서는 앨리스가 이상한 나라의 광기를 깨닫고 조직을 이해하는 데 필요한 것이 있다고 인식하게 되는 패러다임의 전환을 보여준다. 즉 앨리스는 야만적인 처우가 표준 관행으로 여겨지는 것, 그리고 관습과 전통을 뿌리 뽑는 것을 받아들이게 된다. 그러나 이상한 나라가 자신의 외화된 상상력이라는 것을 아직 깨닫지 못한다. 장면 6에서 앨리스는 질서와 익숙함의 외관에 가려진 이상한 나라의 내재된 부조리함을 마주한다. 그리고 법정 장면을 통해 법체계의 부조리와 무의미함을 드러낸다.

2007년 뮌헨 바이에른 국립오페라극장, 〈이상한 나라의 앨리스〉 초연 당시

2) 다채로운 음색으로 환상적인 세계로 이끄는 진은숙의 음악

<이상한 나라의 앨리스>는 진은숙이 작곡가로서 명성을 얻은 후 시도한 첫 번째이자 현재까지 유일한 오페라 작품이다. 2000년대에 만들어진 작품인 만큼 매우 현대적이며 새롭고 참신한 상상력과 기법으로 가득 차있는 동시에, 한편으로는 익히 알고 있는 내용과 전통적인 오페라 문법에 익숙한 이들에게 유쾌하면서도 친근하게 접근 가능하다.

진은숙은 평소 루이스 캐롤의 동화에 매료되었다고 밝힌 바 있으며, 동화 속 환상적인 이야기와 함께 물리적 법칙의 근간이 되는 논리에도 흥미를 가졌다고 한다. 하나의 일직선으로 흐르는 시간 대신 <이상한 나라의 앨리스>의 극적 시간이 뒤죽박죽인데다 동시적이기도 한 만큼, 음악 역시 이를 반영한다. 바로크 시대 작곡가 헨델에서부터 퍼치니, 엘가, 라벨, 스트라빈스키 등 20세기에 이르는 여러 작곡가들의 많은 작품이 참조되어 있으며, 미국 작곡가 조지 거쉰에 대한 오마주로서 뮤지컬적인 요소도 포함되어 있다. 시대적으로 다른 작품의 단편들을 한 작품에 동시에 가져오는 시도는 다양한 양식들의 혼합으로 구현할 수 있는 모든 가능성의 세계를 보여주며, 이는 이질적인 여러 형식, 양식, 제도, 태도, 관점 등이 뒤섞인 21세기 현대 사회의 모습을 반영한다.

<이상한 나라의 앨리스>에서 작곡가는 대형 타악기와 각종 타악기, 악기로 잘 쓰지 않는 도구들을 전방위적으로 활용하여 다채로운 음색을 구현하는데 심혈을 기울였다. 아코디언, 하모니카, 베이스 클라리넷 등 전통적인 오케스트라 편성에서 제외되는 악기가 쓰였고, 타악기로는 일반적으로 흔히 쓰이는 팀파니, 탐탐, 글로켄슈필, 마림바, 비브라폰, 타뷸라 벨 등과 함께 탬버린, 비브라슬랩, 캐스터네츠, 플렉사톤, 핑거 심벌즈, 봉고 등이 추가되었으며, 이외에도 금속 딸랑이, 슬라이드 휘슬, 톱, 사이렌, 알람시계, 주방 도구가 담긴 쓰레기통, 병 등을 활용하여 새로운 음색을 더했다.

3) 청중 친화적인 현대음악

진은숙의 음악은 무궁무진한 상상력으로 소리의 빛과 색을 다채롭게 조합하여 음악의 시간 속에 자유자재로 펼쳐내는 것이 특징이다. 그의 이러한 시도는 대중의 귀를 사로잡으며 대중성을 얻는 데 성공한 것으로 보인다. 세계적인 음악 비평가 폴 그리피스는 <이상한 나라의 앨리스>에 대해 "머무르지 않고 흘러가는 음악의 시간에 대한 비상한 감각이 드러난다"고 평했다. 그러니까 이 작품의 음악은 정지되어 있는 시간이 아니라 항상 유동적으로 흐르고 때로는 과거로 회귀하기도 때로는 미래로 건너뛰기도 하는 유연한 변화 속에서 진행됨을 보여준다는 것이다.

또한 <이상한 나라의 앨리스>에서 표면적으로 느껴지는 소리의 다채로움은 특별하다. 풍성한 음색의 향연을 통해 청중은 후각을 시각으로, 시각을 청각으로 자유자재로 전이하는 환상의 세계로 이끌린다. 이는 음악의 재료나 작곡 기법, 구조에 대한 사고로부터 소리 그 자체에 대한 관심이라는 서양음악사 전체의 패러다임의 전환이라고도 볼 수 있다. 진은숙의 음악에서 소리는 진중하게 고려되어야 할 작곡의 재료라기보다 즐거움을 선사하는 유희적 세계에 가까우며, 재미와 유쾌함으로 청중의 공감과 참여를 이끈다.

추천 영상물(앨리스-고양이-미친 모자장인 순)

1) (DVD) 샐리 매튜, 피아 콤시, 디트리히 헨쉘 등

   켄트 나가노 지휘, 바이에른 슈타츠오케스트라와 합창단, 아힘 프라이어 연출, 2007년 뮌헨 국립극장 실황

4.3. 최우정 <1945>(1945, 2019): 한국 오페라의 새로운 지평을 연 걸작

작품 개요

작곡: 최우정(Uzong Choe, 1968-)

원작: 배삼식(Sam Shik Pai, 1970-)

대본: 배삼식(Sam Shik Pai, 1970-)

초연: 2019년 9월 27일 예술의전당 오페라하우스

배경: 1945년 중국 만주 장천의 조선인전재민구제소

주요 등장인물

분이(S): 만주의 조선인 위안부

미즈코(S): 만주의 일본인 위안부

오인호(T): 분이를 사랑하는 순박한 청년

이노인(B): 만주로 건너온 소박한 농사꾼

구원창(B): 만주 한글학교 선생

김순남(MS): 구원창의 부인

이만철(T): 이노인의 아들

송끝순(S): 만철의 아내이자 이노인의 며느리

장막난(BB): 섭섭이와 정분나는 구제소의 남자

박섭섭(MS): 분이와 미즈코를 관리하던 위안소의 여자

최주임(T): 전재민구제소의 하급관리

숙이와 곤이: 구원창과 김순남의 자녀들

주요 장면들

1) 1막, 미즈코의 아리아 '나는 갈거야'

2) 1막, 섭섭이와 막난이의 이중창 '이리 오게 섭섭이'

3) 2막, 분이와 인호의 이중창 '멀리 별은 빛나네'

4) 2막, 떡장사 준비하는 장면 '떡 노래'

5) 3막, 분이와 인호의 이중창 '밤은 그 품을 열어'

5) 4막, 분이의 아리아 '치치하얼'

6) 4막, 기차가 들어오는 장면

7) 에필로그, 분이와 미즈코의 이중창

줄거리

1막

1945년 해방 직후 가을 중국 만주 벌판, 조선으로 돌아가는 기차를 타기 위해 난민들은 장춘으로

모여들어 혼란스러운 상황이 연출된다. 만주에서 위안부였던 분이는 함께 위안부 생활을 한데다

아이까지 가진 일본인 미즈코를 차마 외면하지 못하고 조선으로 데려가려 한다. 장춘의 조선인 전재민 구제소. 분이와 미즈코는 최주임, 원창, 순남과 끝순, 인호와 이노인 가족 등 구제소 사람들을 알게 되고, 위안소에서 자신들을 관리했던 섭섭이를 마주친다. 분이는 미즈코를 벙어리 동생 순이로 속여 소개한다.

2막

분이와 인호는 지금껏 각자 살아온 지난 이야기를 하며 서로 의지하고픈 마음을 나눈다. 어떻게든 살아가는 구제소 사람들, 생계를 위해 떡장사를 하기로 한다.

3막

원창과 순남의 아이들인 숙이와 곤이가 우연히 일본말을 하는 미즈코를 보고 놀란다. 순남과 끝순도 의심하다가 분이와 미즈코의 짐에서 오비(기모노에 두르는 띠)를 발견한다. 분이와 인호는 조심스레 서로의 감정을 나눈다.

4막

구제소의 사람들은 짐을 꾸려 떠날 채비를 한다. 결국 순이가 일본인 미즈코라는 사실이 탄로 나고, 사람들은 분이에게 그녀를 버리고 함께 가자 하지만, 분이는 이를 거절하고 미즈코와 함께 떠난다.

에필로그

둘만 남은 분이와 미즈코는 각자의 언어로 이중창을 노래하고 서로 마주보며 끝이 난다.

감상 포인트

1) '역사'가 아니라 '사람' 이야기: <1945>의 시공간적 배경

<1945>는 1945년 대한민국의 독립과 해방이라는 역사적 사건을 바탕으로 한다. 그러나 이 작품은 과거의 특정한 시대에 일어난 사건에 초점을 두어 만들어진 시대극이나 역사를 주제로 삼는

역사극이라기보다, 오히려 거대 역사로부터 소외된 개인의 일상과 삶을 다룬다. 따라서 '역사'가 아니라 '사람'을 담은 휴먼 드라마라 할 수 있다.

　　<1945>의 시간적 배경은 제목 그대로 1945년 한국 근현대사에서 일제로부터 해방된 해이다. 배삼식 작가는 이 1945년에 주목하면서, 우리에게 너무나도 당연하게 해방이나 독립과 자동적으로 연결되지만 사실 이시기는 구체성이 결여되어 있다고 보았다. 따라서 개개인들의 구체적인 삶과 기억을 상상으로 작품에 복원하고자 하였다. 작품의 공간적 배경은 장춘을 중심으로 한 중국 만주 일대이다. 1930-40년대 만주는 원래 이 지역에 거주하고 있던 중국인과 만주인, 몽골족을 비롯하여 러시아인과 유태인, 그리고 이주해온 조선인과 일본인 등 다양한 이산민족들로 형성된 그야말로 잡거지(雜居地)였다. 그 중에서도 장춘에 있는 조선인 전재민 구제소는 만주에서 이리저리 떠돌던 조선인들이 다시 고국으로 돌아가고자 모여들어 잠시 머물던 임시 거처였다. <1945>의 주요 공간적 배경이 되는 이 곳은 다양한 인간 군상들이 섞이면서 인간의 희로애락(喜怒哀樂)에 관한 이야기가 펼쳐지는, 그 자체로 극적 공간이 된다.

2) 인간의 본성에 대한 질문, 한국 오페라의 새로운 지평을 쓰다!

오페라 <1945>의 두 주인공 분이와 미즈코는 만주에서 함께 위안부로 있으면서 온갖 고초를 겪었다. 작가에 따르면, 이들은 낭떠러지의 경계선 가장 바깥에 위태롭게 서 있는 인물이며, 우리의 기억 저편에 사라지기 쉬운 존재들이다. 그러나 <1945>에서 분이와 미즈코는 삶이 위태로운 상황 속에서도 삶에 대한 구체적인 의지와 욕망을 지난 존재로 분한다. 삶에 대한 다양한 태도와 처지에 놓인 <1945>의 다른 인물들이 한결같이 미즈코를 조선으로 데려가야 하는 근거를 내놓으라고 하는 상황에서, 분이는 이를 사람들 앞에 '증명'하는 대신 다만 '함께 남는 것을 택한다. 분이의 이타적인 행위를 통해 '너'와 '내'가 같아서가 아니고 '다름'에도 불구하고 함께 할 수 있는 것, 집단의 공동 이익을 위해서가 아니라 고통받고 억압받는 타인에 공감하고 그편에 서는 연대(連帶, solidarity)의 의미에 대해 곱씹고 더 나은 인간과 세상에 대한 질문을 던지는 것이다. 바로 이 지점에서 <1945>는 1945년의 한일 관계에 갇혀있지 않고 21세기 청중에게 공감을 획득하며 소통하기에 이른다.

3) 트로트가 사용된 오페라, 통속으로 피어오르는 예술

17-19세기 서유럽에서 형성되어 발전한 장르인 오페라(opera)가 과연 20세기 질곡의 한국 현대사를 다룰 수 있을까? 최우정 작곡가는 오페라 장르의 전통에 충실하면서도 다양한 장치를 두어 장르적 변주와 확장을 꾀하였다. 이 작품은 전형적인 오페라의 요소들인 아리아와 레치타티보, 중창과 합창, 관현악으로 구성된다. 물론 각각의 부분이 명확하게 구분되어 '숫자'로 구성되는 통상의 번호 오페라(number opera)의 형식을 따르는 것은 아니며, 아리아가 극과 분리되지 않고 자연스럽게 스며들어 있으면서 음악과 극의 연속성을 추구하는 19세기 중후반 이후의 흐름을 따르고 있음을 알 수 있다.

그러나 이 보다 더 중요한 것은, 오페라 <1945>에 녹여져 있는 다양한 음악재료들과 그 사용방식이다. 이 작품에는 1930-40년대 당시 당시 많이 불렸을 창가나 군가, 동요, 트로트 등이 녹여져 있다. 이러한 음악 재료들은 통상 비전문적이고 대체로 저속하여 오페라에 사용될 수 없다고 여겨지지만, 바로 그러한 '통속'적인 성질로 인하여 이 오페라는 세상에 널리 통하는 대중성을 획득하는 것이다. 오페라 <1945>의 서막을 여는 것은 동요 <엄마야 누나야>이다. 각자의 사연을 품고 고향을 떠나 먼 타국 만주에 있는 <1945>의 인물들에게 이 동요는 가족들의 단란한 보금자리 혹은 평화로운 안식처를 의미한다. 또 하나 귀를 사로잡는 음악이 있는데, 바로 1930년대 후반 남인수가 불러 크게 유행했던 트로트 <울리는 만주선>이다. 배삼식 작가가 원작 희곡을 대본으로 직접 각색하면서 아이디어를 냈고, 작곡가가 이를 수용하여 인용하였다. 이 음악은 서럽고 고단한 타향살이와 고향에 대한 그리움을 의미하며, 물리적 공간과 함께 정서적인 면까지 음향적으로 세팅한다. 쉽게 접할 수 있는 트로트를 통해 청중과의 깊은 공감대를 형성한다. 이외에도 러시아민요, 창가와 프랑스 작곡가 프랑수아 쿠프랭(Francois Couperin, 1668-1733)의 건반음악 <방황하는 그림자>(Les ombres errantes)가 인용되기도 한다. 특히 이 곡은 20세기 한국 현대사를 다룬 창작오페라 작품에서 18세기 프랑스 클라브생 음악을 갑자기 들음으로써 청중들은 시공간을 넘나드는 강렬한 미적-예술적 체험을 하게 되며, 이는 음악이 극을 설명하거나 보조하는 역할에서 벗어나 더 이상 말로 치환되지 않는 마지막 지점에서 직접 청중에게 말을 거는 순간으로 해석할 수 있다.

[강지영, 제작진 릴레이 인터뷰 중] – 국립오페라단 프로그램북에서 발췌

배삼식 작가: "[…] <1945>의 분이와 미즈코는 현대 사회의 고통받는 누군가와 연결이 되죠. 고통을 고발하기 위해 존재하는 인간은 없습니다. 고통에 맞서 지지 않으려고 어떻게든 싸우는 사람들의 모습에서 우리는 오히려 인간의 존엄함을 느끼죠. 분이와 미즈코의 모습에서 인간에 대한 연민과 예의를 가진 이들이 타인의 고통을 외면하지 않고 나누는 자비와 연대의 의미를 읽을 수 있으면 좋겠습니다. […]"

최우정 작곡가: "[…] 1930-40년대는 한국 근현대사의 굴곡과는 별개로 음악적으로는 그야말로 풍부한 보물창고와 같은 시대였는데, 당시 민중의 삶을 담았던 다양한 음악들인 동요나 민요, 트로트, 창가나 심지어는 군가까지 작품에 녹여내고자 했습니다. 그러나 모든 음악적 재료들을 과거에서 그대로 가져온 게 아니라, 특정한 몇 개의 선율을 제외하고는 대부분 재가공의 과정을 거쳤어요 […]"

고선웅 연출가: "[…] 1945년 우리의 역사에 관련된 인물들과 이야기로 한정되어 있는 이 작품에서 저는 세계사적 파노라마로 확장될 수 있는 가능성을 보았습니다. 21세기 세계 도처에는 전쟁의 불안함이 여전히 도사리고 있고, 약육강식의 논리는 여전히 상존하고 있으며 여러 이유로 고통받고 있는 사람들이 여전히 있습니다. 그렇기에, 이 작품의 이야기는 현재에도 유효합니다. […]"

정치용 지휘자: "[…] 관건은 창작오페라가 대중성이 있으면서도 21세기 예술로서 품격이 떨어지지 않는 가치를 가지는 것입니다. 그런 의미에서 <1945>는 대중성과 예술성을 모두 갖춘 오랫동안 기다려 온 작품이며, 분명 화제가 되고 주목 받을 문제작입니다. […]"

웃음 코드에 키득거리던 관객들은 휴식시간 뒤 3막이 시작되자 아예 폭소를 터트렸다.

지난 11일 국립오페라단이 한국 초연으로 예술의전당 오페라극장 무대에 올린 벤자민 브리튼(1913~1976)의 오페라 '한여름 밤의 꿈'은 현대오페라를 두려워하는 관객들의 우려를 가볍게 날려줬다. 귀에 익숙한 스타일은 아니어도 재미있게 즐길 수 있는 음악, 그리고 연출의 빈틈없는 디테일로 원작보다 훨씬 풍성해진 희극성 덕분이다. 장난스러운 요정이 뿌린 마법의 꽃즙 때문에 사랑이 어긋나고 관계가 얽히는 혼란을 겪는 남녀 주인공들은 한바탕 소동 뒤에 모두 제자리를 찾고, 군주의 결혼식 축하 공연을 열심히 준비한 직공들은 관객의 열렬한 호응으로 보상을 얻는다.

[이하 생략]

참고문헌

Abbate, Carolyn. & Roger, Parker(Karl Heinz Siber 등 독역). Eine Geschichte der OPER. Die letzten 400 Jahre (München: C.H.Beck, 2013).

Bermbach, Udo(ed.). Oper im 20. Jahrhundert: Entwicklungstendenzen und Komponisten (Stuttgart: J. B. Metzler, 2020).

Grout, Donald J. & Palisca, Claude V. & Burkholder J. Peter(민은기 등 역). 『그라우트의 서양음악사』(A History of Western Music), 7판 (서울: 이앤비플러스, 2009).

Hill. Walter, Baroque Music: Music in Western Europe, 1580-1750 (New York: Norton, 2005).

Maschaka, Kloiber Konold. Handbuch der Oper (Kasel: Bärenreiter, 2019).

Mehltretter, Florian. Die unmögliche Tragödie: Karnevalisierung und Gattungsmischung im venezianischen Opernlibrette des siebzehnten Jahrhunderts (Frankfurt am Main: Peter Lang, 1994).

Moser, Dietz-Rüdiger. "Oper und Karneval: Anmerkungen zur Frühgeschichte der Oper", in Vom Neuwerden des Alten. Über den Botschaftscharakter des musikalischen Theaters (Wien, Graz: Universal Edition für Institut für Wertungsforschung, 1995), 99-130.

Schweikert, Uwe. Erfahrungsraum Oper: Porträts und Perspektiven (Stuttgart: J. B. Metzler, 2018).

Vila, Marie Christine(김영 역). 『라루스 오페라사전』(Guide de L'opéra) (서울: 삼호뮤직, 2002).

강지영, "<1945>는 어떻게 오페라가 되었는가?: 대본 분석과 극적 전략에 대한 연구", 음악논단 43(2020), 91-123.

강지영, "오페라 <1945>는 어떻게 작곡되었나: 작곡가 최우정의 오페라 작곡기법 및 음악의 연출에 대한 해석", 음악이론포럼 27/2(2020), 97-131.

강지영, "20세기 후반 독일 음악극에 나타난 새로운 '시간성'", 한국예술연구 33(2021), 257-278.

김미영, "알반 베르크(A. Berg)의 오페라 <보체크>(Wozzeck)에 나타난 텍스트적 의미의 음악적 표현: 보체크의 비극을 낳은 자연과 사회의 갈등을 중심으로", 서양음악학 11(2008), 153-172.

민은기. "오르페우스 신화와 오페라의 상징구조 연구. 몬테베르디 오페라 <오르페오> 를 중심으로", 음악이론연구 3(1998), 3-28.

안정순, "<디도와 에네아스>의 초연 연도에 대한 논쟁과 의미", 음악논단 49(2021), 1-32.

오희숙, "관습을 넘어서는 열정과 생의 찬미. 비제의 <카르멘>", 『오페라 속의 미학 II』(음악미학연구회 편),
　　　(서울: 모노폴리, 2019), 93-118.

우혜언, "쇼스타코비치의 <므첸스크군의 맥베스부인>에 대한 음악사회학적 고찰", 서양음악학 17/1(2014),
　　　117-152.

유선옥, "이 오페라 너무 '바로크'해! 라모의 음악비극 <이폴리트와 아리시>", 『오페라 속의 미학 II』(음악미학
　　　연구회 편), (서울: 모노폴리, 2019), 35-52.

원유선, "근대적 자아의 존재론적 여정. 진은숙의 <이상한 나라의 앨리스>", 『오페라 속의 미학 I』(음악미학연
　　　구회 편), (서울: 모노폴리, 2017), 159-182.

이용숙, "미덕을 조소하는 욕망의 승리: 17세기 베네치아 카니발과 초창기 오페라. 몬테베르디의 <포페아의
　　　대관>", 『오페라 속의 미학 I』(음악미학연구회 편), (서울: 모노폴리, 2017), 13-30.

이용숙, "낭만적 사랑과 결혼의 위험성. 로시니의 <세비야의 이발사>", 『오페라 속의 미학 II』(음악미학연구회
　　　편), (서울: 모노폴리, 2019), 73-92.

이혜진, "'울게 하소서'가 만든 흥행의 웃음. 헨델의 <리날도>", 『오페라 속의 미학 II』(음악미학연구회 편), (서
　　　울: 모노폴리, 2019), 13-34.

정경영, "몬테베르디의 음악에서 나타나는 '순환적' 공간과 '직선적' 공간: <오르페오> 3막의 '위대한 정령이
　　　여'(Possente Spirito)를 중심으로", 음악이론연구 26(2016), 8-31.

정경영, "길들여진 '운명'의 소리: 퍼셀의 <디도와 에네아스>(Dido and Aneas)", 음악이론연구 37(2021), 11-
　　　37.

정다운, "'빅 브라더'로서의 미디어에 대한 선견적 통찰. 애덤스의 <닉슨 인 차이나>", 『오페라 속의 미학 II』
　　　(음악미학연구회 편), (서울: 모노폴리, 2019), 205-228.

Grove Music Online(Oxford Music Online): https://www-oxfordmusiconline-com-ssl.libproxy.snu.ac.kr

(사)음악미학연구회 Study Group for Music Aesthetics

음악미학연구회는 음악미학에 관심 있는 음악학자들과 서울대학교 음악학 전공 석·박사 학생들을 중심으로 구성된 스터디 모임이다. 정기 세미나를 통해 음악미학의 다양한 주제를 연구하는 한편, 연구서 발간을 통해 음악학을 연구하는 후속세대를 위한 학문적 토대를 마련하고 있다. 또한 현대 사회와 문화 전반에 대한 연구를 통해 음악미학의 영역을 확대하고, 음악애호가 및 대중과의 소통을 시도하고 있다.

연혁

2010년 8월	제1차 정기 세미나 개최
2010년 10월~12월	제2차~제3차 정기 세미나 개최
2011년 1월~12월	제4차~제7차 정기 세미나 개최
2012년 12월	「총서1: 음악 말보다 더 유창한 – 현대 독일·영미권의 음악미학의 논의들」 발간
2013년 1월~12월	제8차~제19차 정기 세미나 개최
2014년 1월~12월	제20차~제26차 정기 세미나 개최
2015년 6월	「총서2: 글로벌 시대의 동아시아 현대음악」 발간
2015년 1월~12월	제27차~제31차 정기 세미나 개최
2016년 8월	「총서3: 작품으로 보는 음악미학」 발간
2016년 2월~ 12월	제32차~ 제35차 정기 세미나 개최
2017년 7월	「총서5: 한국을 노래하는 세계의 작곡가 : 작곡가 정태봉 음악 연구」 발간
2017년 1월~ 12월	제36차~ 제41차 정기 세미나 개최
2017년 8월	「총서4: 오페라 속의 미학. 1 : 몬테베르디에서 진은숙까지」 발간
2017년 8월	제1회 공개 학술 포럼 <오페라 속의 미학 I : 몬테베르디에서 진은숙까지>개최
2018년 1월~ 7월	제42차~ 제44차 정기 세미나 개최
2018년 7월	「총서6: 그래도 우리는 말해야하지 않는가: 음악의 연주·분석·작품의 해석」 발간
2018년 8월	제2회 공개 학술 포럼 <오페라 속의 미학 II: 오페라, 낯선 사랑을 통역(通譯)하다!>개최
2018년 8월~ 10월	제45차~ 제47차 정기 세미나 개최
2018년 10월 15일	(사)음악미학연구회 사단법인 설립 <문화체육관광부 및 문화재청 소관 설립허가 제2018-209호>
2018년 11월 27일	제48차 공개 학술 포럼 (사)한국작곡가협회 공동주최 심포지엄 개최
2019년 2월	「비평과 해석 사이 시리즈 001 『실내악: 무한한 상상력의 락樂』」 발간
2019년 5월~ 7월	제49차~ 제52차 정기 세미나 개최
2019년 7월	「총서7: 오페라 속의 미학. 2 : 오페라, 낯선 사랑을 통역하다」 발간
2019년 8월	제3회 공개 학술 포럼 <오페라 속의 미학 III: 오페라, 시대를 지휘하다!> 개최
2019년 10월	「비평과 해석 사이 시리즈 002 『관현악: 사람과 세계의 창悤』」 발간
2019년 10월 26일	제53차 공개 학술 포럼[한국창작음악-비평과해석사이] (사)한국작곡가협회 공동주최 포럼개최
2020년 1월 11일	제55차 정기 세미나 개최

2020년 3월 16일	「총서8: 바그너의 죽음과 부활: 음악극 연출을 통한 작품의 재탄생」 발간
2020년 6월	제56차 정기 세미나 개최
2020년 7월 10일	「총서9: 베토벤의 위대한 유산: 미학과 사회학으로 바라보기」 발간
2020년 9월	제4회 공개 학술포럼 <오페라 속의 미학IV: 한국 오페라, 노래가 되어 날아오르다!> 개최
2020년 10월	「비평과 해석 사이 시리즈 003 『독주곡: 사고와 신념의 상想』」 발간
2020년 10월 24일	제58차 공개 학술포럼 <한국창작음악-비평과해석사이> 개최
2021년 1월 ~6월	제59차~62차 정기 세미나 및 총회 개최
2021년 8월 27일	제5회 공개 학술포럼 <오페라 속의 미학V: 오페라, 여성의 운명을 변주하다!> 개최(63차)
2021년 9월 15일	「총서10: 뉴노멀의 음악. 디지털 컨버전스 음악으로 미래를 듣다」 발간
2021년 10월	「비평과 해석 사이 시리즈 004 『성악곡: 음유와 서정의 화畵』」 발간
2021년 10월 23일	제64차 공개 학술포럼 <한국창작음악-비평과해석사이> 개최
2021년 11월 26일	「총서11: 디지털 혁명과 음악 유튜브, 매시업, 그리고 인공지능의 미학」 발간
2022년 1월~6월	제65차~68차 정기 세미나 및 총회 개최
2022년 6월 1일	「총서12: 오페라 속의 미학: 동아시아의 목소리를 담다」 발간
2022년 9월 3일	제6회 공개 학술포럼 <오페라 속의 미학VI: 오페라, 너무나 인간적인 너무나 기계적인> 개최
2022년 10월	「비평과 해석 사이 시리즈 005 『전자음악: 인식과 소통의 감感』」 발간
2023년 1월~6월	제72차~74차 정기 세미나 및 총회 개최
2023년 8월 18일	제7회 공개 학술포럼 <오페라 속의 미학VII: 음악, 문화, 시대의 교차점에서: 오페라, 오페라> 개최
2023년 10월 21일	제76차 공개 학술포럼 <한국창작음악-비평과해석사이> 개최
2023년 10월	「비평과 해석 사이 시리즈 006 『문화융합: 소통과 공명의 합슴』」 발간
2024년 1월~6월	제77차~80차 정기 세미나 및 총회 개최
2024년 8월 21일	제8회 공개 학술포럼 <오페라 속의 미학VIII: 오페라, 음악으로 쓴 인간의 사유> 개최

(사)음악미학연구회 회원명단

강경훈(서울대 석사과정)
강예린(서울대 공연예술학 박사과정)
강지영(독일 베를린예술대 박사, 서울대 강사)
권세진(서울대 음악학 석사과정)
권애영(서울대 음악학 석사과정)
김가온(서울대 음악학 석사과정)
김나연(서울대 음악학 석사과정)
김서림(서울대 음악학 석사 및 박사과정)
김서윤(서울대학교 작곡과 이론전공 학사 및 존스홉킨스 피바디음대 작곡 석사과정)

김석영(서울대 작곡과 이론전공 학사 및 음악학 석사, 미국 텍사스 오스틴 대학교 박사과정)
김소이(서울대 음악학 석사)
김소정(서울대 공연예술학 석사, 서울대 공연예술학 박사과정)
김예림(서울대 작곡과 이론전공 학사 및 석사, 서울대 음악학 박사과정)
김연수(서울대 음악학 학사, 서울대 음악학 석사과정)
김주희(서울대 음악학 석사과정)
노재현(서울대 작곡과 학사 및 석사, 프랑스 파리8대

학 음악학 박사, 국민대 및 중앙대 강사)

류혜린(서울대 작곡과 이론전공 학사 및 음악학 석사)

마들렌 포군테(서울대 음악학 박사과정)

박성우(서울대 작곡과 이론전공 학사 및 음악학 석사, 독일 뮌헨대 박사과정)

박유미(서울대 음악학 박사, 서울대 강사)

박진주(서울대 음악학 석사과정)

배묘정(서울대 공연예술학 박사, 서울대 강사, 서강대 트랜스내셔널인문학연구소 연구교수)

손민경(서울대 작곡과 이론전공 학사, 미국 노스웨스턴대 음악학 석사, 서울대 음악학 박사)

송예진(서울대 음악학 학사, 서울대 음악학 석사과정)

신예슬(서울대 작곡과 이론전공 학사 및 음악학 석사)

심지영(서울대 작곡과 이론전공 학사 및 석사, 서울대 음악학 박사수료, 미국 CUNY 대학교 음악학 박사과정)

오희숙(독일 프라이부르크대 음악학 박사, 서울대 교수)

우혜언(독일 뮌스터대 음악학 박사, 한국예술종합학교 강사)

원유선(서울대 음악학 석사 및 박사, 경희대 및 이화여대, 서울대 강사)

원유현(서울대 음악학 석사과정)

유선옥(서울대 음악학 석사, 서울대 음악학 박사, 성신여대 강사)

유태연(서울대 작곡과 이론전공 학사, 서울대 음악학 석사)

윤예원(서울대 음악학 석사과정)

이민희(한국예술종합학교 음악학 석사, 서울대 음악학 박사, 추계예대 강사)

이산하(서울대 작곡과 이론전공 학사, 서울대 음악학 석사, 미국 노스텍사스 대학교 음악이론 박사과정)

이예지(서울대 음악학 석사)

이용숙(서울대 공연예술학 박사, 오페라 평론가, 서울대 공연예술학과 강사)

이정민(미국 듀크대 박사, 미국 줄리어드 음대 음악학 교수)

이정환(서울대 독문과 학사 및 석사, 서울대 독문과 박사과정)

이지연(서울대 작곡과 이론전공 학사 및 음악학 석사, 미국 뉴욕시립대 박사, 미국 휴스턴대 교수)

이창성(서울대학교 작곡과 이론전공 학사 및 석사과정)

이현지(서울대 작곡과 이론전공 학사 및 음악학 석사)

이혜수(서울대 음악학 석사과정)

이혜진(서울대 음악학 석사 및 박사, 성신여대 교수)

이규빈(서울대 공연예술학 석사, 서울대 공연예술학 박사과정)

임현택(서울대 국악과 석사, 독일 바이마르대학교 음악학 박사, 단국대 강사)

임수진(서울대 음악학 석사과정)

임혜숙(서울대 음악교육학 박사, 전남대 및 부산대 강사)

장유라(중앙대 철학과 박사, 서울대 음악학 박사과정)

정다운(서울대 음악학 석사)

정은지(서울대 음악학 석사)

조민경(서울대 작곡과 이론전공 학사, 지휘 전공 석사, 음악학 박사과정)

조인희(서울대 음악학 석사과정)

조수현(서울대 음악학 석사과정)

조유경(미국 퀸스칼리지 학사, 일본 동경대 미학과 석사 및 박사, 도쿄 예술대 특별연구원 PD)

진내량(서울대 음악학 박사, 중국 베이징음대 교수)

지형주(독일 쾰른대 음악학 박사, 연세대 강사)

최진경(서울대 음악교육학 박사, 목포대 강사)

하가영(서울대 작곡과 이론전공 학사, 서울대 음악학 석사수료)

한상희(서울대 음악학 석사과정)

함정민(서울대 음악학 석사)

"아름다운 예술로
아름다운 내일을 열어갑니다."

세아이운형문화재단은 오랜 시간 순수 문화예술에 대한 열정으로 문화예술을 사랑하고 후원해왔던 세아그룹 故 이운형 회장의 뜻을 기려 2013년 세상에 태어났습니다.

예술에 대한 그의 열정을 오늘에 이어받은 세아이운형문화재단은 다양한 문화예술을 지원함으로써 예술인들의 열정과 노력의 가치를 더욱 높이고자 노력하고 있습니다.

다양한 문화예술과 학술연구를 지원함으로써 예술인·음악학자들의 열정과 노력의 가치를 더욱 높이고 오페라 인재 후원으로 가능성을 가진 영재들이 더 크게 성장할 수 있는 기회를 만들어 주며, 국내 클래식 음악의 저변을 확대시키고 있습니다. 또한 다양한 클래식 공연의 후원과 개최로 더 많은 사람들에게 아름다운 예술의 감동을 선사함으로써 이를 통해 대한민국 문화예술 활성화에 작은 디딤돌이 되고자 합니다.

아름다운 예술에 대한 세아이운형문화재단의 열정과 사랑이 내일의 세계적인 오페라스타를 배출하고 클래식의 대중화에 한발 다가서는 밑거름이 될 것이라 믿으며, 아름다운 예술로 아름다운 내일을 열어가는 일에 정성을 다하겠습니다.

■ 홈페이지 : http://woonhyungleefoundation.org/

후원사업

국내외 권위 있는 콩쿠르 입상 경력이 있는 성악가나 오페라 인재 가운데 추천과 심사로 대상을 선정하여 해외 유명 오페라 스타로 성장할 수 있도록 다각도에서 지원합니다. 소프라노 여지원, 박혜상, 이명주, 황수미, 라하영, 테너 김범진, 김승직, 신현식, 박기훈, 박회림, 이준탁, 바리톤 김주택, 최인식, 베이스바리톤 길병민, 지휘 데이비드 이를 후원했으며, 현재는 소프라노 문현주, 김도연, 박성은, 테너 손지훈, 황준호, 바리톤 김건을 후원하고 있습니다. 안정적이고 지속적인 후원을 통해 대한민국 오페라 분야의 발전을 돕고자 합니다.

학술연구지원

세아이운형문화재단은 음악총서 발간 등 음악학 연구를 지원하며, 음악학계에 실질적인 지원활동을 제공하고 있습니다. 또한 음악학자가 학문에 전념할 수 있는 안정적 저술 환경을 제공하고 예술을 더 깊이 연구할 수 있는 토대를 만들어갑니다.

정기음악회 〈세아이운형문화재단 음악회〉 개최

2015년부터 매년 정기 공연인 '세아이운형문화재단 음악회'를 개최하고 있습니다. 오페라에 대한 대중의 관심과 이해를 넓히고, 예술가들의 공연 활동 및 상호 교류의 장을 마련하고자 하는 취지에서 기획되었습니다. 특히, 이 공연에는 세아이운형문화재단이 후원하는 성악가들과 세계적인 성악가들이 함께하는 무대가 마련되어 그 의미를 더합니다.

지역음악회 〈세상을 아름답게 하는 음악회〉 개최

군산, 부산, 창원, 충주 등 지역 시민을 위한 음악회를 기획하고 개최함으로써 지역 시민들에게 문화 예술을 향유할 수 있는 기회를 제공합니다. 대중들에게 잘 알려진 곡 위주로 선곡하여 클래식과 오페라를 더욱 친근하게 접하며, 예술과 소통하는 시간을 함께 나누고 있습니다.